LITERATURA **ELETRÔNICA**

N. Katherine Hayles

Para recursos adicionais
ao ensino de
literatura eletrônica, visite:

http://newhorizons.eliterature.org

LITERATURA ELETRÔNICA

NOVOS HORIZONTES PARA O LITERÁRIO

University of
Notre Dame Press

Notre Dame,
Indiana

São Paulo
2009

© 2008 by The University of Notre Dame. All rights reserved.

1ª EDIÇÃO, GLOBAL EDITORA, SÃO PAULO 2009

Diretor Editorial
JEFFERSON L. ALVES

Gerente de Produção
FLÁVIO SAMUEL

Coordenadora Editorial
DIDA BESSANA

Assistente Editorial
ALESSANDRA BIRAL

Tradução
LUCIANA LHULLIER / RICARDO MOURA BUCHWEITZ

Revisão
ANTONIO ALVES / TATIANA F. SOUZA

Editoração Eletrônica
NEILI DAL ROVERE

UNIVERSIDADE DE PASSO FUNDO
Reitor
RUI GETÚLIO SOARES

Vice-Reitora de Graduação
ELIANE LUCIA COLUSSI

Vice-Reitor de Pesquisa e Pós-Graduação
HUGO TOURINHO FILHO

Vice-Reitor de Extensão e Assuntos Comunitários
ADIL DE OLIVEIRA PACHECO

Vice-Reitor Administrativo
NELSON GERMANO BECK

UPF EDITORA
Editora
SIMONE MEREDITH SCHEFFER BASSO

CONSELHO EDITORIAL
ALEXANDRE AUGUSTO NIENOW
ALTAIR ALBERTO FÁVERO
ANA CAROLINA B. DE MARCHI
ANDREA POLETO OLTRAMARI
ANGELO VITÓRIO CENCI
CLÁUDIO ALMIR DALBOSCO
CLEITON CHIAMONTI BONA
GRACIELA RENÉ ORMEZZANO
LUIS FELIPE JOCHINS SCHNEIDER
RENATA H. TAGLIARI
SERGIO MACHADO PORTO
ZACARIAS M. CHAMBERLAIN PRAVIA

Dados Internacionais de Catalogação na Publicação (CIP)
(Câmara Brasileira do Livro, SP, Brasil)

Hayles, N. Katherine
  Literatura eletrônica : novos horizontes para o literário /
N. Katherine Hayles; [traduzido por Luciana Lhullier e Ricardo Moura
Buchweitz]. – 1. ed. – São Paulo : Global : Fundação Universidade de
Passo Fundo 2009.

  Título original : Electronic literature : new horizons for the literary.
  Bibliografia
  ISBN 978-85-260-1415-2

  1. Literatura e internet 2. Literatura moderna – Século 20 – História
e crítica 3. Literatura moderna – Século 21 – História e crítica I. Título.

09-09101   CDD – 809.93356

Índices para catálogo sistemático:

1. Literatura eletronica   809.93356

Direitos Reservados

GLOBAL EDITORA E DISTRIBUIDORA LTDA.

Rua Pirapitingui, 111 – Liberdade
CEP 01508-020 – São Paulo – SP
Tel.: (11) 3277-7999 – Fax: (11) 3277-8141
e-mail: global@globaleditora.com.br
www.globaleditora.com.br

Colabore com a produção científica e cultural.
Proibida a reprodução total ou parcial desta obra
sem a autorização do editor.

Nº de Catálogo: **3146**

UNIVERSIDADE DE PASSO FUNDO
UPF. EDITORA UNIVERSITÁRIA
Campus I, BR 285 – Km 171 – Bairro São José
Fone/Fax: (54) 3316-8373
CEP 99001-970 – Passo Fundo – RS – Brasil
e-mail: editora@upf.br
www.upf.br/editora

Obra atualizada conforme o
Novo Acordo Ortográfico da Língua Portuguesa

LITERATURA **ELETRÔNICA**

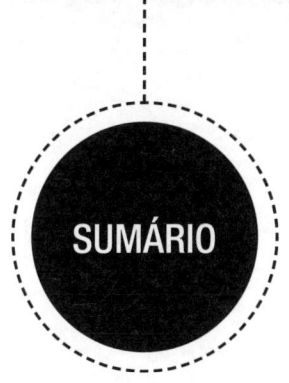

SUMÁRIO

Lista de Figuras 8

Apresentação – Os Novos Horizontes da Literatura 9

Leia-me 13

CAPÍTULO 1
Literatura Eletrônica: O que é isso? 19

CAPÍTULO 2
Intermediação: Da página à tela 61

CAPÍTULO 3
Contextos para a Literatura Eletrônica:
O corpo e a máquina 101

CAPÍTULO 4
Revelando e Transformando: Como a literatura eletrônica
revaloriza a prática computacional 139

CAPÍTULO 5
O Futuro da Literatura: O romance impresso
e a marca do digital 163

Índice 189

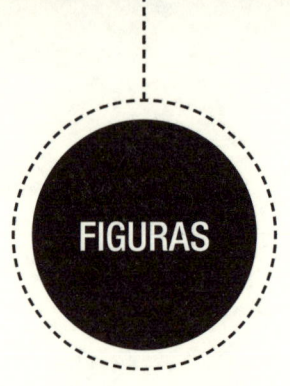

FIGURAS

Lista de Figuras

FIGURA 1. Captura de tela, *afternoon* 77

FIGURA 2. Tela inicial, *Twelve Blue* 80

FIGURA 3. Captura de tela, *Twelve Blue* 80

FIGURA 4. Captura de tela, *Birds Singing Other Birds' Song* 86

FIGURA 5. Captura de tela, *The Jew's Daughter* 88

FIGURA 6. Captura de tela, *Lexia to Perplexia* 129

FIGURA 7. Captura de tela, *Nippon* 134

FIGURA 8. Captura de tela, *Project for Tachistoscope* 147

FIGURA 9. Captura de tela, *Sundays in the Park* 150

FIGURA 10. Captura de tela, *Translation* 153

FIGURA 11. Ruido como espaçamento irregular, *Extremely Loud and Incredibly Close* 172

FIGURA 12. Página trumática, *Extremely Loud and Incredibly Close* 172

FIGURA 13. Pensamento em preto do bebê Nostradamus, *The People of Paper* 174

FIGURA 14. Little Merced praticando o escurecimento dos pensamentos, *The People of Paper* 175

FIGURA 15. Os pensamentos "datilografados" desordenados de Pelafina, *House of Leaves* 177

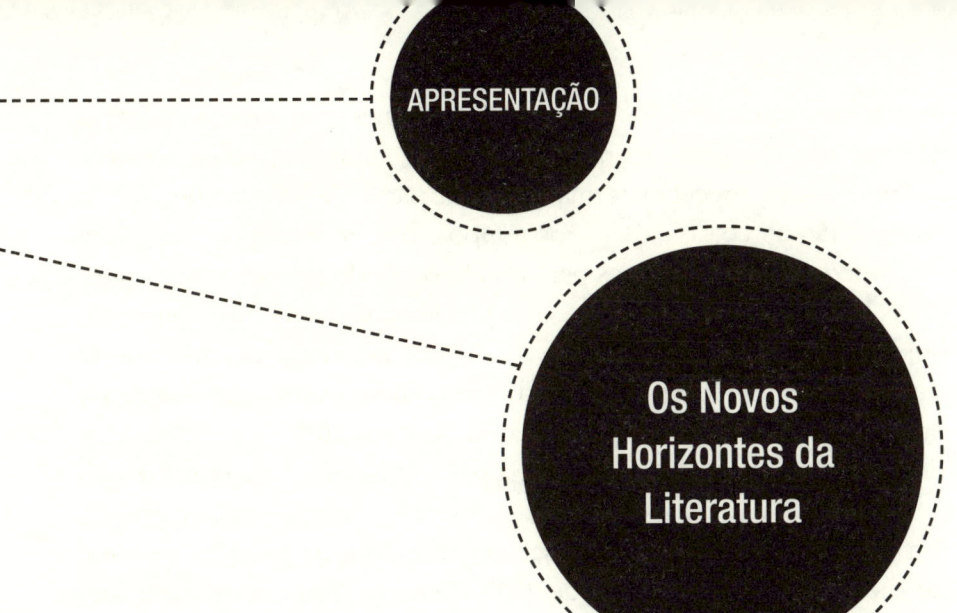

APRESENTAÇÃO

Os Novos Horizontes da Literatura

Tania Rösing*
Miguel Rettenmaier**

> – Então quem você é? – ele bebeu direto do gargalo, sem sentir nada.
> – Eu sou Matix, Case.
> Case riu. – E onde isso leva você?
> – A lugar nenhum. Todos os lugares. Sou a soma de todas as coisas, o *show* inteiro
> *Neuromancer*, WILLIAN GIBSON

O texto que você está lendo agora não foi redigido nas faces de papel. Foi escrito, lido, relido e possivelmente revisado em um arquivo digital. Quando foi impresso pela primeira vez, para alguma demanda editorial, já tinha uma condição quase definitiva, preparando-se até para o livro quase pronto. Da mesma forma, o conteúdo da obra de Katherine Hayles que você lerá não foi composto em folhas em branco. Antes de se constituir na tecnologia do códex, tão bem-sucedida,

---

*Doutora em Teoria da Literatura, pesquisadora do Programa de Pós-Graduação em Letras (Mestrado) da Universidade de Passo Fundo na linha "Leitura e formação do leitor". Coordenadora das Jornadas de Literatura de Passo Fundo.

**Doutor em Teoria da Literatura, coordenador do Programa de Pós-Graduação em Letras (Mestrado) da Universidade de Passo Fundo e pesquisador na linha "Leitura e formação do leitor".

diga-se de importante, foi trabalhado digitalmente, e mesmo as folhas que eventualmente receberam as primeiras impressões eram elementos periféricos a receber forma legível a partir de um código digital. Assim estão as coisas nos novos tempos, e se a autora de *Literatura eletrônica: novos horizontes para o literário* pode referir, com propriedade, no último capítulo deste livro, que toda a literatura impressa, hoje, está constituída em arquivos digitais ao longo de quase toda sua existência, a mesma coisa se dá em qualquer texto que tramite na ordem de algum objetivo de leitura ou de publicação. Na realidade, a publicação impressa é desnecessária em alguns casos e a digitalização permite uma série de facilidades inexistentes no mundo do impresso. Em uma das reuniões da comissão organizadora da Jornada Nacional de Literatura de Passo Fundo de 2009, de tema "Arte e tecnologia: novas interfaces", uma das tradutoras responsáveis por este livro, lançado justamente nessa grande movimentação cultural em torno da leitura, mostrou-nos onde guardara a obra pronta para seguir para a editora: um pen drive minúsculo, que armazenava o resultado – ou uma cópia dele – de meses de trabalho.

Esse universo de sistemas digitais tão fascinantes não consiste, contudo, apenas no avanço dos procedimentos relacionados à redação, à leitura, à editoração, à publicação e à reprodução de textos. A ordem nos novos procedimentos técnicos nos campos das comunicações afetou diretamente outro sistema, diretamente relacionado aos sistemas digitais: o sistema cognitivo do ser humano. Dispostos em intermediação constante, reciprocamente afetados, os sistemas subjetivos humanos e os sistemas tecnológicos obedecem a mútuas influências que alteram tanto nossa maneira de pensar quanto atualizam os sistemas informatizados em novas possibilidades de atuação. Se nossa consciência criativa tem o poder de incrementar a potência dos computadores, os aparatos do universo digital – como filhos que transformam o corpo e a mente da mãe – têm a possibilidade de alterar nossa forma de ver o mundo, de morar no tempo, de viver os espaços, de experimentar a vida, seja na realidade viva das coisas, seja em realidades virtuais, em simulações fidedignas. Nessa relação intersistêmica, muda a inteligência dos homens tanto quanto muda a inteligência das máquinas. Nessa intermediação de inteligências, surgem também novas possibilidades estéticas que afetam no âmago aquilo que ilusoriamente parecia ter nascido dos livros e para os livros: a literatura.

Katherine Hayles, inovadora e original crítica literária, aventurou-se no livro *Literatura eletrônica*: novos horizontes para o literário a investigar, a partir das inter-relações entre homem e máquina, as implicações intersistêmicas entre as novas maneiras de criar (e ler) literatura da tela e as possíveis maneiras de criar (e ler) a literatura de papel, de todas as formas, mesmo que não se queira, implicada no universo multimidial e dinâmico das redes digitais. Surge de tudo isso uma estética de profunda ruptura, tanto em livro quanto em hipertexto, na qual a linguagem verbal compactua com outras mídias em relação intersemiótica, da mesma maneira como o desenrolar progressivo de tramas e textos, em entrechoque, parece fugir do controle do autor e do receptor. De todas as maneiras, a linearidade está perdida, pois a Matrix invadiu as páginas em branco também.

Ao fim de tudo – se há algum fim – a literatura eletrônica surge como um elemento de humanização das práticas computacionais. Isso é, de qualquer maneira, um de seus elementos mais formidáveis. Se o universo da automatização pode nos assustar pela maneira autônoma como as coisas se processam na vida diária desse mundo pós-industrial e pós-humano, a literatura eletrônica mantém o fado daquela literatura que vivia apenas das palavras. Ela nos revela, na visão de Hayles, as implicações de nossa situação contemporânea, revelando elementos "dentro e abaixo" de nossa consciência. Unindo técnica e arte, a computação é revalidada como um elemento que forja redes além das possíveis na Matrix. Seus fluxos demandam novos caminhos, seguem além do digital e entram no profundo de nossas redes neurais, iluminando as zonas mais escuras de nossa condição. Essa, de qualquer maneira, sempre foi e é uma das faces mais poderosas da arte, sempre foi seu legado, parece ser seu futuro, revelar-nos as tramas mais complexas de nossa alma.

Este livro, com o website afim e o CD que o acompanha,[1] trazendo o volume 1 da *Coleção Literatura Eletrônica*, tem a intenção de auxiliar o avanço da literatura eletrônica na sala de aula. Para um profissional ministrando um curso sobre literatura contemporânea, por exemplo, ele pode ser utilizado com uma unidade sobre literatura eletrônica como uma parte cada vez mais importante do cânone do século XXI. Este livro também pode servir a cursos dedicados às artes digitais ou àqueles cujo foco específico é a literatura eletrônica.

Embora a *Coleção Literatura Eletrônica* também esteja disponível no website da Organização Literatura Eletrônica (http://collection.elite rature.org), sua inclusão aqui visa a facilitar o acesso a estudantes que não consideram conveniente conectar-se à Internet enquanto estão no câmpus ou em outros lugares. Há também uma longa tradição na comunidade literária de apreciar o livro como objeto físico, e o CD, com seu design original de serigrafia, contribui para conduzir essa tradição à esfera digital.

Ao mesmo tempo que deixa à vontade leitores novatos na literatura eletrônica, este livro é também estruturado para atender às necessidades daqueles familiarizados com as artes digitais e a literatura eletrônica. O primeiro capítulo, a meu ver a primeira tentativa de pesquisar sistematicamente todo o campo da literatura eletrônica, identifica os principais gêneros e as questões teóricas centrais.

O novato encontrará uma útil introdução à diversidade e ao alcance da literatura eletrônica, ao passo que o experiente profissional

---

1 O CD não acompanha a edição brasileira. (NT)

poderá descobrir algumas obras, escritores, ou questões que não tenha encontrado anteriormente.

O segundo capítulo propõe uma estrutura teórica na qual a literatura eletrônica pode ser entendida como uma prática que medeia a cognição humana e a da máquina; o termo que sugiro para essa orientação é "intermediação", também discutido em meu livro lançado recentemente *My Mother Was a Computer:* digital subjects and literary texts. Suas implicações são exploradas mediante discussões sobre *afternoon: a story*, de Michael Joyce, um dos primeiros trabalhos fortemente influenciados por paradigmas do texto impresso, em comparação com uma obra posterior de Joyce na Web *Twelve Blue*, com o trabalho da artista digital Maria Mencia e *The Jew's Daughter* por Judd Morrissey. O terceiro capítulo amplia a discussão ao considerar os contextos em que a literatura eletrônica é criada, jogada, interpretada e ensinada. Discutindo se a máquina ou o corpo deve fornecer a base teórica primária para a compreensão da literatura eletrônica – abordagens representadas, respectivamente, pelo teórico de mídia alemão Friedrich A. Kittler e o teórico de corporização norte-americano Mark B. N. Hansen –, o capítulo 3 argumenta que ambas as perspectivas são incompletas em si mesmas. Elas exigem uma terceira via ressaltando a intermediação que inextricavelmente liga corpo e máquina, sem dar prioridade teórica absoluta a nenhuma das duas. A abordagem é exemplificada por discussões sobre *Lexia to Perplexia*, de Talan Memmott, e *Nippon*, do grupo Young-Hae Chang Heavy Industries.

O quarto capítulo esclarece mais essa abordagem considerando as formas pelas quais as práticas corporizadas de literatura eletrônica revalorizam a prática computacional, ilustrado com discussões de *Project for Tachistoscope*, de William Poundstone, *Sundays in the Park*, de Millie Niss, *Translation*, de John Cayley, e outros trabalhos relacionados. O último capítulo, ambiciosamente intitulado "O Futuro da Literatura: O romance impresso e a marca do digital", afirma que quase toda a literatura contemporânea já é digital uma vez que existe principalmente como arquivo digital. A digitalidade deixa sua marca em muitos romances impressos experimentais contemporâneos, mediante estratégias visuais e gráficas que exigem processamento digital, assim como por enredos narrativos que exploram as implicações para a literatura e para a linguagem de ter um código computacional por trás de virtualmente todas as comunicações contemporâneas, exceto nas conversas frente a frente.

Os romances discutidos incluem *The People of Paper*, de Salvador Plascencia, *Extremely Loud and Incredibly Close*, de Jonathan Safran Foer, e o brilhante romance em hipertexto *House of Leaves*, de Mark Danielewski. Muitas das obras eletrônicas discutidas nestas páginas também são apresentadas no primeiro volume da *Coleção Literatura Eletrônica*. Coeditada por Nick Montfort, Scott Rettberg, Stephanie Strickland e eu, a *Coleção* apresenta sessenta recentes e novas obras de literatura eletrônica, todas oferecidas no âmbito de uma Licença Criativa Comum (Atribuição 2.5), a qual permite que as obras sejam livremente compartilhadas, distribuídas e transmitidas, desde que atribuídas a seus autores, e não sejam utilizadas para fins comerciais, ou alteradas. A *Coleção* inclui um índice para pesquisa por palavras-chave, comentários dos autores e uma breve nota introdutória dos editores. Além disso, a *Coleção* foi planejada para funcionar em multiplataforma em Macintosh, PC ou Linux. O CD com a *Coleção* também está disponível, sem custo, na Organização Literatura Eletrônica, que financiou o projeto. O site que acompanha este livro (website http://newhorizons.eliterature.org), uma colaboração entre Christopher Mott, Jacob Burch e eu, oferece recursos para quem deseja ministrar cursos sobre literatura eletrônica, inclusive com amostras de programas, biografia dos autores e vários ensaios inovadores, escritos especificamente para este projeto, que discutem questões do tipo navegação como estratégia de significação, encontrar e interpretar o código, arquitetura como alegoria e visualização, e uma série de outros temas relevantes para a compreensão e a interpretação da literatura eletrônica. Esperamos que os professores considerem o site útil para eles mesmos à medida que planejam seus cursos e para seus alunos, para que estes encontrem novas maneiras de vivenciar a arte literária que são oferecidas pela literatura eletrônica.

Um projeto abrangente como este livro, com o CD e o site, necessariamente implica um esforço conjunto e a colaboração de muitas pessoas. Pelos comentários e correções do manuscrito, sou grata a Mark Danielewski, John Cayley, Robert Coover, Martha Deed, Michael Joyce, Matthew Kirschenbaum, Alan Liu, Marjorie Luesebrink, Nick Montfort, Judd Morrissey, Millie Niss, William Poundstone, Rita Raley, Scott Rettberg, Stephanie Strickland e Thom Swiss, bem como ao conselho e aos diretores da Organização Literatura Eletrônica, que aceitaram patrocinar uma versão do capítulo 1 e a publicaram em seu site. helen DeVinney ajudou nesse processo ao assegurar que o documento estivesse de acordo com as práticas para codificação xml. Pela curadoria do volume 1 da *Coleção Literatura Eletrônica*, devo mais do que quaisquer palavras possam expressar aos meus coeditores, que gentilmente permitiram-me aderir ao editorial coletivo após o trabalho já estar encaminhado e que fizeram a maior parte do trabalho pesado do projeto. Nick Montfort e Scott Rettberg, em particular, passaram longas horas criando hiperlinks e programando para se certificarem de que todas as obras iriam rodar na multiplataforma, e Stephanie Strickland contribuiu de forma inestimável com a revisão de texto, o design, e os comentários. John Gill serviu como assistente editorial para o projeto, com o auxílio de helen DeVinney, Cynthia Lawson Jaramillo, Steve McLaughlin, Marjorie Luesebrink e Carol Wald.

Os patrocinadores da *CLE* incluem o Centro de Programas de Escrita Contemporânea, na Universidade da Pensilvânia; ELINOR: Literatura Eletrônica nos Países Nórdicos; MITH: Instituto para a Tecnologia nas Ciências Humanas em Maryland, da Universidade de Maryland; a Divisão de Artes e Ciências Humanas, na Faculdade Richard Stockton de Nova Jersey; a Escola de Jornalismo e Comunicação de Massa da Universidade de Minnesota; e a Faculdade de Letras e Ciências e o Departamento de Língua Inglesa na UCLA.

Agradecimentos à Organização Literatura Eletrônica por permitir que o primeiro capítulo fosse impresso depois de ter sido publicado em seu website; à *New Literary History* por permitir que o capítulo 2 fosse reimpresso a partir de "Intermediation: The Pursuit of a Vision", *New Literary History* 38.1 (Winter 2007): 99-126; à *Performance Research* por permitir a impressão, em sua forma revisada, do capítulo 4, de "Revealing and Transforming: How Literature Revalues Computational Practice", *Performance Research* 11.4 (dezembro 2006): 5-16; e à *Collection Management* por permitir a reimpressão do capítulo 5 de "The Future of Literature: Complex Surfaces of Electronic Texts and Print Books", *Collection Management* 31.1/2(2006): 85-114 (cópias deste artigo estão disponíveis em The Haworth Document Delivery Service: 1-800-HAWORTH. Endereço eletrônico: docdelivery@haworthpress.com). Também sou grata a Millie Niss, William Poundstone e John Cayley por autorizarem o uso de ilustrações de suas obras, e aos artistas e escritores que generosamente contribuíram com suas obras para a *Coleção Literatura Eletrônica* sob licença que lhes permita serem reproduzidas.

Pelo apoio à realização do livro, sou grata ao National Humanities Center, por uma bolsa de pesquisa durante o outono de 2006; o tempo que passei no Centro foi um dos mais prazerosos dos últimos tempos, graças aos esplêndidos bibliotecários e aos técnicos, bem como à hospitalidade e ao estímulo intelectual fornecidos pelo diretor Geoffrey Harpham e os outros bolsistas durante esse período.

Sou grata à UCLA pelo ano sabático em 2007 e o apoio e o bom humor do chefe do Departamento de Língua Inglesa, Thomas Wortham. Como sempre, a minha família apoiou-me no que foi necessário. Minha grande dívida é com meu marido Nicholas Gessler, colecionador ímpar e meu colaborador constante em todas as questões técnicas, como também na vida.

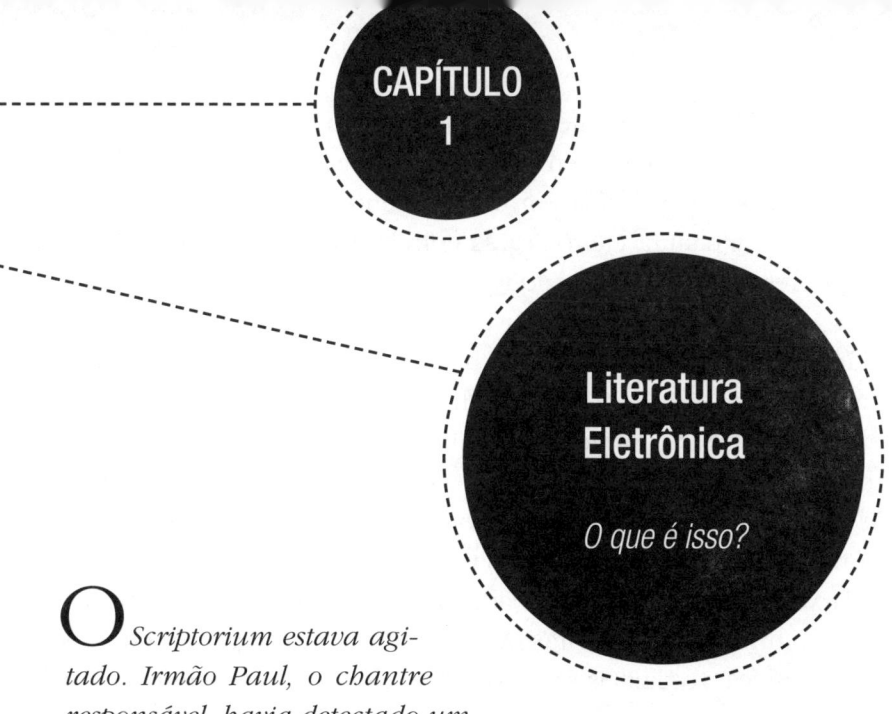

CAPÍTULO 1

Literatura Eletrônica

O que é isso?

O *Scriptorium estava agitado. Irmão Paul, o chantre responsável, havia detectado um murmúrio nas últimas fileiras e, furioso que a regra do silêncio estava sendo quebrada, dirigiu-se a passos largos para o fundo da sala a tempo de ver Irmão Jacob colocar algo sob a túnica. Quando exigiu ver o que era, Irmão Jacob, constrangido, mostrou-lhe um Codex, mas não um que os antiquarii do mosteiro tinham copiado – ou de qualquer outro mosteiro, pois o Livro dos Salmos estava impresso. Chocado tanto pela visão de um tipo mecânico quanto pela transgressão do Irmão Jacob, Irmão Paul, esquecido de que ele próprio também estava quebrando o silêncio, trovejou que se livros pudessem ser produzidos por processos rápidos, baratos e mecânicos, seu valor como um precioso artefato estaria comprometido. Além disso, se qualquer fulano pudesse imprimi-los, não estaria a escrita sendo comprometida e tornando-se meros rabiscos? E como a disseminação de materiais impressos baratos afetaria a cultura da Palavra, trazendo esses rabiscos para cada casebre cujos ocupantes até então confiavam nos sacerdotes para interpretar a escrita para eles? As perguntas ficaram suspensas no ar; ninguém ousava imaginar que respostas o tempo traria.*

Esse cenário fictício sugere que o lugar da escrita está novamente confuso, agora não pela invenção de livros impressos, mas pelo aparecimento da literatura eletrônica. Assim como a história da literatura impressa está profundamente ligada à evolução da tecnologia do livro, que foi sendo construída em um crescendo de inovações técnicas, a história da literatura eletrônica se entrelaça com a evolução dos computadores digitais, à medida que estes foram sendo reduzidos em tamanho – do IBM 1401, que cabia em uma sala e no qual aprendi a programar (usando todos os 4K de memória), para a máquina conectada em rede sobre a minha escrivaninha, milhares de vezes mais potente e capaz de acessar enormes quantidades de informação do mundo inteiro. As questões que conturbaram o Scriptorium são muito semelhantes às debatidas hoje no âmbito das comunidades literárias. A literatura eletrônica é realmente literatura? Os mecanismos de divulgação da internet e da Web, ao abrir a possibilidade de publicação para todos, resultarão em um turbilhão de besteiras? A qualidade literária é possível nos meios de comunicação digitais ou a literatura eletrônica é inferior ao cânone impresso? Que mudanças sociais e culturais de larga escala estão relacionadas com a difusão da cultura digital e o que elas anunciam para o futuro da escrita?[1]

Essas questões não podem ser respondidas sem que, inicialmente, sejam considerados os contextos que lhes dão sentido e significado, e isso implica uma exploração ampla do que é a literatura eletrônica, como esta se sobrepõe e se diferencia da impressão, que estratégias de expressão a caracterizam, e como essas estratégias são interpretadas pelos usuários em busca de sentido.

Em resumo, não se pode começar a responder às perguntas antes de cuidadosamente explorar e compreender as especificidades dos meios digitais. Tentar ver a literatura eletrônica apenas através da lente da obra impressa é, de forma significativa, não vê-la. Este capítulo visa a fornecer (de forma incompleta) o contexto que abrirá o campo de investigação para que a literatura eletrônica possa ser entendida como parte integrante da tradição literária, e a introduzir transformações cruciais que redefinam o que é literatura.

A literatura eletrônica, geralmente considerada excludente da literatura impressa que tenha sido digitalizada, é, por contraste, "nascida no meio digital", um objeto digital de primeira geração criado pelo uso de um computador e (geralmente) lido em uma tela de computador.

A Organização Literatura Eletrônica, cuja missão é "promover a escrita, a publicação e a leitura de literatura em meios de comunicação eletrônicos", formou uma comissão chefiada por Noah Wardrip-Fruin, ele próprio criador e crítico de literatura eletrônica, para elaborar uma definição adequada a esse novo campo. A escolha da comissão foi incluir trabalhos realizados em meios de comunicação digitais, assim como aqueles criados em um computador, mas publicadas em meio impresso (como o poema gerado por computador de Brian Darrell Stefans "Stops and Rebels"). A formulação feita pela comissão diz: "Obra com um aspecto literário importante que aproveita as capacidades e contextos fornecidos por um computador independente ou em rede.".

Como apontado pela Comissão, essa definição levanta questões sobre quais capacidades e contextos do computador são significativos, dirigindo a atenção não apenas para a natureza em constante processo de modificação dos computadores mas também para as novas e diferentes maneiras pelas quais as comunidades literárias mobilizam essas capacidades. A definição é também um pouco tautológica à medida que pressupõe um conhecimento preexistente do que constitui um "aspecto literário importante". Embora a tautologia seja geralmente considerada um pecado capital por escritores de definições, no presente caso a tautologia parece adequada, pois a literatura eletrônica chega em cena após quinhentos anos de literatura impressa (e, naturalmente, após bem mais do que isso de tradição oral e manuscrita). Os leitores chegam a uma obra digital com expectativas formadas no meio impresso, incluindo um conhecimento extenso e profundo das formas de letras, convenções do meio impresso, e estilos literários impressos. Por necessidade, a literatura eletrônica deve preencher essas expectativas mesmo à medida que as modifica e as transforma. Ao mesmo tempo, e porque a literatura eletrônica é normalmente criada e executada em um contexto de rede e meios de comunicação digital programáveis, ela também é movida pelos motores da cultura contemporânea, especialmente jogos de computador, filmes, animações, artes digitais, desenho gráfico e cultura visual eletrônica. Nesse sentido, a literatura eletrônica é um "monstro esperançoso" (como os geneticistas chamam as mutações adaptativas) composto por partes extraídas de diversas tradições e que nem sempre se posicionam juntas de forma organizada. Híbrida por natureza, ela inclui uma "zona de comércio" (como Peter Galison a chama em um contexto diferente) em que diferentes vocabulários, especialidades e expectativas se reúnem para ver o que poderá resultar dessa ligação.[2] Esse hibridismo está vividamente exposto na Coleção Literatura Eletrônica. Das sessenta obras na CLE, talvez um terço não tenha palavras reconhecíveis, virtualmente todas têm componentes visuais importantes, e muitas também têm efeitos sônicos. Ao chamar essas obras "literatura," meus coeditores e eu esperamos estimular as perguntas sobre a natureza da literatura na era digital. Uma obra artística deve conter palavras (ou sons que se aproximam de palavras, tais como a arte protossemântica da "poesia sonora", como Steve McCaffrey a chama)? Eu diria que, embora possamos desejar manter esse critério de arte verbal para a "literatura", precisamos de uma categoria mais ampla que englobe o tipo de trabalho criativo em exibição na CLE. Proponho o termo "literário" para esse propósito, definindo-o como trabalhos artísticos criativos que interrogam os contextos, as histórias e as produções de literatura, incluindo também a arte verbal da literatura propriamente dita.

O significado de designar o "literário" como objeto central dos estudos literários está fora do âmbito da minha discussão aqui. No entanto, até mesmo quem possui uma casual familiaridade com os grandes movimentos em estudos literários na última metade de século confirmará imediatamente que a disciplina, ao abraçar os estudos culturais, os estudos pós-coloniais, a cultura popular e muitos outros campos, foi caminhando para a categoria mais ampla de "literário" já há algum tempo. Agora, no início do século XXI, estamos preparados para ampliar as questões acerca do literário para o domínio digital. Daí resulta o subtítulo deste livro, "novos horizontes para o literário". As obras na CLE e, em termos mais genéricos, em todo o campo da literatura eletrônica testam os limites do literário e desafiam-nos a repensar nossos pressupostos do que a literatura pode fazer e ser.

GÊNEROS DE LITERATURA ELETRÔNICA

Na era contemporânea, tanto os textos impressos quanto os eletrônicos são profundamente interpenetrados pelo código. As tecnologias digitais estão agora tão integradas com os processos de impressão comercial que o material impresso é mais apropriadamente considerado uma determinada forma de produção de texto eletrônico do que um meio completamente distinto. Por isso, o texto eletrônico continua distinto do impresso à medida que o primeiro literalmente não pode ser acessado até que seja desempenhado por um código propriamente executado. O caráter de urgência do código para o desempenho do texto é fundamental para o entendimento da literatura eletrônica, especialmente para apreciar sua especificidade como uma produção técnica e literária. Os principais gêneros no cânone da literatura eletrônica surgiram não apenas nas diferentes formas em que o usuário os vivencia, mas também a partir da estrutura e da especificidade do código base. Não é surpreendente, então, que alguns gêneros venham a ser conhecidos pelo software utilizado para criá-los e executá-los.

As variedades de literatura eletrônica são ricamente diversas, abarcando todos os tipos associados com a literatura impressa e acrescentando alguns gêneros únicos ao meio eletrônico em rede e programável. Leitores com apenas uma ligeira familiaridade com a área, no entanto, irão inicialmente identificá-lo com a ficção de hipertexto caracterizada pela ligação de estruturas, como *afternoon: a story*,[3] de Michael Joyce, *Victory Garden*, de Stuart Moulthrop,[4] e *Patchwork Girl*, de Shelley Jackson.[5]

Essas obras estão escritas em Storyspace, o programa de autoria de hipertexto criado por Michael Joyce, Jay Davi Bolter e John B. Smith e posteriormente licenciado a Mark Bernstein, da Eastgate Systems, que o aperfeiçoou, ampliou e atualizou. Esse programa foi tão importante, especialmente para a fase inicial de desenvolvimento da área, que as obras criadas nele vieram a ser conhecidas como "Escola Storyspace". Planejadas como objetos autônomos, as obras no Storyspace são normalmente distribuídas em CDs (primeiro em disquetes) para as plataformas Macintosh ou PC e, mais recentemente, em versões multiplataforma. Com o Hypercard da Macintosh, foi o programa de escolha para muitos dos principais escritores de literatura eletrônica no final dos anos 1980 e nos anos 1990. À medida que a World Wide Web se desenvolveu, novos programas de autoria e métodos de distribuição se tornaram disponíveis.

As limitações do Storyspace como um programa de autoria na Web são significativas (por exemplo, ele tem uma paleta de cores muito limitada e não identifica os arquivos de som para rodar na Web). Embora o Storyspace continue a ser utilizado para produzir novas e interessantes obras, foi eclipsado e perdeu o posto de principal ferramenta de autoria de literatura eletrônica para a Web.

Com a mudança para a Web, a natureza da literatura eletrônica também se alterou. Enquanto os primeiros trabalhos estavam mais inclinados a ser blocos de texto (tradicionalmente chamado "lexia")[6] com gráficos, animação, cores e som limitados, os trabalhos mais recentes fazem mais uso das capacidades multimodais da Web; enquanto o link de hipertexto é considerado a característica mais marcante dos primeiros trabalhos, os mais recentes usam uma variedade de linguagens de navegação e metáforas de interface que tendem a desacentuar o link como tal. Em meu discurso de abertura no Simpósio de Literatura Eletrônica, em 2002, na UCLA, essas distinções levaram-me a chamar os primeiros trabalhos "primeira geração" e os posteriores, "segunda geração", com a divisão marcada por volta de 1995.[7] Para evitar a ideia de que as obras de primeira geração foram suplantadas pela estética que veio depois, pode ser mais apropriado chamar os primeiros trabalhos "clássicos" de forma análoga à periodização dos primeiros filmes.[8] A importante e impressionante *Patchwork Girl*, de Shelley Jackson, pode ser considerada um trabalho culminante para o período clássico. O período posterior poderia ser chamado "contemporâneo" ou "pós-moderno" (pelo menos até atingir algum tipo de culminância final e uma nova fase aparecer).

Como as variedades de literatura eletrônica aumentaram, as ficções de hipertexto também mutaram para uma gama de formas híbridas, incluindo narrativas que emergem de uma coletânea de armazenamento de dados como *Califia*, de M. D. Coverley, e seu novo trabalho *Egypt: the book of going forth by day*;[9] o hipertexto picaresco *The Unknown*, de Dirk Stratton, Scott Rettberg e William Gillespie, rememorativo em sua estética de excesso a *Pé na estrada*, de Jack Kerouac;[10] a obra elegantemente articulada em Storyspace, *Twelve Blue*, de Michael Joyce, divulgada na Web pelo site Eastgate Hypertext Reading Room;[11] *These Waves of Girls*, de Caitlin Fisher, incluindo som, texto falado, texto animado, montagens gráficas e outras funcionalidades de uma estrutura de redes interligadas;[12] o trabalho multimodal de Stuart Moulthrop, *Reagan Library*, apresentando filmes no QuickTime e geradores de texto aleatórios;[13] *The Jew's Daughter*, de Judd Morrissey em colaboração com Lori Talley, com sua interface moderna de uma tela única de texto em que algumas passagens são substituídas quando o leitor passa o mouse por cima delas;[14] o trabalho brilhantemente concebido e programado de Talan Memmott, *Lexia to Perplexia*;[15] e a paródia de Richard Holeton, *Frequently Asked Questions about Hypertext*, que, ao estilo nabokoviano, desenvolve uma narrativa a partir de supostas anotações sobre um poema,[16] com uma série de outros. Para descrever esses trabalhos e outros semelhantes, David Ciccoricco introduz o termo "ficção em rede" definindo-o como ficção digital que "faz uso da tecnologia do hipertexto a fim de criar narrativas emergentes e recombinatórias".[17]

A ficção interativa (FI) difere das obras mencionadas anteriormente por ter elementos de jogo mais acentuados. A demarcação entre literatura eletrônica e jogos de computador não é clara; muitos jogos têm componentes de narrativa, ao passo que muitas obras de literatura eletrônica têm elementos de jogo (como um par de frases espelhadas em *Reagan Library*, de Moulthrop apresenta, "isto não é um jogo" e "isto não é um não jogo").[18] Contudo, há uma diferença geral no foco entre as duas formas. Parafraseando a elegante formulação de Markku Eskelinen, podemos dizer que nos jogos o usuário interpreta a fim de configurar, ao passo que nas obras cujo interesse principal é narrativo, o usuário configura a fim de interpretar.[19] Uma vez que a ficção interativa não pode avançar sem a participação dos usuários, Nick Montfort em *Twisty Little Passages: An Approach to Interactive Fiction*, o primeiro livro a ser lançado sobre o estudo da FI, prefere o termo "interator".[20] Em seu estudo pioneiro, Montfort caracteriza os elementos essenciais da forma como consistindo de um analisador (o programa de computador que compreende e responde à participação do interator) e um mundo simulado no qual a ação se desenrola.

O interator controla uma personagem-jogador por comandos. As instruções para o programa, por exemplo, solicitando-o a finalizar a atividade, são chamadas "diretivas". O programa apresenta respostas (quando a produção se refere à personagem-jogador) e relatos (respostas direcionadas ao interator, perguntando, por exemplo, se ele tem certeza de que deseja fechar o programa).

Alternando o jogo com os componentes de uma novela, as ficções interativas expandem o repertório do literário por uma variedade de técnicas, incluindo exibição visual, gráficos, animações e modificações inteligentes dos dispositivos literários tradicionais.

Em *Savoir-Faire*, de Emily Short, por exemplo, resolver muitos dos enigmas da FI exige que o usuário dê um salto de dedução de um dispositivo para outro que se assemelha àquele em sua função; por exemplo, se uma porta e uma caixa estão devidamente ligadas, abrir a caixa também abre a porta, sendo esse o único meio disso acontecer.[21] Tais manobras lembram o modo como as metáforas literárias se dão, apesar da semelhança não ser por comparação verbal de dois objetos, mas por semelhança funcional combinada com as ações da personagem-jogador – uma espécie de metáfora corporizada, por assim dizer. De forma sutil, a FI pode também incluir um comentário e crítica autorreferencial. Em *All Roads*, de Jon Ingold, a personagem-jogador é um assassino que se teletransporta, William DeLosa, sobre o qual o interator descobre ter controle mínimo.[22] A alusão evocada pelo título ("todas os caminhos levam a Roma") sugere que o poder imperial aqui é a capacidade do autor de determinar o que o interator irá vivenciar. A missão da personagem-jogador pode ser interpretada como a de indicar que o objeto metatextual de assassinato é a ilusão de que o hipertexto é um sinônimo de democracia e de poder de decisão do usuário.

Donna Leishman apresenta uma variante de ficções interativas em seu trabalho, em que interface visual convida a um jogo, mas sem estrutura de premiação construída na maior parte das ficções interativas. Seu estilo visual impactante, exemplificado em *Deviant: the Possession of Christian Shaw*, combina primitivismo com uma sensibilidade visual sofisticada, cenários contemporâneo com uma narrativa que se origina no século XVII.[23] Em vez de tentar avançar por solução de vários enigmas e mistérios, o interator descobre que o objetivo não é chegar ao fim (embora exista uma tela final apresentando o contexto histórico para a narrativa visual), mas percorrer o caminho. A literariedade (distinta do ponto de vista do jogo) é demonstrada na dinâmica das obras, estruturadas para projetar o interator no perturbado mundo interior de Christian Shaw. Sem uma demarcação clara entre as percepções de Christian e os eventos exteriores a ele, a obra desconstrói o limite entre a percepção subjetiva e o fato verificável.

Enquanto obras como *Deviant...* adotam a perspectiva de criar a impressão de um espaço tridimensional, a imagem, por si só, não inclui a possibilidade de interatividade móvel ao longo do eixo Z. A exploração do eixo Z como uma dimensão adicional para apresentação de texto, comportamento e manipulação tem catalisado obras inovadoras de artistas como David Knoebel, Ted Warnell, Aya Karpinska, Charles Baldwin, Dan Waber e John Cayley. Em um suplemento especial da *Iowa Review Web*, editado por Rita Raley,[24] esses artistas comentam seu trabalho e o impacto transformador do eixo Z. Basta lembrar *Flatland* de Edward Abbott para imaginar como, à medida que o texto salta da página plana para o espaço interativo da tela, surgem novas possibilidades.²⁵ Um tipo de estratégia, evidente na obra complexamente programada em JavaScript de Ted Warnell, *TLT vs. LL*, é passar da palavra como unidade de significação para a letra. As letras são retiradas da correspondência de correio eletrônico de Thomas Lowe Taylor e Lewis Lacook (as fontes para TLT e LL), com o "vs." indicando contestações traduzidas na obra no plano de conteúdo semântico para a interação dinâmica entre as formas visuais. Em "Artist's Statement, Ted Warnell", ele comenta que a inovação para ele foi pensar o "vs." como "tomando a forma 'crescente' (vindo para o topo/a frente) em vez de 'empurrando/movendo para o lado' (como se fosse) da esquerda para a direita".²⁶ Por isso, o foco passa para uma superfície dinâmica na qual movimentos ascendentes e descendentes dão o efeito de três dimensões à medida que as formas de letras sobrepostas mudam, movem-se e se reposicionam em relação a outras letras, criando uma dança de formas visuais em competição e cooperação, hipnótica e em constante mutação.²⁷

A obra primorosamente coreografada "Heart Pole", de Davi Knoebel, de sua coleção "Click Poetry", apresenta um globo de palavras circular, com dois anéis girando um com o outro a 90°, "momento a momento" e "hipnotizante".

Já uma sequência narrativa mais longa, com as imagens ondulando no espaço, pode ser manipulada clicando e arrastando o mouse. A narrativa, focalizada por meio das memórias de uma terceira pessoa masculina, relembra o momento entre o despertar e o sono quando a mãe do narrador canta para ele dormir com uma música cuja letra é composta pelas atividades dele no dia.

Mas, como o terreno escorregadio que por vezes nos deixa desorientados e instáveis, esse momento de intimidade está irrevogavelmente perdido no tempo, formando o "coração polo" que registra tanto sua evocação quanto sua continuidade que condena à perda até as experiências mais enraizadas.²⁸

O próximo movimento é o de passar da representação interativa de três dimensões na tela para a imersão em espaços tridimensionais reais. Assim como os computadores que saíram da mesa de trabalho e foram para o ambiente, outras variedades de literatura eletrônica surgiram. Considerando que na década de 1990 os romances de correio eletrônico eram populares, a última década assistiu à ascensão das formas dependentes das tecnologias móveis, de histórias curtas enviadas por capítulo a telefones celulares até narrativas com localização específica, ligadas à tecnologia de GPS, frequentemente chamadas "narrativas locativas".

Na obra de Janet Cardiff, *The Missing Voice (Case Study B* 1996), por exemplo, o usuário ouviu um CD tocado em um walkman ligados a locais na cidade de Londres, traçando um caminho que leva cerca de 45 minutos para ser completado; *Her Long Black Hair* era especificamente sobre o Central Park de Nova York e incluía fotografias, bem como narrativas em áudio.[29] *Uncle Roy All Around You*, do grupo Blast Theory combinava uma busca ao Tio Roy aos moldes de um videogame, e apresentada em PDAs, com os participantes procurando por um cartão-postal escondido num determinado local.[30] Enquanto isso, observadores on-line poderiam localizar e tentar ajudar ou confundir os participantes, misturando assim a realidade virtual com movimentos reais em espaços urbanos.

Os complementos para obras móveis, específicas de sites, que possibilitam ao usuário integrar locais do mundo real a narrativas virtuais, são instalações específicas para sites em que a localidade é fixa, como uma sala de projeção ou site de uma galeria em ambiente CAVE. Em sua especificidade e na falta de portabilidade, essas obras são reminiscentes das obras de arte digital, embora em sua ênfase em textos literários e em construções de narrativas possam ser facilmente vistas como uma espécie de literatura eletrônica. Assim como o limite entre jogos de computador e literatura eletrônica, a delimitação entre arte digital e literatura eletrônica é, na melhor das hipóteses, evasiva, muitas vezes mais uma questão da tradição crítica em que as obras estão sendo discutidas do que algo intrínseco a estas.[31]

Como pioneiro no uso de ambiente CAVE para literatura interativa, pode-se destacar o programa da Brown University, liderado por Robert Coover, ele próprio um autor de literatura experimental conhecido internacionalmente. A convite de Coover, um número de escritores tem ido à Brown University para criar obras para o ambiente CAVE, incluindo John Cayley, Talan Memmott, Noah Wardrip-Fruin e William Gillespie. As obras produzidas incluem *Torus* (2005), de Cayley em colaboração com Dmitri Lemmerman; "E_cephalopedia//novellex" (2002) de Memmot; *Screen* (2003), de Wardrip-Fruin, com Josh Carroll, Robert Coover, Shawn Greenlee e Andrew McClain (2003); e *Word Museum* de Gillespie,[32] com programação de Jason Rodriguez e David Dao.[33] Executadas em um espaço tridimensional em que o usuário coloca óculos de realidade virtual e manipula um joystick, essas obras representam a literatura não como uma página impressa duradoura mas como uma experiência corporal.

Screen, com introdução narrada por Robert Coover, ilustra o potencial desse trabalho. Logo no início, o usuário ouve Coover ler as palavras: "Em um mundo de ilusões, mantemos nosso controle através das memórias." e vê textos expostos em três paredes verticais em ambiente CAVE, ao estilo de um mural. Os textos, um narrado por uma voz feminina e outro por uma voz masculina, relatam as recordações que escapam mesmo quando o narrador tenta agarrar-se a elas. O tema dessa narrativa passa a ser apresentado de forma assustadoramente literal, quando as palavras repentinamente começam a se distanciar das paredes e mover-se no espaço tridimensional. O usuário pode tentar jogá-las de volta para as paredes com a luva de dados, mas mais palavras saem das paredes antes que ele possa colocá-las de volta, não importa o quanto tente. Além disso, as palavras golpeadas circulam em trajetórias difíceis de controlar, criando neologismos, palavras sem sentido e frases caóticas, que tornam a leitura do texto ainda mais difícil. Finalmente, todas as palavras caem misturadas no chão, impossibilitando a recuperação do texto para uma leitura "normal". Em outro sentido, naturalmente, a obra redefiniu o que significa, assim a leitura se torna, como salientou Rita Raley, uma experiência sinestésica, tátil e proprioceptiva, que envolve não apenas a atividade cerebral de decodificação, mas interações físicas com as palavras como objetos perceptíveis que circulam no espaço.[34]

Entrar na narrativa agora não significa deixar a superfície para trás, como quando um leitor mergulha em um mundo imaginário tão atraente que ele deixa de notar a existência da página. A "página", outrossim, torna-se uma topologia complexa que se transforma rapidamente de uma superfície estável para um espaço "jogável", no qual o leitor é participante ativo. "Mídia jogável", termo cunhado por Noah Wardrip-Fruin para definir jogos de computador e outras obras interativas como *Screen*, expressa de forma precisa o envolvimento do usuário com os aspectos da obra que se apresentam ao estilo de um jogo.[35] Com efeito, *Screen* realiza uma trajetória histórica em arco de uma superfície de leitura semelhante à impressa, que convida o leitor a entrar em um mundo imaginário de topologias complexas que constantemente renovam, a cada movimento e a cada mudança de orientação espacial, um intenso ambiente computacional. Nesse ambiente, os quase imperceptíveis atrasos lembram ao usuário que nada acontece sem os cálculos extremamente rápidos que estão continuamente gerando o ambiente percebido, criando uma interface em que um usuário humano coopera e compete com máquinas inteligentes.

Se as memórias nos auxiliam a manter o controle, como a introdução em *Screen* sugere, o envolvimento de conhecedores humanos e eletrônicos nos tira de nosso lugar de costume na leitura para um encontro ativo que nos aponta o caminho para o lugar do humano no mundo contemporâneo.

A gama sensorial avançada que obras como *Screen* nos conferem não é sem custo. Equipamentos de ambiente CAVE, que custam mais de um milhão de dólares e dependem de uma variedade de computadores avançados e interconectados, são tipicamente encontrados apenas em universidades classificadas como Research 1 e em outros locais de pesquisa de elite. Devido ao elevado investimento inicial e aos custos de programação e manutenção contínuos, esses equipamentos são geralmente financiados por subvenções aos cientistas. Das poucas instituições que têm essa tecnologia de ponta, um número ainda menor está disposto a reservar seu precioso tempo e seus recursos computacionais a escritores criativos. A literatura criada para esse tipo de ambiente irá provavelmente ser vivenciada em sua completa implementação por relativamente poucos usuários (apesar de alguma noção sobre as obras ser adquirida pela documentação para QuickTime que Cayley e outros criaram para suas obras em ambiente CAVE), assim sacrificando a portabilidade, o baixo custo, a robusta durabilidade e a difusão maciça que fez a literatura impressa uma força transformadora social e cultural.[36] No entanto, como a arte conceitual ampliando as fronteiras do que a literatura pode ser, esse tipo de círculo de literatura eletrônica tem um impacto além das limitações da tecnologia. Além disso, a equipe de programação da Brown desenvolveu recentemente um sistema de autoria de hipertexto espacial que permite aos autores criar e editar suas obras usando uma representação em ambiente CAVE em seus laptops, com capacidade para unir texto, imagens, fotografias e vídeos 3-D e modelos 3-D.[37] Isso poderá ser utilizado não apenas para criar mas também para visualizar obras em ambiente CAVE. Embora seja demasiado cedo para saber o impacto desse software, ele tem um grande potencial para aumentar a audiência e o impacto de produções em ambiente CAVE.

Como as produções em ambiente CAVE, textos dramáticos interativos são frequentemente específicos para certos locais, apresentados ao vivo para audiências em espaços em galerias com atores presentes e/ou a distância. Muitos desses dramas seguem com um roteiro geral esboçando as personagens e iniciando a ação (algumas vezes o resultado final também será especificado), deixando aos atores a improvisação da ação e do enredo.

Em uma variação sobre esse tipo de espetáculo, M. D. Coverley coordenou *M Is for Nottingham* como um projeto da escola trAce em julho de 2002. Escritores, incluindo Coverley e Kate Pullinger, reuniram esforços em um texto colaborativo escrito em um site precedente à Conferência Incubation 2 em Nottingham, pesquisando sobre o gênero de mistério para criar uma história em torno da "morte" do livro.

Durante a conferência, a solução do mistério foi representada por voluntários usando o figurino da história, conferindo assim à apresentação um componente de produção teatral. Na SIGGRAPH 2006, *Unheimlich*, uma apresentação telemática colaborativa criada por Paul Sermon, Steven Dixon, Mathias Fucs e Andrea Zapp, foi realizada usando voluntários do público (entre eles o artista Bill Seaman) colocados contra uma tela azul em que foram projetadas imagens de atores improvisando em uma região distante.[38] Misturando o virtual e o real em um quadro dramático livre, *Unheimlich* criou um caminho que promoveu inovação lúdica e colaboração improvisada.

O drama interativo também pode ser realizado on-line. *Façade*, de Michael Mateas e Andrew Stern (2005) tem uma interface gráfica e está programado em ABL (A Behavior Language), na qual a ação foi estruturada em "batidas".[39] O drama situa o usuário como um convidado do jantar na casa de um casal, Grace e Trip, comemorando dez anos de casamento. Apesar de o casal aparentar prosperidade e felicidade, ao estilo de *Quem tem medo de Virginia Woolf*, em breve começa-se a perceber as fissuras na fachada. O usuário pode intervir de diversas formas, mas todos os caminhos levam a uma explosao no final, uma escolha de programação que mantém intacta a estrutura de enredo aristotélica de início, meio e fim.

Como manter componentes convencionais de narrativa, como aumento da tensão, conflito e desfecho, em formas interativas em que o usuário determina a sequência continua a ser um problema para escritores da literatura eletrônica, especialmente de ficção narrativa.

O interessante e criterioso *Hamlet no Holodeck*: *o futuro da narrativa no cyberespaço*, de Janet Murray, foi um dos primeiros estudos críticos para explorar essa questão em profundidade, examinando grande variedade de formas, incluindo ficção em hipertexto, jogos de computador e drama interativo. Com sua habitual acuidade, ela examina criteriosamente ambos os lados da questão. "Ao oferecer-se ao público acesso a matérias-primas de criação corre-se o risco de comprometer a experiência narrativa", ela escreve, enquanto reconhece que "chamar a atenção para o processo de criação pode igualmente reforçar o envolvimento com a narrativa ao convidar leitores/telespectadores a imaginarem-se no lugar do criador da mesma".[40]

Marie-Laure Ryan, em *Avatars of Story*,[41] é pioneira em uma abordagem transmidial da narrativa que visa à construção de um quadro abrangente para a narrativa em todos os meios de comunicação, consistindo de modelos de simulação emergentes e participativos. Ela constrói uma taxonomia específica para as narrativas da Nova Mídia que leva em consideração a arquitetura textual e as ações e as posições do usuário, as quais classifica em três binários que descrevem a interatividade: internas/externas, exploratórias/ontológicas e externas/exploratórias. Como Murray, ela nota a tensão entre abordar a narrativa pelo modelo top-down, no qual o narrador "desfia" uma história, e abordá-la pelo modelo bottom-up de interatividade, em que o usuário escolhe como a história será contada.

A resposta a essa tensão na literatura eletrônica tem sido uma explosão de inovação e experimentação, com soluções partindo das obras do clássico Storyspace (em que certas condições devem ser cumpridas antes de o usuário poder acessar um determinado lexia) para as limitações aristotélicas de *Façade*.

Mesmo quando há vias múltiplas de leitura, muitas obras interativas ainda orientam os usuários em direção ao sentido claro de conclusão e resolução, como *Disappearing Rain*,[42] de Deena Larsen, e *Califia*, de M. D. Coverley. No entanto, as limitações e as possibilidades do meio têm encorajado muitos escritores a voltar sua atenção a formas não narrativas ou a experimentos com formas em que as narrativas são combinadas com algoritmos aleatórios.

Um importante porta-voz para essas abordagens é Loss Pequeño Glazier, um poeta e crítico que estabeleceu o Centro de Poesia Eletrônica, que com Ubuweb de Kenneth Goldsmith é um dos principais sites para a poesia eletrônica na Web. Em seu livro *Digital Poetics: hypertext, visual-kinetic text and writing in programmable media*,[43] Glazier argumenta que a literatura eletrônica é mais bem entendida como uma continuação experimental da literatura impressa.[44] No seu entender, esse meio se presta a práticas experimentais, especialmente a formas que rompem com noções tradicionais de subjetividades estáveis e discursos egocentrados. Embora subestime as maneiras pelas quais as formas narrativas também podem ser disruptivas, Glazier apresenta fortes argumentos em relação à literatura eletrônica como uma prática experimental fundamentada na materialidade do meio. Além disso, ele pratica o que prega. Sua obra *White-Faced Bromeliads on 20 Hectares*[45] utiliza JavaScript para investigar variantes literárias, com um novo texto gerado a cada dez segundos.

O procedimento rompe o verso poético narrativo com justaposições disjuntivas que subvertem o verso a partir da metade, resultando em um sugestivo acoplamento e em uma sensação de ação dinâmica recíproca entre os versos e as operações do algoritmo.

A combinação de vocabulário em inglês e em espanhol e as lindas imagens de locais na América Latina sugerem ainda conexões entre a propagação de mídia programável e em rede e a política transnacional, em que outras línguas disputam e cooperam com a posição hegemônica da língua inglesa como linguagens de programação e, comprovadamente, também na arte digital.

A arte generativa, em que um algoritmo é usado para gerar textos de acordo com um esquema aleatório ou para misturar e rearranjar textos preexistentes, é atualmente uma das mais inovadoras e fortes categorias de literatura eletrônica.[46]

Philippe Bootz teorizou textos generativos, com outras variedades de literatura eletrônica, em seu modelo funcional que torna claras as distinções entre o campo do escritor, o do texto e o do leitor, apontando para várias implicações inerentes à separação entre essas áreas, incluindo o fato de que a literatura eletrônica introduz divisões temporais e lógicas entre o escritor e o leitor diferentes daquelas reforçadas pelo texto impresso.[47]

Bootz também ressalta que em um contexto europeu o hipertexto não é o modelo dominante, e sim geradores textuais e obras de animação, citando particularmente o grupo de escritores relacionados à A.L.A.M.O. (Atelier de Littérature Assistee par le Mathematique et les

Ordinateurs, ou Oficina de Literatura Assistida por Matemática e Computadores), que inclui entre outros Jean-Pierre Balpe e o grupo com o qual ele é associado, L.A.I.R.E. (Lecture, Art, Innovation, Recherche, Écriture, ou Leitura, Arte, Inovação, Pesquisa, Escrita).[48]

Bootz é o pioneiro de muitas obras influentes de literatura e animação generativa, que datam da década de 1980, incluindo recentemente *La série des U* (*A série de U*),[49] um elegante poema com texto, figuras e programação por Bootz e música de Marcel Frémiot. A obra gera um diferente texto-que-é-visto (*texte-à-voir*) cada vez que é representado por variações sutis na hora em que os elementos textuais aparecem e na hora em que o texto verbal e o componente sonoro se relacionam, o qual não é sincronizado diretamente com as palavras, mas dá a impressão de uma descoberta acidental da coordenação através de metarregras programadas.

Americanos explorando o texto generativo incluem Wardrip-Fruin em *Regime Change* e *News Reader*, criados em colaboração com Davi Durand, Brion Moss e Elaine Froehlich, obras que Wardrip-Fruin chamou de "instrumentos textuais" (denominação à qual retornaremos). Ambas as obras começam com notícias (para *Regime Change*, a alegação do então presidente Bush de que Saddam Hussein estava morto e para *News Reader*, as manchetes no site Yahoo.com), e então empregam a técnica de n-grams introduzida por Claude Shannon para encontrar sequências semelhantes nos documentos fonte e alvo, usando-as como pontes para juntar dois textos.[50] Chamar tais obras de "instrumentos" implica poder aprender a executá-las, ganhando experiência intuitiva de como o algoritmo funciona. Outros algoritmos aleatórios são utilizados por Jim Andrews em obras como *On Lionel Kearns*,[51] que une fragmentos dos poemas do escritor canadense Lionel Kearns para criar textos dispersos, acompanhados de visualizações divertidas e eficazes que funcionam como interpretações da obra de Kearns.

Como Andrews, Kearns e Wardrip-Fruin reconhecem, essas obras têm uma dívida com a noção de William Burroughs de "recortes" e "dobraduras". Eles citam como precedente teórico a ideia de Burroughs de que o uso aleatório é uma forma de quebrar o apoio da palavra viral e liberar as resistências latentes na linguagem ao libertá-la da sintaxe linear e da narrativa coerente.

Outros casos notáveis de obras aleatórias são *Stir Fry Texts*,[52] de Jim Andrews, em que colaboradores utilizaram o algoritmo "Stir Fry" para propiciar escolhas aleatórias em seus textos;[53] *When You Reach Kyoto*, uma colaboração visual/verbal de Geniwate e Brian Kim Stefans;[54] *Oulipoems* de Millie Niss e Martha Deed; e *Jean-Pierre Balpe ou les Lettres Dérangées*,[55] de Patrick-Henri Burgaud, um tributo ao já mencionado poeta e desenvolvedor de software, Jean-Pierre Balpe (também um pioneiro em algoritmos geradores de texto) em que a obra executa um instrumento textual que o usuário pode manipular.[56] Se for tenaz (e tiver sorte) o usuário encontrará as letras "desorganizadas" assumindo coerência no final, onde "este não é o fim" aparece em toda a bibliografia de Balpe.

Como o século XX viu uma explosão de interesse pelo livro como um meio, com um impressionante cânone de livros de artistas e outras práticas experimentais explorando o potencial do livro como um espaço artístico e literário, assim a literatura eletrônica tem sido palco de crescente volume de trabalho que interroga a mídia em rede e programável como a base material para a inovação e a criação artística.

"Code Work", uma frase relacionada com escritores como Alan Sondheim, MEZ (Mary Ann Breeze) e Talan Memmott e com os críticos como Florian Cramer, Rita Raley e Matthew Fuller, dá nome a uma prática linguística em que o inglês (ou qualquer outra língua natural) é hibridizado com expressões de programação para criar um evocativo em um dialeto crioulo para leitores humanos, especialmente aqueles familiarizados com as denotações das linguagens de programação. O "Code Work" em sua forma mais pura é possível de ser lido e executado pela máquina, como os poemas de Perl que, literalmente, têm dois destinatários, seres humanos e máquinas inteligentes. Mais típico são dialetos crioulos que utilizam o "código quebrado", código que não pode ser realmente executado mas que utiliza pontuações e expressões de programação para evocar conotações apropriadas para os significadores linguísticos.[57] Repleto de trocadilhos, neologismos e outros jogos criativos, tal trabalho representa uma zona de comércio em que a linguagem exclusivamente humana e o código legível pela máquina são executados como esferas linguísticas interpenetráveis, tornando assim visível na superfície da tela uma condição intrínseca a toda textualidade eletrônica, ou seja, a dinâmica intermediativa entre a linguagem exclusivamente humana e o código legível pela máquina.[58] De forma implícita, essas obras também fazem referência à intricada hibridização agora em curso entre a cognição humana e as cognições muito diferentes e ainda assim interligadas das máquinas inteligentes, uma condição que Talan Memmott representou brilhantemente em *Lexia to Perplexia* com neologismos como "remocional" e "Eu-terminal".

A conjunção da língua com código tem estimulado experimentos na formação e na colaboração de diferentes tipos de linguagens. *The Glide Project*, de Diane Reed Slattery, Daniel J. O'Neil e Bill Brubaker apresenta a linguagem visual de Glide, que pode ser visto e realizado como passos de uma dança mas não pode ser falado, porque as formas semicirculares que o compõem não têm equivalentes verbais, apenas agrupamentos de denotações que funcionam um pouco como linguagens ideográficas.[59] Outros experimentos que cruzam a área delimitada entre as linguagens gestual e verbal têm sido realizados por Sha Xin Wei e colaboradores em *TGarden*,[60] em que tecnologias de realidade virtual são utilizadas para gravar os movimentos dos bailarinos enquanto estes tentam criar novos vocabulários gestuais, um tema de modo brilhantemente explorado por Carrie Noland em "Gestos Digitais" que analisa obras digitais que levam a gestos corporizados.[61] Esses experimentos em múltiplos e inter-relacionados sistemas semióticos são resultantes do fato subjacente de que os comportamentos, as ações, os sons, as palavras e as imagens são todos codificados como bits e na forma final como diferenças de voltagem.

Outro tipo de interrogação da conjunção entre o código e a linguagem tem sido explorada por John Cayley por meio de processos que ele chama de "transliteral morphing", algoritmos que transformam textos fonte em palavras-alvo letra-a-letra, uma estratégia que enfatiza a descontinuidade das línguas alfabéticas e suas semelhanças com a descontinuidade do código digital[62] (ver capítulo 4 para uma discussão mais ampliada). Em *riverIsland*, Cayley utiliza o "transliteral morphing" para justapor várias traduções de poemas chineses, comparando e contrastando a descontinuidade das línguas alfabéticas com as formas mais análogas de sistemas de linguagem morfográficos chineses.[63]

A multimodalidade das obras de arte digitais desafia os escritores, os usuários e os críticos a reunir diversas especialidades e tradições interpretativas para que as estratégias estéticas e as possibilidades de literatura eletrônica possam ser compreendidas. Alguns escritores, como Thom Swiss, preferem ter artistas gráficos como colaboradores. Outros, como Stephanie Strickland em seu elegantemente articulado e alegremente imaginado poema hipertextual "The Ballad of Sand and Harry Soot", incorporam imagens feitas por artistas, incluindo nesse caso as belamente mecanizadas esculturas de areia de Jean Pierre Hebert e Bruce Shapiro.[64] Outros ainda pensam em si como, principalmente, artistas gráficos e programadores que escrevem textos para incorporá-los em suas obras; eu enquadraria a imaginativa e divertida net arte de Jason Nelson nessa categoria, incluindo seu assustador *Dreamaphage*, com suas narrativas bizarras e infantilizadas mas de alguma forma sinistras graficamente.[65] Ainda outros que vêm para a mídia digital com experiência como escritores de textos impressos, como M. D. Coverley, estão aprendendo rápido à medida que suas percepções visuais e gráficas estão se tornando tão completas quanto sua proficiência verbal (compare, por exemplo, as qualidades de design de *Califia* com o impressionante design gráfico de *Egypt: the book of coming forth by day*). De um ponto de vista crítico, obras que aparecem em instâncias tanto impressas quanto eletrônicas, como o inovador livro de poesia *V: WaveSon.Nets/Losing l'Una* de Stephanie Strickland e a obra na Web *V:Vniverse*, programada em Director em colaboração com Cynthia Lawson, demonstram que, quando um trabalho é reconcebido para aproveitar os recursos de comportamento, visuais e/ou sônicos da Web, o resultado não é apenas uma "versão" na Web, mas uma produção artística inteiramente diferente, que deve ser avaliada em seus próprios termos com uma abordagem crítica plenamente atenta à especificidade do meio.[66] Além disso, em alguns casos em que as formas impressas e digitais são conceitualizadas como um trabalho distribuído ao longo de duas instâncias, como é o caso de *V*, as possibilidades de significados emergentes multiplicam-se exponencialmente através das diferenças, sobreposições e convergências das instâncias em comparação uma à outra. Outras obras notáveis que apareceram em diferentes instâncias de mídia incluem *10:01*, de Lance Olsen, publicada pela primeira vez como um hipertexto impresso e depois transformado em uma obra na Web em colaboração com Tim Guthrie,[67] e *253*, de Geoff Ryman que fez a transição oposta de hipertexto na Web para livro impresso.[68]

Como essas obras deixam bem claro, a mídia computacional intrínseca à textualidade eletrônica exigiu novos tipos de prática crítica, um deslocamento originário do letramento a que Gregory L. Ulmer chama "eletramento".[69] A tendência de leitores imersos no texto impresso é voltar o foco primeiro para o texto na tela, empregando estratégias que evoluíram ao longo dos séculos por complexas interações entre escritores, leitores, editores, livreiros e outras partes interessadas no meio impresso. Para leitores que não programam em mídia computacional, a tentação de ler a tela como uma página é especialmente sedutora. Embora, naturalmente, eles estejam conscientes de que a tela não é o mesmo que o texto impresso, as implicações dessa diferença para a interpretação crítica estão longe de ser evidentes.

Além disso, a mudança da mídia impressa para a mídia programável é mais complicada pelo fato de que as práticas de composição continuam a evoluir com as mudanças tecnológicas em um ritmo estonteante.

Entre as vozes críticas explorando novos territórios da mídia em rede e programável estão muitos crítico-praticantes cujas observações astutas provocaram o avanço desse campo, incluindo, entre outros, John Cayley, Loss Pequeño Glazier, Alan Sondheim, Brian Kim Stefans e Stephanie Strickland.[70] Entre os que trabalham na interpretação crítica de mídia eletrônica, Florian Cramer, Rita Raley, Matthew Fuller, Ian Bogost, Mark B. N. Hansen (cujo trabalho é discutido de forma mais detalhada no capítulo 3), Adalaide Morris e Matthew Kirschenbaum merecem menção especial por sua insistência sobre a especificidade da mídia em rede e programável.[71] Ao mesmo tempo, esses críticos também constroem pontes ligando a arte digital, a literatura e os jogos, por um lado, e a prática crítica tradicional e a escrita filosófica, por outro. A meu ver a resposta ideal exige ambas essas iniciativas de uma só vez – reconhecendo a especificidade da nova mídia sem abandonar os valiosos recursos presentes nos modos tradicionais de entendimento da linguagem, da significação e das interações corporizadas com os textos.

Um exemplo desse tipo de prática crítica é *Mechanisms: new media and forensic textuality*, de Mateus Kirschenbaum. Fazendo uma analogia com o escrutínio que bibliógrafos e críticos textuais fazem nos textos impressos, Kirschenbaum argumenta que é necessária uma análise mais de perto dos objetos eletrônicos para compreender plenamente as implicações de trabalhar com os meios digitais. E ele o faz analisando a imagem microscópica de padrões de bit sobre o substrato do disco.

Ele analisa a materialidade da mídia digital como consistindo de dois aspectos inter-relacionados e interagentes: materialidade forense e materialidade formal. Considerando que a materialidade forense é baseada nas propriedades físicas do hardware – como o computador lê e escreve padrões de bit, que, por sua vez, correlacionam-se a diferenças de voltagem – a materialidade formal consiste no "atrito dos processos ou diferença percebida... enquanto o usuário muda de um conjunto de lógicas de software para outro" (ms. 27). Usando a importante distinção que Espen J. Aarseth mostrou em *Cybertext: Perpectives on Ergodic Literature*[72] entre scriptons ("as sequências como elas aparecem para os leitores") e textons ("as sequências como elas existem no texto") (62), Kirschenbaum explora em *Mechanisms* uma metodologia que faz uma conexão entre estratégias avançadas de leitura do texto impresso já em efeito com scriptons (letras sobre a página, no presente caso) e textons (aqui o código gerador da superfície da tela).

Assim ele abre caminho para um modo de crítica que reconhece a especificidade da mídia de rede e programável sem sacrificar as estratégias interpretativas desenvolvidas por meio da mídia impressa.

Stephanie Strickland, uma premiada poeta de literatura impressa, que tem criado obras importantes nos meios digitais, tem uma forte opinião a respeito da tradição literária e de como a crítica precisa mudar para acomodar os meios digitais. Em "Writing the Virtual: Eleven Dimensions of E-Poetry",[73] ela incide sobre as formas nas quais a poesia eletrônica atinge seu dinamismo, levando Stephanie a cunhar o neologismo "poietics" (de "poesia" e "poïisis", a palavra grega para "fazendo").

Com uma capacidade de síntese brilhante e um amplo espectro de exemplos, Strickland salienta as temáticas emergentes, como a ênfase em ruínas; novos processos de psicologia do usuário, como a "forte ligação" que os usuários vivenciam em locais de interação; e novas configurações de parâmetros físicos, como a manifestação do tempo como "transitivo, estratigráfico e topológico", levando à conclusão de que o tempo é "escrito multiplicado" (1).

O fluxo recombinatório usando mecanismos e geradores computacionais de escrita faz parte desse dinamismo, refletindo um desejo, ela argumenta, de criar obras que exemplifiquem em suas operações as incrivelmente velozes operações de código e as deterministas, mas ainda assim aleatórias, operações de redes digitais. A mistura de código e linguagem de que o fluxo recombinatório depende está situada em um conjunto de práticas mais gerais nas quais o pensamento humano e a execução da máquina colaboram para produzir obras literárias que façam referência a ambos os estilos cognitivos.

Qualquer trabalho que utiliza dispositivos de escolha aleatória algorítmicos para gerar texto depende em maior ou menor medida das justaposições surpreendentes e ocasionalmente espirituosas criadas por essas técnicas. Convém salientar que procedimentos algorítmicos não são exclusivos da mídia de rede e programável.

Antes dos PCs tornarem-se tão comuns quanto os ácaros domésticos, os escritores da mídia impressa estavam usando uma variedade de técnicas para atingir resultados semelhantes, como Florian Cramer assinala em *Words Made Flesh: Code, Culture, Imagination*. A série de poemas *Diagram*, de Jim Rosenberg, por exemplo, em que o usuário pode manipular formas representando relações gramaticais, como verbos e conjunções, foram executadas em primeiro lugar no papel e só mais tarde em código computacional.[74] Outras obras utilizando procedimentos algorítmicos na mídia impressa incluem *Cent Mille Milliards de poèmes*, de Raymond Queneau, *mesostics*, de John Cage, e *The Virginia Woolf Poems*, de Jackson Mac Low.[75]

Brian Kim Stefans referiu-se implicitamente a essa tradição quando publicou seu poema computacional "Stops and Rebels" em sua coleção impressa de ensaios, *Fashionable Noise: On Digital Poetics*, com extensivas anotações disponíveis apenas em versão impressa.[76] Em tais anotações, que podem ser consideradas um ensaio em hyperlink, ele pondera sobre a união das cognições humana e da máquina. Ele antropomorfiza o programa de computador que gerou o poema chamando-o de "Demônio". O Demônio, nota Stefans, está envolvido numa forma de colaboração em duas vias: entre o programador que trabalha com as limitações e as possibilidades de uma linguagem de computador para criar o programa, e entre o usuário e o computador quando o poema computacional é lido e interpretado. Ambas as colaborações invocam e representam o criativo (des)acordo e (des)apreço que emergem das sobreposições e disjunções entre seres humanos como animais que buscam significados e máquinas inteligentes para as quais o significado é construído em contextos muito diferentes daqueles da linguagem apenas humana. Essa dimensão das obras eletrônicas aleatórias as distingue das obras impressas associadas a operações algorítmicas. Uma obra pode, evidentemente, ignorar essa especificidade em seu conteúdo textual explícito. No entanto, as condições em que uma obra é criada, produzida, divulgada e realizada sempre a marcam de modos distintos, os quais fornecem uma abertura para o questionamento crítico e a análise específica como Matthew Kirschenbaum de modo decisivo demonstra em *Mechanisms*.

A colaboração entre a imaginação criadora do escritor (humano) e as limitações e as possibilidades de um software é o tema de *Unit Operations: An Approach to Videogame Criticism*, de Ian Bogost, em que ele desenvolve um analogia ampliada entre as operações unitárias de programação orientadas para o objeto e uma abordagem do letramento que explora os sistemas abertos, flexíveis e reconfiguráveis que emergem das relações entre as unidades.[77] De certa forma, a crítica literária considera, já há algum tempo, as obras impressas executoras desses tipos de sistemas, infinitamente reconfiguráveis à medida que a atenção crítica se desloca de um tipo de análise textual para outro. Ao descrever novamente as interpretações tradicionais como "operações unitárias", Bogost constrói um quadro no qual a programação de computador centrada no objeto pode ser vista como um domínio relacionado e interpenetrante aos jogos de videogame (o foco central do autor), à literatura impressa e à literatura eletrônica.

Como a abordagem de Bogost sugere, levando-se em conta linguagens e práticas de programação pode-se proporcionar abordagens produtivas para a literatura eletrônica, bem como para outras formas digitais e não digitais.

A influência do software é especialmente óbvia no gênero do poema em Flash, caracterizado por telas sequenciais que tipicamente progridem com mínima ou nenhuma intervenção dos usuários. (Há, contudo, exceções a essa prática, de forma especial o poema em Flash "Errand upon Which We Came",[78] uma colaboração entre Stephanie Strickland e M. D. Coverley, em que os autores incluem possibilidades de intervenção e escolha para os usuários.) "The Dreamlife of Letters",[79] de Brian Kim Stefans, embora extremamente incomum em sua estonteante virtuosidade é, nesse sentido, mais típico. Solicitado para responder a uma obra teoricamente densa de Raquel Blau DuPlessis, Stefans liberou as palavras de seu contexto original ao colocá-las em ordem alfabética e dividi-las em 36 grupos. Então ele coreografou os grupos com comportamentos diferentes em uma proeza de animação e visualização.

A obra em Flash de onze minutos traz, de forma divertida, ao estilo de obra concreta, as implicações e as conotações da linguagem sexualmente carregada do original, bem como novas implicações que emergem das justaposições criadas pelo texto em ordem alfabética.

À medida que as letras e as palavras dançam, alongam-se, rompem-se, caem, unem-se, separam-se, seduzem e giram, é como se os morfemas e os fonemas da linguagem tivessem adquirido uma imaginação gráfica erotizada, um inconsciente coletivo capaz de sentir e expressar desejo – isto é, de sonhar.

A obra "Faith", de Robert Kendall, embora a 180° de "The Dreamlife of Letters", na sensibilidade e no tema, a exemplo do poema visual de Stefans, utiliza os recursos multimodais do computador multimodal para criar um trabalho em que a cor, a animação, a música e a sequência marcada colaboram com o texto verbal para criar uma significação.[80] A obra acontece em cinco etapas (quatro delas codificadas nas cores laranja, vermelho, vinho e preto/cinza, respectivamente), dispondo as letras e as palavras sobre outras anteriormente existentes para a criação de novos significados. Por exemplo, a "lógica" laranja da primeira fase é interpolada na segunda fase em "I edge/ logic/ out", com as novas letras aparecendo em vermelho; na terceira fase, "edge" se transforma em "hedge", com a nova letra figurando em vermelho.

À medida que as palavras mudam de posição e tornam-se interpoladas em novos textos, conservam um indício de suas significações anteriores pelas cores que as ligam a suas aparições anteriores. O efeito cria um palimpsesto que executa visualmente as vacilações que a voz lírica articula ao oscilar entre lógica e fé.

Young-Hae Chang Heavy Industries (YHCHI), uma colaboração com base em Seul, entre Young-Hae Chang e Marc Voge, segue uma outra estratégia estética para criar obras em Flash em que a ênfase recai, principalmente, sobre o texto, a música e a sequência marcada, com animações e cores em papéis secundários. Em *Dakota*, por exemplo, o texto preto sobre o pano de fundo branco segue em compasso rítmico com o jazz de Art Blakey, evocando tanto uma viagem ao estilo de Jack Kerouac quanto os dois primeiros *Cantos*, de Ezra Pound.[81] Jessica Pressman classifica esse trabalho como "modernismo digital", uma frase descrevendo as obras eletrônicas e enfatizando sua ligação com os textos impressos modernistas.[82] Em *Nippon*, de YHCHI (discutida mais detalhadamente no capítulo 3) uma estratégia estética semelhante é adotada para narrar a história de uma japonesa que entretém trabalhadores assalariados em um bar, com ideogramas japoneses em vermelho e a língua inglesa em preto, aparecendo sobre sucessivas telas, coreografadas para uma canção popular japonesa de R. Taki.[83] Enquanto faz alusão a predecessores impressos, esse trabalho baseado em tempo também exerce sua diferença de um livro códex em seu passo ritmado sincronizado com o tempo da música e operando fora do controle do usuário.

Ficção em hipertexto, ficção na rede interligada, ficção interativa, narrativas locativas, instalações, "codework", arte generativa e o poema em Flash não são um inventário exaustivo das formas de literatura eletrônica mas são suficientes para ilustrar a diversidade de campo, as complexas relações que surgem entre literatura impressa e literatura eletrônica, e o amplo espectro de estratégias estéticas que a literatura digital emprega. Presença visível há apenas cerca de duas décadas (embora seus antecessores datem, pelo menos as poesias para o computador, do início dos anos 1960 e de muito antes na tradição impressa), a literatura eletrônica já produziu muitos trabalhos de grande mérito literário que merecem e exigem a maior atenção e o escrutínio rigoroso que os críticos têm há muito praticado com a literatura impressa.

Essa estreita atenção crítica requer novos métodos de análise e novas formas de ensino, interpretação e execução. Mais importante, talvez, é a necessidade de "pensar digital", isto é, preocupar-se com a especificidade da mídia em rede e programável ao mesmo tempo que se utilizam os recursos das valiosas tradições com base na literatura e crítica impressas.

A LITERATURA ELETRÔNICA NÃO É UM TEXTO IMPRESSO

Prestar atenção à forma como a literatura eletrônica tanto amplia quanto rompe com convenções do meio impresso é enganoso, e a crítica está cheia daqueles que se deixaram levar ou por Cila ou por Caribdis, alardeando seu caráter de novidade, ou deixando de ver as genuínas diferenças que a distinguem da literatura impressa. Após uma geração de debate caloroso é possível agora ver a paisagem mais claramente, em parte porque somos capazes de desenvolver o trabalho a partir do caminho aberto por aqueles que vieram antes. Os primeiros teóricos de hipertexto, George Landow e Jay David Bolter,[84] salientaram a importância do hyperlink como um traço distintivo da literatura eletrônica, extrapolando da habilidade do leitor de escolher que link seguir, para fazer alegações extravagantes sobre hipertexto como um modo liberador que transformaria dramaticamente a leitura e a escrita e, implicitamente, os espaços em que essas atividades são importantes, como a sala de aula de literatura. Levando em consideração as principais obras da literatura eletrônica que então se tornaram grandes, especialmente *afternoon: a story*, de Michael Joyce, e *Victory Garden*, de Stuart Moulthrop, essa ênfase era compreensível, pois essas obras consistem principalmente de telas de texto com gráficos muito limitados, sem animações e sem som. Um problema com a identificação do hyperlink como uma característica distintiva na literatura eletrônica era a de que textos impressos já há muito empregavam uma tecnologia análoga em instrumentos como notas de rodapé, notas finais, referência cruzada, e assim por diante, enfraquecendo a alegação de que a tecnologia era completamente nova. Talvez um problema mais grave, no entanto, tenha sido a associação do hyperlink ao aumento de poder do leitor/usuário. Como alguns críticos já apontaram, de forma especial Espen J. Aarseth, o leitor/usuário pode apenas seguir os links que o autor já escreveu.[85] Além disso, em um trabalho como *afternoon: a story*, não há como escapar das estruturas em espiral empregadas, uma vez que se tenha caído em alguma delas, necessitando-se fechar o programa e começar de novo. Em comparação com a flexibilidade oferecida pelo códex, que permite ao leitor completa liberdade para pular partes, voltar, avançar e abrir o livro onde quiser, a estrutura em espiral dos hipertextos eletrônicos e a resultante repetição forçada no leitor/usuário fazem essas obras, por comparação, mais coercitivas. Como Aarseth astutamente observou, interatividade nessas primeiras críticas é "um termo puramente ideológico, projetando uma fantasia difusa em vez de um conceito com qualquer subsídio analítico" (51).

Um resultado da ênfase em múltiplas trajetórias de leitura foi a conexão que Landow e Bolter fizeram entre desconstrução e literatura eletrônica. Nos áureos tempos em que a desconstrução era vista como uma forte ruptura contra premissas fundamentais, o hipertexto foi tido como a implementação sensata das instabilidades inerentes da significação expostas pela análise desconstrutiva. O hipertexto, escreveu Bolter em seu livro pioneiro, *Writing Space*, tira "o ferrão" da desconstrução.[86]

Ao combinar hipertexto com as difíceis e produtivas questões do processo de análise de desconstrução, esses teóricos deixam de fazer justiça tanto às variadas operações das obras realizadas em meio eletrônico quanto à complexidade da filosofia da desconstrução. No entanto, ambos os teóricos deram importantes contribuições, e seus livros continuam sendo referências na área. Além disso, ambos revisaram significativamente seus trabalhos anteriores para levar em conta a rápida evolução tecnológica e as visões adicionais que esta catalisou.

Na segunda edição de *Writing Space*, com o subtítulo de *Computers, hypertext, and the remediation of print*, Bolter incorpora visões de seu importante trabalho em coautoria com Richard Grusin, *Remediation: understanding new media*, que postula e ilustra amplamente a dinâmica recursiva entre o imediatismo e a hipermediação na Nova Mídia.[87] De forma semelhante, Landow já revisou duas vezes seu texto original, expandindo consideravelmente suas visões e acrescentando material novo, tratando da Web em *Hypertext 2.0: The Convergence of Contemporary Critical Theory and Technology*, e de globalização em *Hypertext 3.0: Critical Theory and New Media in an Era of Globalization*.[88]

As desvantagens da importação de pressupostos teóricos desenvolvidos no contexto da literatura impressa, em análises de mídias eletrônicas, foram vividamente trazidas à luz pelo importante livro de Espen J. Aarseth, *Cybertext: Explorations of Ergodic Literature*. Em vez de circunscrever a literatura eletrônica aos pressupostos da literatura impressa, Aarseth começou do zero ao propor uma nova categoria de "literatura ergódica", textos nos quais "um esforço nãotrivial é requisitado para permitir que o leitor percorra o texto" (1).

Fazendo um recorte analítico diferente por meio de agrupamentos textuais que incluíram jogos de computador, literatura impressa e hipertextos eletrônicos, entre outros, Aarseth criou uma grade composta por oito operadores diferentes, muitos dos quais têm vantagem principalmente com textos eletrônicos em vez de textos impressos. A grade permite um total de 576 posições diferentes em que diferentes tipos de textos podem ser localizados.[89] Embora o método tenha limitações, especialmente as de que é "cego" em relação ao conteúdo e relativamente indiferente à especificidade da mídia, ele tem a grande virtude de demonstrar que textos eletrônicos não podem simplesmente ser empurrados para dentro da mesma tenda que os textos impressos sem levar-se em conta seus diferentes modos de funcionamento.

Essas inovações fizeram, justificadamente, de *Cybertext* um trabalho fundamental para o estudo de jogos de computador e um texto original para pensar a literatura eletrônica.[90] A obra de Markku Eskelinen, particularmente "Six Problems in Search of a Solution: the challenge of Cybertext Theory and Ludology to Literary Theory", desafia mais aprofundadamente a narratologia tradicional como um modelo adequado para a compreensão da textualidade ergódica, tornando clara a necessidade de desenvolver estruturas que possam levar em consideração as oportunidades abertas para as inovações textuais na mídia digital. Ao propor variações nas categorias narrativas de Gérard Genette, Eskelinen demonstra mediante uma grande variedade de engenhosas sugestões de possibilidades narrativas que diferem em disponibilidade temporal, intertextualidade, estruturas de ligação, e assim por diante, como a tipologia ergódica de Aarseth pode ser utilizada para a expansão da narratologia, sendo assim mais útil para as obras ergódicas em geral, incluindo as obras digitais.[91]

Ação semelhante foi realizada por Lev Manovich em sua obra influente *The Language of New Media*.[92] Apesar de sua ênfase ser essencialmente no cinema em vez de na literatura eletrônica, seus "cinco princípios da Nova Mídia" têm ajudado a definir a distinção das formas da Nova Mídia em contraste com os textos impressos e com outras mídias eletrônicas, como a televisão a cabo.[93] Quatro de cinco princípios seguem um estilo direto, respectivamente, da base binária para computadores digitais (representação numérica), programação orientada no objeto (variabilidade e modularidade) e arquiteturas interconectadas com sensores e ativadores (automação). O mais profundo e mais provocativo para a literatura eletrônica é o quinto princípio de "transcodificação", que Manovich usa para explicar a importação de ideias, artefatos e pressupostos da "camada cultural" para a "camada computacional" (46).

Embora seja demasiado simplista apresentar essas "camadas" como fenômenos distintos (porque elas estão em constante interação e retroação recursiva uma com a outra), a ideia de transcodificação no entanto faz a observação crucial de que a computação se tornou um poderoso meio pelo qual pressupostos pré-conscientes circulam de veículos de transmissão cultural tradicionais, como a retórica política, religiosa e outros rituais, gestos e posturas, narrações literárias, relatos históricos e outros canais de ideologia, para as operações materiais dos dispositivos computacionais. Essa é uma percepção tão importante que, embora não haja espaço para desenvolvê-la plenamente aqui, voltarei a ela mais tarde para indicar brevemente algumas das formas em que está sendo explorada.[94]

Com esses argumentos esclarecedores, novas oportunidades se tornaram disponíveis para repensar as especificidades da literatura impressa e eletrônica e para explorar seus pontos em comum sem misturá-los um com o outro. Loss Pequeño Glazier, em *Digital Poetics*, obra já citada, argumenta que a materialidade da prática é fundamental tanto para a literatura impressa experimental quanto para a obra eletrônica inovadora. Como ele e outros argumentaram, especialmente Matthew Kirschenbaum, John Cayley e Matthew Fuller, o código deve ser considerado parte integrante do "texto" da literatura eletrônica assim como a superfície da tela. Páginas da Web, por exemplo, confiam em HTML, XML ou linguagens de marcação semelhantes para ser devidamente formatadas. Alexander Galloway em *Protocol* explica o processo de forma sucinta: "*O código é a única língua que é executável.*" (grifo no original).[95]

Ao contrário de um livro impresso, o texto eletrônico não pode, literalmente, ser acessado sem o código ser executado. Críticos e estudiosos de arte digital e literatura deveriam, por conseguinte, considerar o código fonte parte da obra, algo que é ressaltado pelos autores que inserem no código informações ou observações interpretativas cruciais para a compreensão da obra.

Jerome McGann, cujo trabalho sobre o Arquivo Rossetti[96] e as contribuições para o Instituto de Tecnologia Avançada em Ciências Humanas (IATH) da Universidade de Virginia fez dele um protagonista na área, faz uma reviravolta sobre essa perspectiva após *Radiant Textuality: Literature After the World Wide Web* com o argumento de que textos impressos também utilizam linguagem de marcação, por exemplo, paragrafação, itálico, espaçamento, quebras de linha, e assim por diante.[97] Embora esse argumento confunda um pouco as coisas uma vez que reúne operações realizadas pelo leitor com aquelas realizadas pelo computador, ele não deixa de estabelecer uma plataforma comum entre os estudiosos interessados em crítica bibliográfica e textual de obras impressas e aqueles orientados para uma análise criteriosa de textos digitais. Também contribuindo para a construção de pontes entre protocolos digitais e práticas de leitura imanente do texto está *The Ivanhoe Game*, um projeto conjunto de Johanna Drucker e Jerome McGann, que está sendo desenvolvido no Laboratório de Computação Teórica da Universidade de Virginia.[98] Parte crítica literária, parte jogo criativo e parte jogo de computador, *The Ivanhoe Game* convida os participantes a usar evidências textuais de um determinado texto literário para imaginar interpolações e extrapolações criativas, facilitadas por uma interface de computador.[99] Noah Wardrip-Fruin e Davi Durand seguem linhas semelhantes de investigação em *Cardplay*, um programa que utiliza cartas de baralho virtuais para criar o texto de uma peça. Projetos semelhantes são *Card Shark* e *Thespis*, de Mark Bernstein, sistemas de criar narrativas de hipertexto usando técnicas de IA.[100] Da mesma forma que *Regime Change* e *News Reader*, discutidos anteriormente, Wardrip-Fruin e Durand chamam esses programas "instrumentos textuais", comparando-os a jogos de computador e a instrumentos musicais.

Estudos complementares enfocando a materialidade da mídia digital são análises que levam em consideração os contextos corporizados, cultural, social e ideológico nos quais a computação ocorre. Apesar de um relato completo desse corpo de trabalho estar fora do âmbito desta discussão, alguns estudos originais devem ser observados. Mark B. N. Hansen, enfocando mais as artes digitais do que a literatura eletrônica, apresenta fortes argumentos para o papel do observador corporizado como não apenas um local necessário para a recepção das obras de arte digitais, mas também como um aspecto crucial ressaltado por obras que, literalmente, não fazem sentido sem levar a corporização em consideração.[101]

Do lado oposto, por assim dizer, está a ênfase de Friedrich A. Kittler na genealogia da tecnologia como força formativa por si só.[102] A controvertida frase inicial de Kittler no prefácio de *Gramophone, Film, Typewriter*, "A mídia determina nossa situação", embora não isenta de problemas, sugere os contornos mais ampliados dentro dos quais a literatura eletrônica pode ser vista como uma força cultural ajudando a formar a subjetividade em uma época em que a mídia em rede e programável está catalisando as mudanças econômicas, políticas e culturais com uma velocidade sem precedentes[103] (discute-se o trabalho desses dois teóricos em pormenores no capítulo 3). Escrevendo sobre a poética na Nova Mídia, Adalaide Morris aptamente discute esse aspecto da literatura digital ao comentar que este articula para nós aquilo que de alguma forma já sabemos.[104] A isso eu acrescentaria que ele também cria as práticas que nos ajudam a saber mais sobre as implicações de nossa situação contemporânea. Tanto quanto o romance, ambos ajudaram a criar e deram voz ao sujeito liberal humanista nos séculos XVII e XVIII, assim a literatura eletrônica contemporânea é tanto reflexão quanto representação de um novo tipo de subjetividade caracterizada pela cognição distribuída, uma ação em rede que inclui atores humanos e não humanos e limites flexíveis dispersos por espaços reais e virtuais (um tópico explorado com mais profundidade no capítulo 4).

Inserida na área das ciências humanas por tradição e prática acadêmica, a literatura eletrônica tem também uma estreita afinidade com as artes digitais, os jogos de computador e outras formas associadas à mídia em rede e programável. Também está profundamente entrelaçada com os poderosos interesses comerciais das empresas de software, fabricantes de computadores e outros fornecedores de equipamentos associados à mídia em rede e programável. Como e de que forma a literatura eletrônica deve se envolver com esses interesses comerciais é discutido na obra magistral de Alan Liu, *The Laws of Cool: Knowledge Work and the Culture of Information*.[105] Liu insiste numa coligação entre o que é "legal" (*cool*) – designers, artistas gráficos, programadores e outros trabalhadores da indústria do conhecimento – e as ciências humanas tradicionais, sugerindo que ambos os campos têm as qualidades essenciais para lidar com a complexidade dos interesses comerciais que atualmente determinam muitos aspectos de como as pessoas vivem sua vida cotidiana nas sociedades desenvolvidas. Considerando que as ciências humanas tradicionais especializam-se em articular e preservar um conhecimento profundo do passado e envolvem um amplo espectro de análises culturais, o que é "legal" agrega conhecimentos técnicos sobre a mídia em rede e programável e compreensões intuitivas sobre as práticas digitais contemporâneas. A literatura eletrônica, que exige orientações diversas e contempla tanto a perspectiva tradicional quanto a contemporânea, é um dos espaços que podem catalisar esses tipos de coligações. Perceber essa possibilidade ampliada exige que compreendamos a literatura eletrônica não apenas como uma prática artística (embora seja óbvio que é), mas também como um espaço para as negociações entre grupos diversos e tipos diferentes de conhecimentos.

Nesses grupos encontram-se teóricos e pesquisadores interessados nos efeitos em larga escala da cultura de rede. Do grande número de estudos que surgiram nos últimos anos, farei referência a dois para ilustrar os tipos de investigação que deveriam ser abrangidos no domínio da literatura eletrônica. Em primeiro lugar está o trabalho de Alexander Galloway e Eugene Thacker, *The Exploit*, um estudo que desenvolve a noção de Gilles Deleuze da sociedade de controle,[106] e os trabalhos de Antonio Negri e Michael Hardt, *Empire* e *Multitude*,[107] que argumentam que a materialidade, a força retórica e a estrutura da rede fornecem a base para novos tipos de poder político e opressão, ao mesmo tempo que abrem possibilidades de novos modos de análise teórica e de resistência política.[108] Complementa esse estudo *Tactical Media*, de Rita Raley, uma brilhante análise de uma mudança sistêmica de estratégia para tática na resistência política contemporânea representada por um grupo diverso de jogos de computador artísticos, obras de arte on line e instalações de arte. *Cutting Code: Software as Sociality*, de Adrian Mackenzie, estuda o software como uma prática social colaborativa e um processo cultural.[109] Analisando uma gama de práticas técnicas desde sistemas operativos Unix até a programação avançada, *Cutting Code...* explora como as formas sociais, as subjetividades, as materialidades e as relações de poder entrelaçam-se na criação, na comercialização e na utilização do software.

A obra de Mackenzie serve como uma salutar advertência de que não se pode compreender a evolução da literatura impressa sem considerar fenômenos como o tribunal de justiça que estabelece precedentes legais para direitos autorais e os livreiros e os editores que contribuem para disseminar a ideologia do gênio criativo, autor da grande obra de literatura (para seus próprios fins, é claro), de forma que a literatura eletrônica está surgindo dentro de redes econômicas e sociais complexas, da filosofia competitiva das fontes abertas, freeware, shareware, do terreno econômico e geopolítico da Internet e da rede mundial de computadores (World Wide Web) e de um conjunto de outros fatores que influenciam diretamente o modo como a literatura eletrônica é criada e armazenada, vendida ou compartilhada, preservada ou relegada ao esquecimento.

PRESERVAÇÃO, ARQUIVAÇÃO E DIVULGAÇÃO

Ao longo dos séculos, a literatura impressa desenvolveu mecanismos para sua preservação e arquivação, incluindo bibliotecas e bibliotecários, curadores e preservacionistas. Infelizmente, essas técnicas não existem para a literatura eletrônica. A situação é agravada pela natureza flexível da mídia digital; considerando que os livros impressos em papel de boa qualidade podem perdurar por séculos, a literatura eletrônica rotineiramente torna-se impossível de ser executada (e por isso ilegível) após uma década ou menos. O problema existe tanto para o software quanto para o hardware. Programas comerciais podem se tornar obsoletos ou migrar para novas versões incompatíveis com as mais antigas, e podem aparecer novos sistemas de operação (ou novas máquinas) nos quais obras mais antigas não podem ser executadas. Com um cânone reduzido, limitado a alguns anos e sem a oportunidade de construir o tipo de tradições associadas com a literatura impressa, a literatura eletrônica corre o risco de ser condenada ao domínio do efêmero, seriamente restrita em seu desenvolvimento e na influência que pode exercer.

A Organização Literatura Eletrônica tem uma abordagem preventiva para esse problema fundamental mediante a Iniciativa de Preservação, Arquivação e Divulgação (PAD). Parte dessa iniciativa encontra-se na *Coleção Literatura Eletrônica*, volume 1, coeditado por Nick Montfort, Scott Rettberg, Stephanie Strickland e por mim, trazendo sessenta obras recentes de literatura eletrônica e outros recursos de estudo.

Coletar obras inovadoras e de alta qualidade é um passo importante para a abertura da literatura eletrônica para um público mais amplo e para introduzi-la na sala de aula. (Meus colegas frequentemente me perguntam como podem encontrar "o bom" entre a inundação de obras disponíveis na Web; agora existe uma resposta fácil – embora ainda muito parcial – a essa questão.)

É previsível que a CLE continue bienalmente com os volumes subsequentes elaborados por um editorial coletivo que terá a responsabilidade de solicitar trabalhos importantes e torná-los disponíveis em formatos multiplataforma acessíveis.

Outra parte da iniciativa PAD é este capítulo, que aparece no formato de um ensaio no website da Organização Literatura Eletrônica. Ao tentar dar uma forma reconhecível a essa comunidade ágil e diversa de artistas, escritores, designers, programadores e críticos e às obras que criam e interpretam, espero que esse ensaio também seja do interesse de especialistas que estejam familiarizados com uma ou mais áreas da literatura eletrônica, mas não necessariamente com o campo como um todo. O ensaio é parte de uma tríade de obras de crítica comissionadas pela Organização Literatura Eletrônica como parte do iniciativa PAD, unindo dois relatórios publicados no site da OLE (ELO), "Acid-Free Bits" de Nick Montfort e Noah Wardrip-Fruin,[110] e "Born-Again Bits", de Alan Liu, David Durand, Nick Montfort, Merrilee Proffitt, Liam R. E. Quin, Jean-Hughes Rety e Noah Wardrip-Fruin.[111] Enquanto esse ensaio enfoca a pesquisa da área (e portanto a divulgação), os dois relatórios interessam-se principalmente por preservação e arquivação da literatura eletrônica.

"Acid-Free Bits" oferece conselhos aos autores para ajudá-los a "encontrar formas de criar uma e-lit duradoura, formas que incluam suas práticas e objetivos" (3). As recomendações incluem dar preferência a sistemas abertos em detrimento dos sistemas fechados, escolher sistemas direcionados à comunidade em vez de sistemas orientados a corporações, aderir às boas práticas de programação ao fornecer comentários e códigos consolidadores e preferir texto simples a formatos binários e opções de multiplataforma às de sistema single. Uma vez que a literatura eletrônica não tem o poder econômico para convencer desenvolvedores comerciais a garantir a continuidade de sua viabilidade em suas plataformas, é simplesmente bom senso preferir sistemas abertos aos fechados.

Do mesmo modo, formatos de texto simples continuarão a ser legíveis por seres humanos ao passo que os formatos binários não, e opções de multiplataforma aumentam a disponibilidade de obras para o público interessado. Essas recomendações sensatas colocam à disposição de escritores e autores questões a serem consideradas no início dos projetos, antes que sejam investidos muito tempo e recursos em opções que podem ser prejudiciais à preservação das obras em longo prazo e dispendiosos para mudar, uma vez que o trabalho já foi executado.

Mais amplo, e ainda mais visionário, é o proposta em "Born-Again Bits" para a "Iniciativa X-Literatura". A premissa básica é a de que XML (Linguagem de Marcação Extensível/Extensible Markup Language) continuará a ser a mais sólida e generalizada forma de linguagem de marcação na Web em um futuro previsível. Trabalhando com essa hipótese, a proposta vislumbra um conjunto de práticas e instrumentos que permitam à literatura eletrônica mais antiga migrar para XML para preservação, facilitar a composição compatível com XML, garantir a inclusão de meta informação adequada para permitir às obras serem identificadas e arquivadas, desenvolver ferramentas para a leitura, a explicação e o ensino facilitados da literatura eletrônica e fornecer aos autores aplicativos para a criação de literatura eletrônica em formatos X-Lite. O âmbito da proposta é sensacional, e se apenas uma parte dela puder ser implementada com sucesso, a contribuição para a preservação, a divulgação e a arquivação da literatura eletrônica será imensa. A Iniciativa X-Literatura deixa bem claro que a formação que conhecemos como "literatura" é uma teia complexa de atividades que inclui muito mais do que as imagens convencionais da escrita e da leitura.

Também envolvidos nessa teia estão os mecanismos culturais, tecnológicos e econômicos, hábitos e predisposições, redes de produtores e consumidores, sociedades profissionais e suas possibilidades de financiamento, os cânones e as antologias destinadas a promover e facilitar as atividades de ensino e de aprendizagem, e uma série de outros fatores. Todos esses citados anteriormente sofrem significativas transformações com o movimento em direção à mídia digital. Explorar e compreender todas as implicações da transição da página para a tela implica necessariamente um esforço comunitário, uma tarefa muito importante que exige um pensamento esclarecido, um planejamento visionário e uma profunda reflexão crítica. É nesses sentidos amplos e espaçosos que a literatura eletrônica nos desafia a repensar o que a literatura, e o literário, podem fazer e ser.

NOTAS

1 Entre as muitas ocasiões para a contemplação de tais questões, destaco uma como particularmente notável, um painel de discussão de altíssimo nível em outubro de 2006 em Paris, organizado pelo governo francês, para debater o seguinte tópico: "A Internet: uma ameaça à cultura?". Entre os painelistas estavam representantes da Virgin Records e da AOL e o diretor da Biblioteca Nacional da França.

2 Ver, ex. Peter L. Galison, *Image and Logic: a material culture of microphysics* (Chicago: University of Chicago Press, 1997), 47, 55.

3 Michael Joyce, *afternoon: a story* (Watertown, Mass.: East-gate Systems, 1990). Uma versão anterior circulou em 1987; ver Matthew Kirschenbaum, "Save As: Michael Joyce's *afternoons*", in *Mechanisms: new media and forensic textuality* (Cambridge: MIT Press, 2008), para um registro mais detalhado de todas as diferentes versões e edições.

4 Stuart Moulthrop, *Victory Garden* (Watertown, Mass.: East-gate Systems, 1995).

5 Shelley Jackson, *Patchwork girl* (Watertown, Mass.: East-gate Systems, 1995).

6 George P. Landow popularizou o termo "lexia" em *Hypertext: the convergence of contemporary critical theory and technology* (Baltimore: Johns Hopkins University Press, 1991). Terry Harpold em *Exfoliations* (Minneapolis: University of Minnesota Press, 2008) opõe-se ao termo, argumentando que em sua fonte original, S/Z de Roland Barthes, ele denotava divisões textuais que o leitor fazia como parte de seu trabalho interpretativo. O termo está tão bem estabelecido agora que parece difícil mudar. Além do mais, o significado dos termos frequentemente mudam ao migrar de uma área, disciplina e mídia para outra.

7 N. Katherine Hayles, "Deeper into the Machine: learning to speak digital", *Computers and Composition* 19 (2002): 371-86; reimpresso na forma revisada com imagens em *Culture Machine* 5 (Feb. 2003), http://culturemachine.tees.ac.uk/frm_f1.htm, e em *State of the Arts: the proceedings of the Electronic Literature Organization's 2002 State of the Arts Symposium*, ed. Scott Rettberg (Los Angeles: Electronic Literature Organization), 13-38.

8 David Ciccoricco, em *Reading Network Fiction* (Tuscaloosa: University of Alabama Press, 2007), questiona as caracterizações da primeira e da segunda gerações, argumentando que o uso de imagens é uma questão de grau e não uma pausa absoluta. Minha distinção, contudo, estava preocupada não apenas com a visualidade crescente de obras pós-1995, mas também com a introdução de som e outras multimodalidades, assim como o afastamento de uma estrutura de ligação à lexia e a aproximação a interfaces de navegação mais sofisticadas e variadas. O fator principal em apressar a mudança, é claro, foi a enorme expansão da World Wide Web após a introdução do Netscape e de outros browsers mais fortes e mais fáceis de usar. Em qualquer construção de períodos, sempre acontecerão áreas de sobreposição e remediação, mas parece bem claro que uma grande mudança ocorreu por volta de 1995.

9 M. D. Coverley, *Califia* (Watertown, Mass.: Eastgate Systems, 2000); *Egypt: the book of going forth by day* (Newport Beach: Horizon Insight, 2007).

10 Scott Rettberg, William Gillespie e Dirk Stratton, *The Unknown* (1998), http://www.unknownhypertext.com/.

11 Michael Joyce, *Twelve Blue*, in *Electronic Literature Colection*, vol. 1, eds. N. Katherine Hayles, Nick Montfort, Scott Rettberg e Stephanie Strickland (College Park, Md.: Electronic Literature Organization, 2006), http://collection.eliterature.org (hereafter noted as ELC 1). Quando as obras também estiverem disponíveis em outros espaços, os mesmos estarão listados em segundo lugar; para *Twelve Blue* (Eastgate Hypertext Reading Room, 1996), http://www.eastgate.com/TwelveBlue/Twelve_Blue.html.

12 Caitlin Fisher, *These Waves of Girls* (2001), http://www.yorku.ca/caitlin/waves/.
13 Stuart Moulthrop, *Reagan Library* (1999), ELC 1 e http://iat.ubalt.edu/moulthrop/hypertexts/rl/pages/intro.htm.
14 Judd Morrissey em colaboração com Lori Talley, *The Jew's Daughter* (2000), ELC 1 e http://www.thejewsdaughter.
15 Talan Memmott, *Lexia to Perplexia* (2000), ELC 1 e http://www.uiowa.edu/~iareview/tirweb/hypermedia/talan_memmott/index.html.
16 Richard Holeton, "Frequently Asked Questions about 'Hypertext,'" *ELC* 1.
17 Ciccoricco, intro., *Reading Network Fiction*, ms. 7.
18 Uma interessante ilustração da diferença entre narrativa e jogo é fornecida por "The Intruder", de Natalie Bookchin, no qual ela faz jogos de computador a partir da ficção de Jorge Luis Borges, http://www.calarts.edu/~bookchin/intruder/.
19 Markku Eskelinen, "Six Problems in Search of a Solution: the challenge of Cybertext Theory and Ludology to Literary Theory," *dichtung-digital* (2004), http://www.dichtung-digital.com/2004.3/Eskelinen/index.htm.
20 Nick Montfort, *Twisty Little Passages* (Cambridge: MIT Press, 2003), vii-xi.
21 Emily Short, *Savoir-Faire* (2002), *ELC* 1 e http://mirror.ifarchive.org/if-archive/games/zcode/Savoir.z8.
22 Jon Ingold, *All Roads* (2001), *ELC* 1 e http://www.ingold.fsnet.co.uk/if.htm.
23 Donna Leishman, *Deviant: the possession of Christian Shaw* (2003), ELC 1 e http://www.6amhoover.com/xxx/start.htm.
24 *Iowa Review Web 8.3* (September 2006), http://www.uiowa.edu/~iareview/mainpages/new/september06/sept06_txt.html.
25 A mudança não é, contudo, sem alertas. Aya Karpinska comenta que "uma tela é uma tela. Não é espaço.", antecipando que sua obra futura migraria para o espaço real por meio de tecnologias móveis. Rita Raley, "An Interview with Aya Karpinska on 'mar puro'", http://www.uiowa.edu/~iareview/mainpages/new/september06/karpinska/karpinska_intervew.html. Dan Waber comenta, "Eu acho que a palavra e a letra têm sido tridimensionais de muitas maneiras há muito tempo. Enquanto existir linguagem, existirá um modo de olhar sua materialidade, e esse modo automaticamente acrescenta uma dimensão.". Rita Raley, "An Interview with Dan Waber on 'five by five'", http://www.uiowa.edu/~iareview/mainpages/new/september06/wabere/waber_interview.html.
26 "Artist's Statement: Ted Warnell," http://www.uiowa.edu/~iareview/mainpages/new/september06/warnell/warnell.html.
27 Ted Warnell, TLT vs. LL (2006), http://www.uiowa.edu/~iareview/mainpages/new/september06/warnell/11x8.5.html.
28 David Knoebel, "Heart Pole", http://home.ptd.net/~clkpoet/htpl/index.html.
29 Janet Cardiff, *The Missing Voice (Case Study B)* (1999); edição impressa, London: Artangel, 1999; para uma descrição, ver http://www.artfocus.com/JanetCardiff.html; *Her Long Black Hair* (2005), http://www.publicartfund.org /pafweb/projects/05/cardiff/cardiff-05.html.
30 Blast Theory, *Uncle Roy All Around You* (premiered London, 2003), http://www.blasttheory.co.uk/bt/work_uncleroy.html.
31 Joan Campàs em "The Frontiers between Digital Literature and Net.art" encontra várias áreas de convergência, incluindo a ênfase no processo, informação e algorítimo, "novas situações perceptivas, hibridização e simulação, a objetivação artística e literária do conceito de Net" e "software como obra de arte e como texto", entre outras. Ver *dichtung-digital* 3 (2004): 12, http://www.dichtung.com/2004/3/Campas/index.htm.

Ela também tem observações incisivas sobre como a literatura eletrônica é, com mais frequência, visualizada do que lida; apesar de, recentemente, no que chamamos de "segunda geração" de crítica do hipertexto praticada por artistas como David Ciccoricco, Terry Harpold, Matthew Kirschenbaum e Jessica Pressman, a literatura eletrônica é lida, e lida muito atentamente.

32 Para uma descrição de *Screen*, ver Josh Carroll, Robert Coover, Shawn Greenlee, Andrew McClain e Noah Wardrip-Fruin, http://www.uiowa.edu/~iareview/mainpages/tirwebhome.htm.

33 William Gillespie, com programação de Jason Rodriguez e David Dao, *Word Museum*; ver documentação, http://www.uiowa.edu/~iareview/mainpages/new/september06/gillespie/wordmuseum.html.

34 Rita Raley, "Reading Spaces", apresentado no encontro da Modern Language Association, December 28, 2005, Washington, D.C.

35 Noah Wardrip-Fruin, "Playable Media and Textual Instruments", *dichtung-digital* 34 (January 2005), http://www.dichtung-digital.com/2005/1/Wardrip-Fruin.

36 Ver o website de John Cayley, http://www.shadoof.net/in, para um download de *Lens* em uma maquete no QuickTime; a peça foi originalmente planejada para ambiente CAVE.

37 Informação de Robert Coover em um email datado de 25 de setembro de 2006.

38 Paul Sermon, Steven Dixon, Mathias Fucs e Andrea Zapp, *Unheimlich* (2006), http://creativetechnology.salford.ac.uk/.

39 Michael Mateas, *Façade* (2005), http://www.interactivestory.net/.

40 Janet Murray, *Hamlet on the Holodeck: the future of narrative in cyberspace* (Cambridge: MIT Press, 1998), 40.

41 Marie-Laure Ryan, *Avatars of Story* (Minneapolis: University of Minnesota Press, 2006).

42 Deena Larsen, *Disappearing Rain* (2001), http://www.deenalarsen.net/rain/.

43 Electronic Poetry Center, http://epc.buffalo.edu/; Ubuweb, http://www.ubu.com/.

44 Loss Pequeño Glazier, *Digital Poetics: hypertext, visual-kinetic text and writing in programmable media* (Tuscaloosa: University of Alabama Press, 2001).

45 Loss Pequeño Glazier, *White-Faced Bromeliads on 20 Hectares*, ELC 1 e http://epc.buffalo.edu/authors/glazier/java/costa1/00.html.

46 A arte generativa é, logicamente, uma categoria importante das artes digitais em geral. Por exemplo, a instalação ambiciosa de Bill Seaman, *The World Generator* (1996), usou imagens, som e texto falado para criar uma poética recombinate que criou combinações emergentes e sinergéticas de todas essas modalidades, http://digitalmedia.risd.edu/billseaman/poeticTexts.php.

47 Philippe Bootz, "The Functional Point of View: new artistic forms for programmed literary works", *Leonardo* 32.4 (1999): 307-16. Ver também um artigo anterior "Poetic Machinations", *Visible Language* 30.2 (1996): 118-37, e o recente "Reader/Readers", em *p0es1s: Ästhetik Digitaler Poesie/The aesthetics of digital poetry*, ed. Friedrich W. Block, Christiane Heiback e Karin Wenz (Berlin: Hatje Cantz Books, 2004), 93-122, que explica mais a fundo e especifica o modelo funcional. Em "Digital Poetry: From Cybertext to Programmed Forms", *Leonardo Electronic Almanac* 14.05/06 (2006), http://leoalmanac.org/journal/lea_v14_n05-06/pbootz.asp, ele muda um pouco a terminologia para tecnotextos e intermídia, com ênfase no modelo procedimental de comunicação.

48 Philippe Bootz discute o periódico literário na Web criado por L.A.I.R.E. em "Alire: a relentless literary investigation", *Electronic Book Review* (March 15, 1999), http://www.electronicbookreview.com/thread/wuc/Parisian.

49 Philippe Bootz, *La série des U, ELC* 1; Alire 12 (2004).
50 Noah Wardrip-Fruin com Brion Moss e Elaine Froehlich, *Regime Change* e *News Reader*, http://hyperfiction.org/rcnr.
51 Jim Andrews, *On Lionel Kearns, ELC* 1 e http://www.vispo.com/kearns/index.htm.
52 William S. Burroughs e seu parceiro de crime, Brion Gysin, escreveu extensivamente sobre a técnica e a filosofia do recorte que Burroughs apresentou em *Naked Lunch*, entre outras obras. Para mais informação e algorítimos que permitem que você recorte seu próprio texto, ver http://www.reitzes.com/cutup.html.
53 Jim Andrews et al., *Stir Fry Texts*, http://www.vispo.com/StirFryTexts/.
54 Geniwate e Brian Kim Stefans, *When You Reach Kyoto* (2002), http://www.idaspoetics.com.au/generative/generative.html.
55 Millie Niss com Martha Deed, *Oulipoems* (2004), *ELC* 1 e http://www.uiowa.edu/~iareview/tirweb/feature/sept04/oulipoems/.
56 Patrick-Henri Burgaud, *Jean-Pierre Balpe* ou *les Lettres Dérangées* (2005), *ELC* 1.
57 John Cayley tem uma crítica incisiva de "code work" em "The Code is not the Text (unless it is the Text)", Electronic Book Review (2002), http://www.electronicbookreview.com/thread/electropoetics/literal.
58 Para uma explicação mais completa da dinâmica da intermediação entre linguagem e código, ver N. Katherine Hayles, "Making: Language and Code", em *My Mother Was a Computer: digital subjects and literary texts* (Chicago: University of Chicago Press, 2005), 15-88.
59 Diane Reed Slattery, Daniel J. O'Neil e Bill Brubaker, *The Glide Project*, http://www.academy.rpi.edu/glide/portal.html. Slattery é também o autor de *The Maze Game* (Kingston, N.Y.: Deep Listening Publications, 2003), uma novela impressa que traz a história por trás do desenvolvimento, política e significado cultural da linguagem Glide.
60 Sha Xin Wei, *TGarden*, http://f0.am/tgarden/; ver também Sha Xin Wei e Maja Kuzmanovic, "Performing Publicly in Responsive Space: Agora, Piazza, Festival and Street", apresentado em Worlds in Transition: Technoscience, EASST Conference: Citizenship and Culture in the 21st Century, September 2000, Vienna, http://www.univie.ac.at/Wissenschaftstheorie/conference2000.
61 Carrie Noland, "Digital Gestures", em *New Media Poetics: contexts, technotexts, and theories*, ed. Adalaide Morris e Thomas Swiss (Cambridge: MIT Press, 2006), 217-44.
62 John Cayley, "Literal Art: neither lines nor pixels but letters", em *First Person: new media as story, performance, and game*, eds. Noah Wardrip-Fruin e Pat Harrigan (Cambridge: MIT Press, 2004), 208-17; ver também John Cayley, "Literal Art," http://www.electronicbookreview.com/thread/firstperson/programmatology.
63 John Cayley, *riverIsland*, http://www.shadoof.net/in/.
64 Stephanie Strickland, com implementação técnica de Janet Holmes (1999), "The Ballad of Sand and Harry Soot", http://www.wordcircuits.com/gallery/sandsoot/frame.html. O poema apareceu pela primeira vez impresso como vencedor do segundo concurso anual de poesia do *Boston Review*.
65 Jason Nelson, *Dreamaphage*, versão 1 (2003) e versão 2 (2004), *ELC* 1 e http://www.secrettechnology.com/dreamaphage/opening.html.
66 Stephanie Strickland, *V: WaveSon.nets/Losing L'una* (New York: Penguin, 2002); Stephanie Strickland com Cynthia Lawson, *V:Vniverse*, http://www.vniverse.com.
67 Lance Olsen, *10:01* (Portland: Chiasmus Press, 2005); *Lance Olsen com Tim Guthrie, 10:01, ELC* 1.
68 Geoff Ryman, *253: the print remix* (London: St. Martin's Press, 1998); a versão na Web está em http://www.ryman-novel.com.

69 Gregory L. Ulmer, *Internet Invention: from literacy to electracy* (New York: Longman, 2002).

70 Os escritos de Alan Sondheim estão representados em uma coleção de textos feitos em um período de dez anos em "Internet Text, 1994 [Through Feb. 2, 2006]," *ELC* 1; Brian Kim Stefans, *Fashionable Noise: on digital poetics* (Berkeley: Atelos Press, 2003); Stephanie Strickland, "Writing the Virtual: eleven dimensions of E-Poetry", *Leonardo Electronic Almanac* 14:05/06 (2006), http://leoalmanac.org/journal/vol_14_n05-06/sstrickland.asp, e "Dali Clocks: time dimensions of hypermedia", *Electronic Book Review* ll (2000), http://www.altxcom/ebr/ebr11/11str.htm.

71 Florian Cramer, *Words Made Flesh: code, culture, imagination* (Rotterdam: Piet Zwart Institute, 2005), http://pzwart.wdka.hro.nl/mdr/research/fcramer/wordsmade esh/); Rita Raley, *Tactical Media* (Minneapolis: University of Minnesota Press, 2008); Matthew Fuller, *Behind the Blip: essays on the culture of software* (New York: Autonomedia, 2003); Ian Bogost, *Unit Operations: an approach to videogame criticism* (Cambridge: MIT Press, 2006); Mark B. N. Hansen, *New Philosophy for New Media* (Cambridge: MIT Press, 2004); Adalaide Morris, "New Media Poetics: as we may think/how to write", em *New Media Poetics*, ed. Adalaide Morris e Thomas Swiss (Cambridge: MIT Press, 2006), 1-46; Matthew Kirschenbaum, *Mechanisms: new media and forensic textuality* (Cambridge: MIT Press, 2008).

72 Espen J. Aarseth, *Cybertext: perspectives on ergodic literature* (Baltimore: Johns Hopkins University Press, 1997).

73 Stephanie Strickland, "Writing the Virtual: Eleven Dimensions of E-Poetry", *Leonardo Electronic Almanac* 14:05/06 (2006), http://leoalmanac.org/journal/vol_14_n05-06/sstrickland.asp.

74 Jim Rosenberg, *Diagram Series 6: 6.4 and 6.10, ELC* 1; ver também *Diagram Poems*, http://www.well.com/user/jer/diags.html.

75 Raymond Queneau, *Cent mille milliards de poèmes* (Paris: Gallimard, 1961); John Cage, *M: Writings '67-'72* (Middletown: Wesleyan University Press, 1973); Jackson Mac Low, *The Virginia Woolf Poems* (Providence, R.I.: Burning Deck, 1985).

76 Brian Kim Stefans, *Fashionable Noise: on digital poetics* (Berkeley: Atelos Press, 2003).

77 Ian Bogost, *Unit Operations: an approach to videogame criticism* (Cambridge: MIT Press, 2006), esp. 4.

78 Stephanie Strickland and M. D. Coverley, "Errand upon Which We Came", http://www.thebluemoon.com/coverley/errand/home.htm.

79 Brian Kim Stefans, "The Dreamlife of Letters" (1999), http://www.chbooks.com/archives/on-line_books/dreamlife_of_letters/.

80 Robert Kendall, "Faith", *ELC* 1 e *Cauldron and Net*, 4 (Autumn 2002), http://www.studiocleo.com/cauldron/volume4/con uence/kendall/title_page.htm.

81 Young-Hae Chang Heavy Industries, Dakota, http://www.yhchang.com/DAKOTA.html

82 Jessica Pressman, "Digital Modernism: *making it new in new media*" (Ph.D. diss., UCLA, 2007).

83 Young-Hae Chang Heavy Industries, *Nippon*, http://www.yhchang.com/NIPPON.html.

84 Jay David Bolter, *Writing Space: the computer, hypertext, and the history of writing* (New York: Lawrence Erlbaum, 1991); George P. Landow, *Hypertext: the convergence of contemporary critical theory and technology* (Baltimore: Johns Hopkins University Press, 1991).

85 Aarseth, *Cybertext*, 77, 89, et passim.

86 Jay David Bolter, *Writing Space*, 147.

87 Richard Grusin e Jay David Bolter, *Remediation: understanding new media* (Cambridge: MIT Press, 2000).

88 George P. Landow, *Hypertext 2.0: the convergence of contemporary critical theory and technology* (Baltimore: Johns Hopkins University Press, 1997), e *Hypertext 3.0: critical theory and new media in an era of globalization* (Baltimore: Johns Hopkins University Press, 2006).

89 Espen J. Aarseth, "Textonomy: a typology of textual communication," em *Cybertext*, 59-75.

90 Espen J. Aarseth também assumiu um papel de liderança ao estabelecer o estudo do jogo como uma disciplina acadêmica, sendo um dos fundadores da área e de seu periódico mais importante, *The International Journal of Game Studies*.

91 Markku Eskelinen, "Six Problems in Search of a Solution: the challenge of Cybertext Theory and Ludology to Literary Theory," *dichtung-digital* (March 2004), http://www.dichtung-digital.com/index.

92 Lev Manovich, *The Language of New Media* (Cambridge: MIT Press, 2000).

93 Ibid., 27-46.

94 Para um exemplo, ver N. Katherine Hayles, "Traumas of Code," *Critical Inquiry* 33.1 (Autumn 2006): 136-57.

95 Alexander Galloway, *Protocol: how control exists after decentralization* (Cambridge: MIT Press, 2004), 165.

96 Jerome J. McGann, *The Complete Writings and Pictures of Dante Gabriel Rossetti: a hypermedia archive*, http://www.rossettiarchive.org/.

97 Jerome McGann, *Radiant Textuality: literature after the World Wide Web* (New York: Palgrave Macmillan, 2001).

98 Para informação sobre a versão computadorizada de *The Ivanhoe Game*, ver http://www.patacriticism.org/ivanhoe/; para informação sobre o Laboratório de Computação Teórica, ver http://www.speculativecomputing.org/.

99 Ver Johanna Drucker, *The Ivanhoe Game*, http://www.iath.virginia.edu.~jjm2f/old/Igamehtm.html.

100 Noah Wardrip-Fruin e David Durand, "*Cardplay*, a New Textual Instrument", apresentado no encontro da Association for Computers and the Humanities and Association for Literary and Linguistic Computing (ACH/ALLC), June 15-18, 2005, University of Victoria; mustard.tapor.uvic.ca:8080/cocoon/ach_abstracts/proof/paper_175_durand.pdf; Mark Bernstein, "Card Shark and Thespis: exotic tools for hypertext narrative", *Proceedings of the Twelfth ACM Conference on Hypertext and Hypermedia*, Århus, Denmark (New York: 2001), 41-50.

101 Hansen, *New Philosophy for New Media*.

102 Friedrich A. Kittler, *Discourse Networks 1800/1900* (Stanford: Stanford University Press, 1992); Friedrich A. Kittler, *Literature Media Information Systems*, ed. John Johnston (New York: Routledge, 1997).

103 Friedrich A. Kittler, prefácio, *Gramophone, Film, Typewriter* (Stanford: Stanford University Press, 1999), xxxix.

104 Morris, "New Media Poetics," 1-46.

105 Alan Liu, *The Laws of Cool: knowledge work and the culture of information* (Chicago: University of Chicago Press, 2004).

106 Especialmente pertinente à essa discussão é, de Gilles Deleuze, "Postscript on Societies of Control", *October 59* (Winter 1992): 3-7.

107 Michael Hardt e Antonio Negri, *Empire* (Cambridge: Harvard University Press, 2001); *Multitude: war and democracy in the age of empire* (New York: Penguin, 2005).

108 Alexander Galloway e Eugene Thacker, *The Exploit* (Minneapolis: University of Minnesota Press, 2007).

109 Adrian Mackenzie, *Cutting Code: software as sociality* (London: Peter Lang, 2006).
110 Nick Montfort e Noah Wardrip-Fruin, "Acid-Free Bits", *Electronic Literature Organization* (June 14, 2004), http://eliterature.org/pad/afb.html.
111 Alan Liu, David Durand, Nick Montfort, Merrillee Proffitt, Liam R. E. Quin, Jean-Hughes Rety e Noah Wardrip-Fruin, "Born Again Bits" (September 30, 2004), http://eliterature.org/pad/bab.html.

CAPÍTULO 2

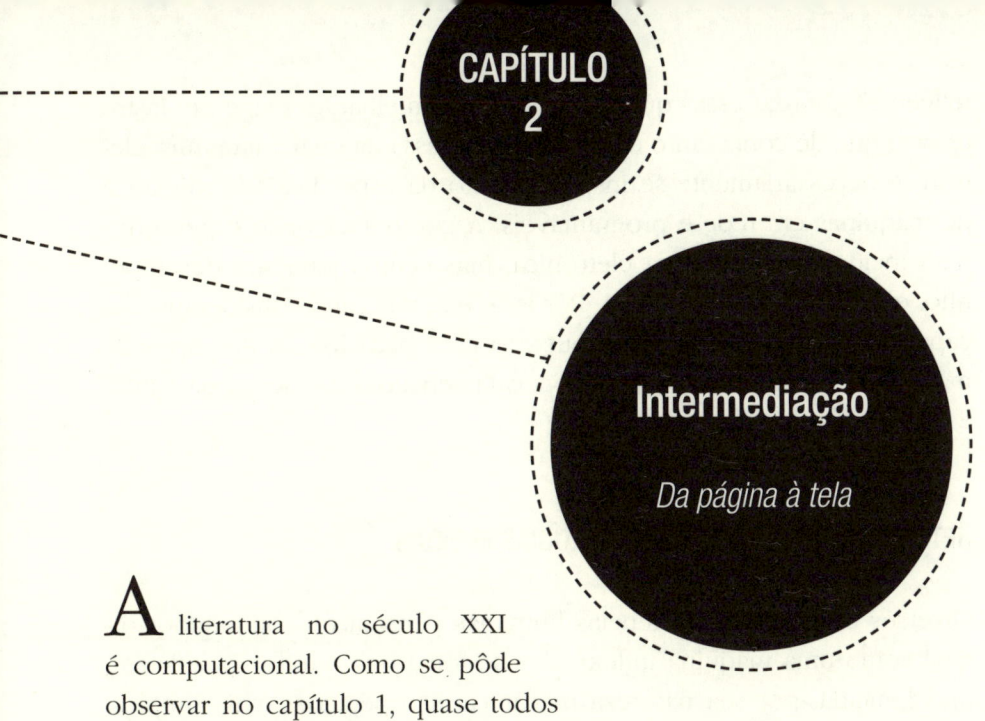

Intermediação

Da página à tela

A literatura no século XXI é computacional. Como se pôde observar no capítulo 1, quase todos os livros impressos são arquivos digitais antes de se tornarem livros. Essa é a forma em que as obras são escritas, editadas, compostas e enviadas às máquinas computadorizadas que as produzirão como livros. Elas devem, então, ser propriamente consideradas textos eletrônicos para os quais a forma impressa é o produto final. Embora a tradição impressa logicamente influencie a forma como esses textos são concebidos e escritos, a digitalidade também deixa sua marca, especialmente no aumento da visualidade de best-sellers como a brilhante novela em hipertexto de Mark Danielewski, *House of Leaves*, de Jonathan Safran Foer, *Extremely Loud and Incredibly Close* e *The People of Paper* de Salvador Plascencia,[1] textos cuja dinâmica é explorada no capítulo 5. A natureza computacional da literatura do século XXI é mais evidente, porém, na literatura eletrônica. Mais do que ser marcada pela digitalidade, a literatura eletrônica é de modo ativo formada pela mesma. Para aqueles de nós interessados no estado atual da literatura e para onde ela se encaminha, a literatura eletrônica levanta questões complexas, variadas e urgentes. Em que sentido a literatura eletrônica se encontra em interação dinâmica com a mídia computacional e quais são os efeitos dessas interações? Será que esses efeitos diferem sistematicamente do que ocorre no meio impresso e, em caso afirmativo, de que forma? Como as interações corporizadas do usuário acontecem quando o desempenho textual é protagonizado por uma máquina inteligente? Abordar essas questões e outras semelhantes exige um lastro teórico que dê conta tanto da tradição impressa da qual a literatura eletrônica necessariamente se inspira quanto da especificidade midiática de máquinas em rede e programáveis. A computação não é periférica nem incidental à literatura eletrônica, mas central para seu desempenho, execução e interpretação. Por isso, eu começarei considerando as capacidades cognitivas da computação para participação nos tipos de malha de retroalimentação recursiva característicos da escrita, da leitura e da interpretação literárias.

HETERARQUIAS DINÂMICAS E ANALOGIAS FLUIDAS

Diversos estudiosos em ciências humanas pensam no computador digital como uma máquina inflexível e de força bruta, útil para calcular, mas limitada, por sua natureza mecânica, às operações mais simples. Essa concepção é, ao mesmo tempo, verdadeira e falsa – é verdade que tudo o que é computável deve ser reduzido a um código binário para ser executado, mas é falsa a crença de que, inevitavelmente, isso limite o computador a simples tarefas mecânicas sem a possibilidade de criatividade, originalidade, ou qualquer coisa que se pareça, remotamente, à cognição. Da área que inclui inteligência artificial, vida artificial, conexionismo neural, ciência da simulação e pesquisa computacional relacionada, enfoco aqui dois grupos conceituais para desenvolver a ideia de intermediação: heterarquias dinâmicas e analogias fluidas como são corporizadas em programas de computador de multiação, e os processos interpretativos que dão sentido à informação. Os dispositivos computacionais simples chamados "autômatos celulares", como a pesquisa de Stephen Wolfram demonstra, pode criar padrões complexos que emergem de interações locais entre células individuais (ou agentes).[2] O problema torna-se então como autocarregar tais resultados em padrões cada vez mais complexos de emergência em segundo, terceiro e n níveis.

Uma proposta é a "intermediação", um termo que adotei de Nicholas Gessler, pelo qual um padrão emergente de primeiro nível é capturado em outro meio e representado novamente com os comandos básicos do novo meio, o que leva a um resultado emergente capturado, por sua vez, por um outro meio, e assim sucessivamente.[3] O resultado é o que os pesquisadores de vida artificial chamam de uma "hierarquia dinâmica", um sistema multinível em que as malhas de retroalimentação e de alimentação unem o sistema mediante contínuas interações que circulam em toda a hierarquia.

Já que essas interações ocorrem em todos os níveis, tal sistema poderia ser mais apropriadamente chamado de "heterarquia dinâmica". Diferenciados por seu grau de complexidade, diferentes níveis permanentemente informam e mutuamente determinam um ao outro. Pense, por exemplo, em um feto crescendo no corpo da mãe. O corpo da mãe está formando o feto, mas o feto também está reformando o corpo da mãe; ambos estão unidos em uma heterarquia dinâmica, que culmina na complexidade emergente de um bebê. O potencial dessa ideia para explicar a complexidade em multiníveis é o tema de *The Emergence of Everything: How the World Became Complex*, de Harold Morowitz.[4] Não obstante o título glamuroso, o livro de Morowitz é essencialmente uma retomada de áreas do conhecimento científico bem-estabelecidas, como a cosmologia, as origens da vida e a biologia molecular, em um cenário unificado em que, em cada nível do início do universo passando por sistemas sociais humanos complexos, a complexidade emerge por meio de heterarquias dinâmicas interagindo uma com a outra. Por exemplo, os átomos consistem de sistemas dinâmicos nos quais os elétrons interagem com o núcleo composto por prótons e nêutrons (de forma simplificada) para formar unidades mais ou menos estáveis. Quando os átomos se combinam para formar moléculas, a natureza da dinâmica se altera e os padrões criados pela interação de forças atômicas são transformados em um sistema diferente no qual os resultados emergentes do primeiro sistema são rerrepresentados no diferente meio das interações moleculares. Estas são capturadas e rerrepresentadas, por sua vez, quando as moléculas se combinam para formar macromoléculas como as proteínas. Nesse momento a interação entre os processos digital e analógico entra de forma decisivamente importante. As sequências de DNA podem ser entendidas como sistemas primeiro digitais de pares de bases, representados pelas discretas letras do código de DNA, ATCG. Mas, quando as sequências são arranjadas em proteínas – o processo responsável por determinar a funcionalidade –, os processos análogos de topologia tornam-se essenciais à medida que continuamente interajam com as sequências genéticas. Como esse exemplo sugere, processos digitais e analógicos juntos realizam operações mais complexas do que os apenas digitais, pois cada um tem pontos fortes complementares para o outro.

Os processos digitais, por serem distintos, têm um controle mais apurado sobre o erro do que os processos analógicos. Por definição, processos analógicos variam continuamente ao longo de um espectro; retificar pequenos erros é difícil porque todos os pontos reais ao longo de uma linha de números podem teoricamente ser ocupados. Essa é a principal razão pela qual a computação analógica, que floresceu até a década de 1950, perdeu terreno para a computação digital. No entanto, processos analógicos têm seus pontos fortes. São excelentes para transferir informações de um meio para outro mediante a semelhança morfológica, e a complexidade da variação contínua lhes permite codificar as informações de maneiras mais diversas do que a codificação digital. Em heterarquias dinâmicas, espera-se que os processos analógicos e digitais possam ser desempenhados sinergisticamente um com o outro, como fazem tipicamente nos processos biológicos.

Agora vamos fazer um salto especulativo e examinar os seres humanos e o computador digital como parceiros em uma heterarquia dinâmica, ligados por uma dinâmica de intermediação. Esses componentes satisfazem as exigências de uma heterarquia dinâmica? Eles estão, naturalmente, em diferentes níveis de complexidade, o ser humano sendo incomensuravelmente mais complexo do que o computador. Tal como é óbvio, eles existem como diferentes meios, sendo os humanos entidades cuja base é o carbono e com malhas de retroalimentação eletroquímica e neuronal complexas, ao passo que a dinâmica do computador se baseia em circuitos eletroeletrônicos relativamente simples. Não obstante as diferenças de complexidade, o ser humano e o computador estão cada vez mais ligados em formações complexas de ordem física, psicológica, econômica e social. Cada vez mais, os ambientes que as pessoas criam para si mesmas incluem uma lista diversificada de máquinas inteligentes, principalmente nos países desenvolvidos, como os Estados Unidos. Com a proliferação dos computadores, estes são dotados cada vez mais de poderosas capacidades de conexão em rede; também estão saindo das casas e colocando-se no ambiente por computação ubíqua de sensores e ativadores, das tecnologias móveis, de nanodispositivos inteligentes inseridos em uma grande variedade de tensoativos e superfícies de sensores em tempo real, fluxos de dados e uma série de outros avanços.

Como resultado, as pessoas em sociedades desenvolvidas estão rodeadas por tecnologias inteligentes de todos os tipos, desde o mundo virtual on-line Second Life passando por automóveis que falam até torradeiras inteligentes que decidem quando o pão está torrado.

À luz desses avanços, parece razoável supor que os cidadãos em sociedades desenvolvidas tecnologicamente, e os jovens em especial, estejam literalmente sendo reformulados por suas interações com dispositivos computacionais, uma possibilidade explorada nos capítulos 3 e 4. Os antropólogos há muito reconhecem que os seres humanos são moldados biológica, psicológica e socialmente por suas tecnologias pelo menos desde a era Paleolítica.[5]

O novo artifício é o poder dos computadores de realizar ações sofisticadas cognitivamente. Em comparação, digamos, a um martelo ou a um machado de pedra, um computador tem muito mais flexibilidade, interatividade e poder cognitivo. Além disso, os computadores dão conta tanto das línguas naturais quanto do código de programação, capacidades que lhes permitem funcionar em redes humano-computacionais complexas. Os seres humanos são considerados distintos das outras espécies por sua inteligência e, sobretudo, por sua capacidade de utilizar a linguagem, tornando possível o desenvolvimento de formações sociais complexas. Os computadores são componentes fundamentais dessas estruturas, que vão desde protocolos bancários internacionais e controle de tráfego aéreo até pré-adolescentes enviando mensagens uns aos outros. Nas sociedades desenvolvidas, não é falar metaforicamente dizer que (alguns) seres humanos e computadores estão ligados entre si em heterarquias dinâmicas caracterizadas pela dinâmica de intermediação.

Os seres humanos projetam os computadores e os computadores reprojetam seres humanos em sistemas ligados entre si por malhas de retroalimentação e alimentação, com complexidades emergentes catalisadas por saltos entre diferentes substratos de mídia e níveis de complexidade.

Qual a evidência de que os computadores podem funcionar como cognoscentes, isto é, como agentes capazes de intencionalidade, a "tematicidade" que faz um sujeito (ou um agente) capaz de se referir a algo fora de si mesmo?

Em vista da analogia do "quarto chinês", de John Searle, também podemos acrescentar a exigência que de alguma maneira o computador deva *entender* o significado a fim de ser considerado um cognoscente, no sentido completo.[6] Aqui volto-me à pesquisa de Douglas Hofstadter, que em colaboração com várias gerações de mestrandos e doutorandos dedicou-se a investigar essa questão.

Em *Fluid Concepts and Creative Analogies: Computer Models of the Fundamental Mechanisms of Thought,* Hofstadter apresenta detalhes dessa pesquisa.[7] Seu mantra, "Cognição é reconhecimento", resume bem sua conclusão de que a cognição é construída sobre a habilidade de reconhecer padrões e ampliá-los para analogias (padrão *A* é como padrão *B*).

Uma vez que analogias possam ser formadas, o processo pode, teoricamente, ser expandido para analogias entre analogias (e entre analogias...), uma progressão capaz de saltar entre os níveis em ciclos recursivos de complexidade cada vez maior. O primeiro passo necessariamente modesto é criar um programa de computador capaz de reconhecer uma padrão. O caso de teste de Hofstadter foi inspirado no jogo de caça-palavras que aparece em muitos jornais, em que o leitor é desafiado a ordenar uma sequência de letras embaralhadas para formar uma palavra reconhecível. A ideia é construir o programa (denominado "Jumble") utilizando uma ampla variedade de "codículos", pequenos programas que funcionam como agentes independentes desempenhando tarefas específicas. O resultado da interação de todos os agentes é a construção bem-sucedida de uma palavra.

Os codículos funcionam unindo aleatoriamente pares de letras ou linhas maiores em um processo que inclui parâmetros indicando o grau de afinidades das letras umas com as outras e o grau de coesão da linha, isto é, o quanto aquelas letras em particular querem que outras juntem-se a elas. Outra característica do programa é o "armário de códigos" (uma alusão ao armário de casacos no hall de entrada de alguns teatros), um controle sequencial que determina qual codículo é executado a seguir.

Como um codículo se desloca da montagem aleatória para uma série em que os vínculos entre as letras são fortes, sua urgência aumenta para que possa ser executado mais frequentemente.

Por isso, quanto mais próximo ele chegar da formação de uma palavra reconhecível, maior será a probabilidade de que será um tempo de processamento atribuído pelo armário de códigos para terminar a tarefa.

Embora os programas sejam necessariamente executados em sequência, esse modo de sequenciamento simula um processamento paralelo multiagente, porque todos os programas têm oportunidade de execução, embora estejam em um ambiente evolutivo, onde a otimização é definida em termos de criação de palavras reconhecíveis. Essa estrutura de programação cria um meio no qual o programa pode "compreender" as palavras que reúne – não semanticamente, mas filológica e linguisticamente em termos de grafemas e formação de sílabas.

Outro programa (Copycat) procura completar uma analogia ao desempenhar uma transformação de sequência de letras (ou números) – por exemplo, abc => abd é "como" wxy => ?. A resposta seria imediatamente óbvia para um humano (wxy => wxz), mas o propósito é a utilização de interações locais entre os diversos agentes para se chegar a uma analogia que revela a estrutura profunda da situação.

No exemplo anterior, a estrutura profunda é a sequência linear do alfabeto. Uma analogia mais desafiadora é esta comparação: abc => abd é "como" xyz => yz?. Diante desse desafio, o programa produziu por interações locais três resultados emergentes. O primeiro, xyz => xy, indica que o alfabeto é um segmento linear com nada além de seu final. O segundo, xyz => xyzz, sugere uma estrutura profunda na qual o segmento linear pode ser prolongado por elementos que se repetem. A solução mais sofisticada, xyz => xya, indica que o alfabeto é circular, com o final voltando ciclicamente ao começo.

Apesar da aparente simplicidade dos desafios, o resultado final é que os programas realizam suas tarefas não pela aplicação de um conjunto de regras rígidas, mas por intercâmbios fluidos entre muitos codículos que progridem de tentativas aleatórias no espaço da possibilidade para suposições cada vez mais "informadas" sobre possíveis respostas.

Já que a dinâmica é emergente e interativa, os programas criam o equivalente computacional ao "entendimento" do problema, ao contrário dos programas que apenas encorajam a ilusão de compreensão enquanto não entendem nada (o que Hofstadter chama de "efeito Eliza", referindo-se ao conhecido programa de Joseph Weizenbaum que mimetiza a psicanálise rogeriana).[8] A inspiração de Hofstadter para essa pesquisa veio da introspecção acerca de suas próprias técnicas para resolver problemas semelhantes. Seguindo pistas sutis e vislumbres temporários em suas percepções à medida que vinham à consciência, ficou convencido de que sua experiência não surgiu de regras rígidas, mas de analogias flexíveis que poderiam ramificar-se em diferentes direções; assim, surgiu o nome para o método por ele demonstrado nos programas, "conceitos fluidos" e "analogias criativas". Como veremos, esse trabalho é particularmente para pensar sobre a intermediação entre seres humanos e computadores como uma estrutura para entender a literatura eletrônica. Os programas que executam a literatura eletrônica são geralmente bastante diferentes daqueles criados por Hofstadter e seus colaboradores, mas os programas de Hofstadter ainda assim capturam seu espírito. Pelo fato de não se limitar à recreação fatual, mas trabalhar por metáfora, por evocação e por analogia, a literatura se especializa nas qualidades que programas como Jumbo e Copycat são concebidos para executar. No contexto da literatura eletrônica, a intermediação tem dois modos bem distintos pelos quais pode ser entendida: como uma descrição literal da dinâmica de interação ser humano-computador ou como uma metáfora para tais interações.

Os programas de Hofstadter acrescentam a possibilidade de malhas recursivas entre esses arquivos binários, malhas que entrelaçam o literal com o metafórico, para que os arquivos binários operem como um leque de possibilidades e não como opostos com um meio excluído.

Como sistemas subcognitivos, os programas de Hofstadter preveem a matriz da qual cognições mais elevadas podem surgir. Por exemplo, enquanto não têm capacidade para reconhecimento semântico, o ser humano interpretando os resultados de tais programas poderia ver padrões interessantes em, digamos, o conjunto de palavras reconhecíveis gerado por um determinado anagrama. O sistema cognitivo mais complexo, o ser humano que intui os resultados do programa, pode completar a malha ao fazer ajustes no programa. Nesse caso, os programas funcionam como componentes em um sistema adaptativo unido aos seres humanos por meio da dinâmica de intermediação, cujos resultados são realizações emergentes. Os programas também podem funcionar como metáforas para outros sistemas computacionais menos inteligentes, que de modo semelhante estimulam *insights* nos seres humanos que os utilizam. Construído dessa forma, o binário literal/metafórico se torna um espectro ao longo do qual uma variedade de programas pode ser colocada, em razão da sua capacidade cognitiva e das maneiras pelas quais os padrões que eles geram estão estruturalmente ligados aos seres humanos.

A ideia de considerar a produção de significado como um espectro de possibilidades com malhas recursivas entrelaçando-se de modo diferente ao longo do espectro foi catalisada por Edward Fredkin na recente proposta de que "*o significado da informação é dado pelo processo que a interpreta*" (grifo meu),⁹ por exemplo, um aparelho de MP3 que interpreta um arquivo digital para produzir um som audível. A sofisticação do conceito é a de que ele se aplica igualmente a cognoscentes humanos e não humanos.

Embora o próprio Fredkin não tenha desenvolvido a ideia além dessa formulação reduzida ao essencial, o conceito pode ser generalizado pelo vislumbre dos processos de interpretação que ocorrem dentro de heterarquias dinâmicas que formam ciclos entre cognoscentes humanos e não humanos.

Para continuar com o exemplo do MP3, podemos supor que o som atinge o ouvido de um ser humano que o ouve e o aprecia como uma composição significativa, talvez a *Quinta sinfonia* de Beethoven. Subjacente à atribuição consciente de significados estão muitos processos de interpretação inter-relacionados, de modulações produzidas pelas ondas sonoras agindo na membrana do tímpano, ao estímulo dos grupos de neurônios no cérebro e às narrações de consciência enquanto a sinfonia progride. Em todos os níveis, as interpretações de um processo avançam e prepararam-se para a interpretação do próximo. Uma série de importantes implicações surgem dessa proposta relativamente simples. A "tematicidade" é agora transformada de uma condição absoluta para uma série de reconhecimentos, dos processos subcognitivos do aparelho de MP3 à apreciação musical sofisticada. Em cada caso, embora as interpretações surjam em nível rudimentar, os processos se referem a algo além de si mesmos ao chegar a suas interpretações.

Para o MP3 player, "tematicidade" tem a ver com a relação que é construída entre o arquivo digital e a produção de ondas sonoras.

Para os mais sofisticados em música, a "tematicidade" pode incluir um conhecimento detalhado da obra de Beethoven, o contexto em que foi escrita e realizada, as mudanças históricas na instrumentação orquestral, e assim por diante.

Sem conhecimento da formulação de Fredkin, Daniel Dennett chega a uma visão semelhante em *Kinds of Minds*, onde ele propõe que faça sentido falar que uma célula (ou um mesmo DNA) tenha uma mente, porque esses subsistemas fornecem o terreno de onde operações mais complexas de alto-nível cognitivo, como a consciência, emergem.¹⁰

Trabalhando paralelamente a Fredkin, Dennett em *Darwin's Dangerous Idea: Evolution and the Meanings of Life* enfrenta acusações de filósofos rivais de que a espécie de "tematicidade" que as máquinas ou os processos subcognitivos podem alcançar é derivada da intencionalidade consciente original (ou seja, humana) e não de uma intencionalidade "real".[11]

Em uma série de experimentos sobre o pensamento, Dennett refuta essas acusações ao demonstrar que em certo sentido a intencionalidade humana também é um artefato que surgiu dos processos subcognitivos responsáveis pela evolução dos seres humanos como uma espécie. Ele conclui: "Nossos genes egoístas podem ser vistos como a *fonte* original da sua intencionalidade – e por isso de todos os significados que você pode contemplar ou evocar –, embora você possa transcender seus genes, utilizando sua experiência, e em especial a cultura na qual está inserido, para construir um quase inteiramente e independente (ou 'transcendente') *locus* de significado com a base que seus genes forneceram" (426).

Dennett estabelece explicitamente a evolução como parte de seu argumento e, por associação, os processos não cognitivos e subcognitivos que precederam o pensamento consciente: "Eu, como uma pessoa, considero-me uma fonte de significado, um árbitro do que e do por que é ou não significativo, [não obstante] o fato de que ao mesmo tempo eu sou um membro da espécie *Homo sapiens*, um produto de vários bilhões de anos de não miraculosos R e D, não desfrutando de qualquer característica que não tenha vindo do mesmo conjunto de processos de uma maneira ou de outra" (426). A formulação de Fredkin aprimora a generalidade das conclusões de Dennett de forma que o mesmo tipo de raciocínio pode ser aplicado a cognoscentes não humanos, uma implicação que Dennett abraça em experimentos sobre o pensamento que transitam entre a cognição humana e a mecânica.

O conceito de Fredkin também pode potencialmente diminuir a ruptura entre significado e informação registrada na teoria da informação quando Claude Shannon definiu a informação como uma função de probabilidade.[12] Para justificar sua formulação, Shannon salientou que sua definição de informação não tinha nada a ver com o significado na acepção comum, uma ideia reforçada por Warren Weaver em sua influente introdução à teoria de Shannon.[13]

A separação entre a informação e o significado era necessária, na visão de Shannon, porque ele não via uma maneira confiável de quantificar informações enquanto estas permanecessem dependentes do contexto, pois sua quantificação mudaria toda vez que fossem introduzidas em um novo contexto; uma situação calculada para enlouquecer os engenheiros elétricos. No entanto, as funções de probabilidade nas formulações de Shannon implicavam necessariamente processos que foram dependentes de contexto em um certo sentido – especificamente, o contexto de avaliá-los em relação a todas as mensagens possíveis que poderiam ser enviadas por esses elementos da mensagem.

A dificuldade era que parecia não haver possibilidade de ligar esse sentido de contexto relativamente modesto aos complexos e multifacetados contextos normalmente associados a significados de alto nível (por exemplo, as interpretações da *Quinta sinfonia* de Beethoven). A formulação de Fredkin supera essa dificuldade definindo significado pelos processos que interpretam informações, de códigos binários a pensamentos complexos.

Essa ideia também torna possível ver como a versão da teoria da informação de Donald MacKay, que ligava o significado de informação às mudanças que essa introduziu em receptores corporizados específicos cultural e historicamente, pode ser reconciliada à versão de Shannon sobre a teoria da informação, assim como aos processos subcognitivos de máquinas inteligentes.[14] MacKay concentrou-se no contexto de recepção, adiantando assim o papel da corporização em forte contraste com a abstração de Shannon. O fato da teoria de MacKay vislumbrar um contexto incomensuravelmente mais rico para a recepção a faz parecer incompatível com a versão de Shannon de informação, uma conclusão enfatizada por Mark B. N. Hansen em sua discussão das teorias de MacKay e Shannon.[15]

A diferença diminui, no entanto, quando se observa que ambas as teorias apoiam-se em processos que interpretam a informação de modo progressivo, uma conjunção implícita na insistência de MacKay de que o significado de uma mensagem "pode ser totalmente representado apenas em termos do complexo de símbolos básicos definido por todos as respostas elementares evocadas. Essas podem incluir respostas viscerais, secreções hormonais, e assim por diante" (*Information, Mechanism, Meaning*, 42). Juntar o modelo mecanicista de Shannon ao modelo corporizado de MacKay faz sentido quando vemos significados de ordem mais complexa emergindo de processos subcognitivos recursivos de ordem mais simples, como MacKay enfatiza quando destaca "respostas viscerais, secreções hormonais e assim por diante". Como os seres humanos, as máquinas inteligentes também têm múltiplas camadas de processos, do mais primitivo ao mais sofisticado ato de raciocínio e inferência. Bernadette Wegenstein, em um contexto diferente, aponta para esse tipo de convergência quando afirma que "o meio que significa o corpo, sua *representação*, já não é diferente da 'matéria-prima' do próprio corpo. Sem mediação o corpo é nada. No entanto, a mediação já é o que o corpo sempre foi em seus vários estratos históricos e culturais".[16] A mediação nesse sentido inclui os processos de percepção do corpo, os processos subcognitivos, que se desenvolvem a partir desses processos e os interpretam, e os processos plenamente conscientes que, por sua vez, interpretam os subcognitivos.

Na era digital, esses processos internos estão íntima e complexamente relacionados a máquinas inteligentes, as quais têm seus próprios processos internos progressivos de interpretar informações e, consequentemente, de atribuir-lhes significado. Mediante uma dinâmica de intermediação, uma visão mais profunda emerge de múltiplos pontos de ligação em muitos níveis diferentes entre esses dois tipos diferentes de cognoscentes.

Na literatura eletrônica, essa dinâmica é evocada quando o texto desempenha ações que unem autor e programa, jogador e computador, em um sistema complexo caracterizado pela dinâmica de intermediação.

O desempenho do computador constrói respostas de nível complexo a partir de processos de nível mais simples que interpretam códigos binários.

Esses desempenhos elicitam uma complexidade emergente do jogador, cujas cognições, da mesma forma, são construídas a partir de processos de nível mais simples que interpretam entradas de dados sensoriais e perceptivos e vão até pensamentos de nível complexo que têm um potencial cognitivo muito mais forte e flexível em comparação ao computador, mas que, no entanto, estão unidas aos processos subcognitivos do computador por meio da dinâmica de intermediação. Esse ciclo também acontece na fase da escrita da literatura eletrônica. Quando um programador/escritor cria um arquivo executável, o processo redesenha o sistema perceptual e cognitivo do escritor quando ele trabalha com as possibilidades do meio. Alternando entre módulos de escrita e testando-os para garantir que funcionem corretamente, o programador vivencia a criação como uma dinâmica ativa na qual o computador desempenha um papel central.

O resultado é uma meta-analogia: a cognição humana está para a criação e o consumo do trabalho, assim como o computador está para sua execução e desempenho. A meta-analogia torna claro que a experiência da literatura eletrônica pode ser entendida em termos da dinâmica de intermediação ligando o entendimento humano com a (sub)cognição do computador por processos progressivos de interpretação que dão significado à informação.

Crucial para a formação dessa analogia é o sentido que o ser humano não está interagindo exclusivamente com conjunto de regras rígidas (embora, para a maioria dos programas utilizados atualmente para criar literatura eletrônica, esse conjunto de regras exista em abundância), e sim com uma mistura flexível de diferentes possibilidades. Para o jogador, o sentido poderá vir de um programa elaborado para encorajar essa orientação mediante a contínua variação dos parâmetros a fim de produzir resultados inesperados. Para o programador, a flexibilidade pode surgir de efeitos inesperados que são possíveis quando funcionalidades diferentes no âmbito do software são ativadas simultaneamente. Independentemente da forma que os efeitos são alcançados, a importância da flexibilidade ao processo de formação de analogias é evidente nos sentidos ricamente diversos em que a fluidez se tornou central à temática da narrativa, às funcionalidades de design e a dinâmica literária para a literatura eletrônica contemporânea.

A esta altura pode ser proveitoso comparar os processos descritos anteriormente com o que acontece quando uma pessoa escreve e/ou lê um livro. O livro é semelhante a um programa de computador no sentido de que é uma tecnologia destinada a alterar o estado perceptivo e cognitivo de um leitor. A diferença se dá no grau em que as duas tecnologias podem ser percebidas como agentes cognitivos. Um livro funciona como um receptáculo para as cognições do escritor que se encontram armazenadas até serem ativadas por um leitor, momento no qual um complexo processo de transmissão ocorre entre escritor e leitor, mediado pelas especificidades do livro como um suporte material. Os autores já atribuíram ocasionalmente poderes de agente para o livro (na narrativa fantástica de Borges, *O livro de areia*, por exemplo, as letras assumem novas posições cada vez que o livro é fechado).[17]

Em livros reais, naturalmente, as letras não mudam uma vez que tinta tenha sido impressa permanentemente no papel. Em muitos textos eletrônicos, entretanto, palavras e imagens mudam de posição, por exemplo valendo-se de algoritmos ou de programas aleatórios que obtêm informações de fluxos em tempo real para criar um número infinito de recombinações possíveis.[18] O "fluxo recombinante", como é chamada a estética de tais obras, dá uma impressão mais forte de agência, de interferência, que um livro.

Amostras de agência do computador são comuns na literatura eletrônica, incluindo os poemas com animação em Flash executados com pouca ou nenhuma intervenção do usuário, a arte generativa como os poemas de Loss Pequeño Glazier que interrompem a linha poética narrativa de poucos em poucos segundos, e ficções interativas como *Galatea* de Emily Short, um programa sofisticado que produz diferentes respostas da personagem Galatea dependendo da dinâmica precisa das ações das personagens-jogadores.[19] Em razão da agência real do computador bem como a ilusão dessa agência serem muito mais fortes do que a com o livro, o computador pode funcionar como um parceiro na criação de dinâmicas de intermediação de formas que um livro não pode.

Quando literatura salta de um meio para outro – da oralidade para a escrita, do códex manuscrito ao livro impresso mecanicamente, e à textualidade eletrônica – ela não deixa para trás o conhecimento acumulado e inscrito em gêneros, convenções poéticas, estruturas narrativas, tropos figurativos, e assim sucessivamente. Em vez disso, esse conhecimento é levado adiante para o novo meio tipicamente por uma tentativa de reproduzir os efeitos do meio anterior de acordo com as especificidades do novo meio. Assim, os manuscritos foram inicialmente concebidos como uma continuidade visual das marcas ligadas reminiscentes do fluxo de fala análogo e contínuo analógico; apenas gradualmente inovações como espaçamento entre palavras e distanciamentos das margens para parágrafos foram introduzidas. Um padrão semelhante de replicação inicial e subsequente transformação pode ser visto na literatura eletrônica. À primeira vista ela lembrava muito a literatura impressa e apenas de modo gradual começou-se a desenvolver as características específicas para o meio digital, enfatizando efeitos que não poderiam ser alcançados no meio impresso. No entanto, o conhecimento acumulado dos experimentos literários anteriores não se perdeu, mas continua a moldar os desempenhos no novo meio. Por dois mil anos ou mais, a literatura tem explorado a natureza da consciência, a percepção e a complexidade emergente, e seria, de fato, surpreendente se ela não tivesse *insights* significativos com os quais pudesse contribuir para as contínuas explorações das heterarquias dinâmicas.

Proponho colocar a ideia de intermediação em diálogo com obras contemporâneas de literatura eletrônica para revelar, de uma forma sistemática e disciplinada, como atingiram seus efeitos e como estes implicam a existência de heterarquias dinâmicas unindo seres humanos e máquinas inteligentes. Em *My Mother Was a Computer: Digital Subjects and Literary Texts,* explorei a intermediação ao fazer três recortes analíticos diferentes, enfocando a dinâmica entre a textualidade eletrônica e a impressa, código e linguagem e processos digitais e analógicos.[20] Em razão de tais análises abrangentes estarem além do escopo deste capítulo, limito meus exemplos aqui ao jogo entre a textualidade impressa e a eletrônica, com o entendimento de que outras dinâmicas, embora não abordadas nesta discussão, também participam de tais processos.

DA PÁGINA À TELA: *AFTERNOON: A STORY* E *TWELVE BLUE* DE MICHAEL JOYCE

Quando a literatura eletrônica ainda estava na infância, a maneira mais óbvia de pensar em telas era imaginá-las como páginas de um livro que eram viradas em apenas um clique, algo que foi visualmente explicitado nos experimentos de vida curta com livros eletrônicos do Voyager.

De nada sairá nada, como observa Rei Lear, e a literatura eletrônica nasceu *ex nihilo*. Especialmente na primeira geração de literatura eletrônica a influência do texto impresso era aparente em toda parte. Da mesma forma que os primeiros automóveis foram concebidos como se fossem carruagens sem cavalo. Em retrospecto, alegações iniciais de que o caráter de novidade do hipertexto eletrônico parecia não apenas exagerado, mas também equivocado, pois as características que então pareciam tão novas e diferentes – principalmente o hyperlink e a "interatividade" – existiam em um contexto em que a funcionalidade, a navegação e o design ainda se encontravam em grande parte determinados por modelos impressos. À medida que essa área começou a se desenvolver e amadurecer, no entanto, escritores, artistas, designers, artistas de som e outros começaram a experimentar o meio para testar suas potencialidades e descobri a melhor maneira de explorá-lo. Essa evolução é claramente evidente no contraste entre a obra-marco em hipertexto de primeira geração de Michael Joyce, *afternoon: a story*[21] e seu trabalho posterior na Web, *Twelve Blue*.[22] Ambos foram elaborados utilizando o programa Storyspace (o programa de autoria de hipertexto do Eastgate System), mas as formas pelas quais o meio é concebido são completamente diferentes. Nos poucos anos que separam essas duas obras podemos ver uma curva de aprendizado em ascendência em processo, uma curva que reflete a crescente compreensão do escritor acerca dos recursos da tecnologia como um meio literário. *afternoon* recebeu muitas interpretações excelentes, assim seus efeitos podem ser brevemente resumidos.[23] Ela funciona por uma estrutura ramificada em que são oferecidos ao leitor desenvolvimentos de enredo alternativos, dependendo de quais sequências de lexias ele escolha seguir. Em diferentes linhas de enredo, Peter, o protagonista, descobre se o filho morreu ou não naquele dia. A ambiguidade não é tanto resolvida como é iluminada quando o leitor depara com a "tarde branca" um lexia crucial rodeado por um "campo de guarda", um programa condicional que impede um leitor de acessá-lo até que alguns outros lexias sejam abertos. Em "tarde branca" o leitor descobre que Peter pode ter sido o motorista do carro que colidiu com o veículo no qual estavam seu filho e ex-mulher, com o possível resultado que ele próprio tenha causado a lesão fatal em seu filho. Essa descoberta explica o padrão de abordagem/fuga que Peter demonstra na tentativa de descobrir onde está seu filho; ele não quer enfrentar o que de certa forma já sabe. Como Jane Yellowlees Douglas explica em sua ótima leitura da obra, uma vez que o leitor chega a esse lexia está apto a dizer que de certa forma "concluiu" o trabalho, mesmo que nem todos os lexias tenham sido detectados e lidos. O trabalho é assim conduzido por um mistério que, uma vez resolvido, dá ao leitor a satisfação normalmente alcançada mediante uma estrutura de enredo aristotélica convencional, com o conflito, o clímax e a conclusão.

A técnica de linhas de enredo conflitantes não é, logicamente, original de Michael Joyce. Cerca de duas décadas anteriores, Robert Coover experimentou técnicas semelhantes em contos como "The Elevator" e "The Babysitter", obras de ficção impressas que se dividem em breves segmentos relatando detalhes mutuamente contraditórios.[24]

> I try to recall winter. < As if it were yesterday? > she says, but I do not signify one way or another.
>
> By five the sun sets and the afternoon melt freezes again across the blacktop into crystal octopi and palms of ice-- rivers and continents beset by fear, and we walk out to the car, the snow moaning beneath our boots and the oaks exploding in series along the fenceline on the horizon, the shrapnel settling like relics, the echoing thundering off far ice. This was the essence of wood, these fragments say. And this darkness is air.
>
> < Poetry > she says, without emotion, one way or another.
>
> Do you want to hear about it?

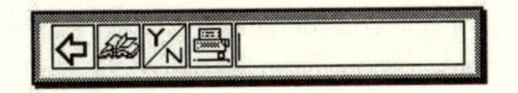

Figura 1. Captura de tela, *afternoon*

Essas histórias são muitas vezes identificadas como precursoras dos hipertextos eletrônicos pois, a exemplo de *afternoon,* empregam estruturas que se ramificam e criam ambiguidades irreconciliáveis centradas em eventos violentos. De certa forma as histórias de Coover são mais ousadas do que *afternoon*, porque não contêm um núcleo que convida o leitor a reconciliar as contradições com uma interpretação psicológica.

A comparação entre os dois trabalhos revela como *afternoon* é centrada no meio impresso, não obstante sua execução em um meio eletrônico. Ela utiliza telas de texto com o mínimo de gráficos e nenhuma animação, som cor e links externos (que apenas se tornaram possíveis com o advento da Rede Mundial de Computadores, a World Wide Web). A navegação prossegue com a utilização do instrumento de navegação do Storyspace, mostrando quais links estão disponíveis para cada lexia, ou clicando em "palavras que revelam" em cada lexia.

Os padrões de links criam sequências narrativas curtas, também identificáveis por ferramenta de navegação que permite ao leitor seguir uma determinada sequência narrativa pela semelhança nos títulos dos lexias. O controle do escritor sobre essas sequências é palpável, pois muitas delas não permitem nenhuma saída (a não ser encerrando o programa) até que o leitor tenha clicado em toda a sequência, criando uma sensação opressiva de ser obrigado a saltar pelas mesmas séries circulares inúmeras vezes. Embora o leitor possa escolher quais lexias seguir, essa interação é tão circunscrita que a maior parte dos leitores não terá a sensação de ser capaz de desempenhar a tarefa – daí meu repetido uso aqui do termo "leitor", em vez de " jogador".[25]

Em *Twelve Blue*, por outro lado, jogar é uma das metáforas centrais. De modo significativo, essa obra não é concebida como um trabalho conduzido pelo desejo do leitor de resolver um mistério central. Não há mistério aqui, ou mais precisamente, há mistérios que não podem ser resolvidos de forma convencional, pois abrem para perguntas irrespondíveis sobre vida e morte ("Por que consideramos, de coração, que a história é um mistério?" pergunta o lexia intitulado "enigma", prosseguindo com "Por que consideramos o coração um mistério?").[26] Outras imagens centrais, jogando com a etimologia do "texto", como "tecente", são linhas que se combinam para formar padrões e depois se descosturam e combinam-se novamente de diferentes formas para criar novos padrões. "*Twelve Blue* não é nada", escreve Joyce em sua introdução. "Pense em flores quando estas morrem." Em comparação com *afternoon*, *Twelve Blue* é um trabalho muito mais processual. Sua inspiração central não é a página, mas a fluidez de surfar na Web. O trabalho é destinado a encorajar o jogador a vivenciá-lo como uma corrente contínua de imagens, personagens e acontecimentos que infiltram-se ou surgem um do outro, como marés fluindo dentro e fora de um estuário. Nesse sentido, apesar de não ter links externos, *Twelve Blue* foi concebido e realizado na Web.

Duas obras intertextuais seminais iluminam a diferença entre *afternoon* e *Twelve Blue*. A epígrafe de *Twelve Blue*, tirada de *On Being Blue: A Philosophical Inquiry*, de William H. Gass,[27] sinaliza que a estratégia será seguir pistas de associações, como diz Gass, "da mesma maneira que as fibras de tecido acumulam-se nas superfícies. A mente faz isso." (7). Cada tela contém pelo menos um exemplo da palavra "blue" em um âmbito que se assemelha ao amplo repertório do próprio Gass. O segundo intertexto, menos explícito, é o importante ensaio de Vannevar Bush "As we may think",[28] em que ele argumenta que a mente não pensa em sequências lineares, mas em links associativos, um modelo cognitivo que ele procurou exemplificar em seu mecânico Memex, muitas vezes considerado um precursor do hipertexto eletrônico.

In *Twelve Blue,* Joyce leva adiante a especulação de Bush sobre a criação de uma obra que exemplifica, muito mais do que *afternoon,* o pensamento por associação e o estimula no jogador que deve, num certo sentido, *submeter-se* a esse modelo cognitivo para entender a obra (para não dizer desfrutá-la). O jogador que chega a *Twelve Blue* com expectativas formadas no meio impresso irá, inevitavelmente, considerá-la frustrante e enigmática, talvez tanto que desistirá antes de experimentá-la totalmente. Não é por acidente que, ao ser comparada com *afternoon, Twelve Blue* tenha recebido muito menos boas interpretações e, por assim dizer, menos compreensão mesmo entre pessoas familiarizadas com a literatura eletrônica. Como fazer amor som sensualidade, a riqueza de *Twelve Blue* leva tempo para se desenvolver e não pode ser precipitada.

Comecemos, então, com um calmo abraço que queira aprender tudo o que puder sobre esse corpo textual, com a intenção de saboreá-lo em vez de atacá-lo ou dominá-lo.[29] A superfície que se apresenta em primeiro lugar convida-nos a jogar, pois consiste de doze linhas coloridas em diversos tons, predominantemente agrupadas no lado azul do espectro, contra um fundo azul-escuro. As linhas, que são interativas e mudam de orientação de acordo com a maneira que são jogadas, estão divididas em oito "barras", sugerindo as medidas de uma partitura musical. Ao jogar/tocar essa partitura estamos também formando padrões com as linhas, uma metáfora não tanto mista quanto sinestésica, pois a percepção visual está composta de sons, de textura e de visão. Quando abrimos as telas clicando nas linhas ou escolhendo jogar uma das barras, a composição que escolhemos aparece no lado esquerdo da tela, representando a orientação que as linhas têm naquela barra. A URL, que aparece embaixo na tela, indica, respectivamente, a barra e a linha daquela sequência (por exemplo, 4_10). Uma exploração repetida poderia teoricamente localizar cada sequência dentro de uma grade bidimensional indicando sua posição no tempo (o número da barra) e no espaço (o número da linha).

Entrando na fluidez das narrativas na tela, não podemos deixar de constatar como é difícil identificar as personagens. Pronomes são abundantes enquanto substantivos próprios aparecem raramente, provocando o jogador com ambiguidades e despertando nele o desejo de explorar mais a fundo a obra, para ancorar as ações em terra firme. De modo gradual, como o jogador entra na fluidez e deixa entrar nele, ela reconhece padrões e os vê surgir em formas reconhecíveis.

Figura 2. Tela inicial, *Twelve Blue*

Figura 3. Captura de tela, *Twelve Blue*

Pense em observar uma imagem de pontos aleatórios; se um força o outro, isso só atrasa o aparecimento do padrão, mas se um relaxa e deixa o outro tomar o comando, o subconsciente reúne as informações e de repente os padrões aparecem.

Comecemos então com *Twelve Blue*. Javier, cirurgião cardiovascular, era casado com Aurelie, mas já estavam "solteiros" novamente ("Blue mountain", 2_5) quando ela preferiu fugir ("Run off", 3_8) com a treinadora de natação de sua filha Beth, uma mulher chamada Lisa, que não era do tipo "mãe" ("Fierce eyes and a mother's fears", 7_8). No entanto, Aurelie não consegue evitar associar Beth e Lisa, antinonímias aparentes debatendo-se em seu pensamento. Divorciado de Aurelie, Javier apaixona-se por Lisle, uma virologista canadense que também tem uma filha adolescente, Samantha. Lisle e Samantha moram às margens do riacho Wappinger. Um rapaz surdo se afoga no riacho e, enquanto sua namorada, que não sabe a linguagem de sinais, fica sentada indefesa em um tronco, Samantha encontra o corpo boiando em direção à casa delas.

Essa é a imagem que emerge, mas como acontece com uma imagem de pontos aleatórios, a figura em si não é interessante. O interesse concentra-se, em vez disso, na emergência da imagem, os misteriosos processos subconscientes e inconscientes que, vindos de um caos de informações aparentemente aleatórias, misteriosamente formam um todo coerente.

Essencial a esses processos é o fluxo de imagens, como córregos que se unem, misturando-se, separando-se. Imagens acariciam umas as outras tocando-se brevemente, por vezes por justaposições criadas por links, por vezes ao ativar uma conflagração momentânea na mente receptiva de um jogador. Um exemplo ou dois ilustrarão o processo (embora, uma vez que os fluxos são contínuos, um ou dois podem modular-se em oito ou doze).

Uma das lembranças de infância de Lisle é de Delores Peters, cujo pai, por impulso, comprou um brinquedo de um parque de diversões em que carros azuis, como "uns sapatos pequenos" giram continuamente ("white moths", 4_10). Ele o coloca em sua fazenda e sua mulher convida as amigas da filha para andar no brinquedo. A mãe tenta tornar a ocasião mais festiva ao fazer um bolo e uma jarra de limonada, que ela coloca em um balde de gelo. À medida que o dia vai terminando, o gelo derrete e mariposas brancas instalam-se no líquido escuro, algumas para lutar e fugir, outras para morrer ("white moths", 8_10). A fazenda gira na lembrança de Lisle, que também traz à memória a vez em que ela andou no brinquedo com o namorado e, depois, quando eles fizeram sexo selvagem ("Alpine", 5_9); os carros azuis fluem nos sapatos azuis estilo boneca que ela tinha quando criança e usava para ir à catequese, onde sentia vergonha de contar à Irmã que tinha menstruado ("Long time after one", 2_10). O sangue da menstruação liga essa lembrança à imagem poética do solo úmido do riacho cheirando a sangue, contada por sua filha numa história que tem um rapaz chamado "Henry Stone" vindo ao encontro dela ("Waters of ressurrection", 6_6). Esse padrão flui para a namorada do garoto surdo, que se recusa a entrar com ele na água no dia em que ele se afoga porque está menstruada. Samantha vê a lua brilhantemente refletida sobre a água escura do riacho e imagina a cena como uma fotografia ("Li Po", 6_12); ela se assusta quando o corpo do garoto surdo emerge no meio dessa imagem, em um padrão que lembra as mariposas brancas lutando sobre a água escura. Outro lexia intitulado "white moths" traz Lisle fazendo explicitamente uma ligação com a morte do menino, pensando "o mundo foi um tambor de água escura onde por vezes prendemos nossas asas como mariposas" ("white moths", 7_10).

Como os codículos de Hofstadter, que têm diferentes graus de afinidades para diferentes letras, as imagens são construídas para "aderir" preferencialmente a outra sequência de imagens para formar padrões maiores, como os que foram discutidos anteriormente. Metapadrões surgem no processo de formação de analogias entre analogias. Por exemplo, as associações que formam o grupo Lisle/Samantha estão ligadas a outro grupo centrado em Eleanore e Ed Stanko, ligado a Lisle/Samantha pela personagem Javier, que se sobrepõe a várias delas.

Há muito Javier conheceu uma mulher chamada Elli nas montanhas Blue Ridge, Virgínia, e teve um romance com ela; a mulher é (talvez) Eleanore, que reside atualmente em um hotel-que-virou-edifício pobre de propriedade de Ed Stanko, um homem incansavelmente mau e grosseiro. Eleanore não tem muita noção da realidade (para não dizer que é maluca) e, tendo há muito tempo perdido uma bebê que pode (talvez) ser filha ilegítima de Javier, responsabiliza Ed Stanko por sua perda. Atraindo-o a seu apartamento com a oferta de fazer sexo com ele, ela o esfaqueia no abdômen enquanto ele está na banheira, que ela subsequentemente limpa, como limpa a si mesma, em um estranho ritual que envolve flores e cascas de laranja-de-sangue.

A imagem do reflexo da lua como uma fotografia, do grupo Lisle/Samantha faz uma conexão com a fotografia da bisavó de Javier, Mary Reilly, que ele encontra no *lobby* do ex-hotel de Ed Stanko, a única imagem dela que existe. Por pura avareza, Ed Stanko nega até mesmo uma cópia da imagem a Javier, que assim inicia uma peregrinação com sua filha Beth até o hotel para que ela possa ver a fotografia. Quando chegam, Eleanore (que na ida anterior de Javier ao hotel havia pedido uma carona para ele, talvez para comprar as laranjas que ela usa em seu ritual de purificação) diz a ele que Ed Stanko está "indisposto", um padrão que flui para o corpo do menino surdo que, como Stanko, morre na água. Por sua vez, o silêncio em que o menino surdo viveu flui para o silêncio de Eleanore quando ela ouve (presumivelmente da polícia) que tem o direito de permanecer em silêncio.

Um jogo como esse não tem necessariamente um final, especialmente quando o jogador aceita a fluidez como um desejo gratificante e não insiste na satisfação mais específica, mais concentrada, mas também mais breve de um clímax que, assim que é alcançado, é substituído pela lendária tristeza provocada por um desfecho. Aqui o prazer é mais difuso, mas também mais prolongado, terminando apenas quando o jogador encerra o trabalho, sabendo que, se continuasse, ainda mais fluxos poderiam ser descobertos, mais desejos evocados e provocativamente satisfeitos.

Como Anthony Enns assinala na sua leitura de *Twelve Blue,* essa obra desafia o critério de Frank Kermode para "a sensação de um final" que nos ajuda a fazer sentido do mundo ao estabelecer uma correlação entre a finitude da vida humana e a progressão com um início, meio e fim característica de muitas narrativas impressas.[30] Aqui não há progresso inevitável em direção à morte do enredo. Isso significa que *Twelve Blue* falha no propósito da narrativa arquetípica de estabelecer uma correlação entre sua sequencialidade e a mortalidade humana? Eu diria antes que *Twelve Blue* faz um outro tipo de sentido, em que a vida e a morte existem em um fluxo contínuo, com fronteiras flexíveis e indeterminadas.

Em um lexia representando em discurso indireto livre o pensamento de Ed Stanko, o narrador o conecta com o rapaz surdo, uma personagem já morta por afogamento, enquanto a outra logo encontrará sua morte em uma banheira. "Nenhuma consciência de larvas ou vermes, no pássaro caído, no grão de madeira, no menino afogado. E ainda para todos os da sua vida você pensa, redimindo aquela palavra: uma maravilha... Vivemos fora da nossa respiração?" ("Wonders never cease", 5_11).

O garoto surdo se torna uma metáfora para o divino em um par de lexias interligados, conectando a personagem "menor" de sua namorada (cujo nome não ficamos sabendo, sendo ela menor em nossa história, embora indubitavelmente importante) a uma outra jovem mulher marcada para toda a vida pelo afogamento de sua mãe: "considere a mente de deus um rapaz se afogando" ("naiad", 2_11). Desconstruindo o limite entre a falta de inteligência de objetos inanimados, a inteligência que já existiu dos mortos e a mente infinita de Deus, a analogia entre analogias que surge desses fluxos sugere que não existem distinções pontuais entre o não cognitivo, o subcognitivo e o pleno cognitivo.

Em uma das poucas percepções interpretativas de *Twelve Blue*, Gregory Ulmer o relaciona à transição de um romance baseado na estética para uma poética que se aproxima do poema lírico.[31] Ele relaciona *Twelve Blue* à transição do letramento para o "eletramento", alegando que essa lógica tem mais em comum com as formas pelas quais imagem e texto se reúnem na Web do que com a linearidade da linguagem alfabética reunida em um livro impresso. As qualidades gráficas da obra realmente desempenham um papel mais importante em *Twelve Blue* do que em *afternoon,* do fundo escuro que provoca nossos sentidos às linhas interativas com suas alternâncias de orientação espacial. Sem dúvida Ulmer está correto; a publicação de *Twelve Blue*, primeiro trabalho de Joyce disponível na Web, ocorreu no momento em que esta estava evoluindo explosivamente da curiosidade para a necessidade cotidiana.

O salto de *afternoon* para *Twelve Blue* demonstra a forma como a experiência da Web, unindo-se com o terreno subcognitivo de máquinas inteligentes, traz a inspiração para a dinâmica de intermediação pela qual a mencionada obra literária cria uma complexidade emergente.

MARIA MENCIA: TRANSFORMANDO A RELAÇÃO ENTRE SOM E GRAFIA

Na obra de Maria Mencia, a ênfase desloca-se do intercâmbio entre as cognições humana e da máquina para as reconfigurações possíveis, por meio de tecnologias digitais, da tradicional associação do som com a grafia. Foi essa associação que iniciou o processo de letramento e, no período moderno, identificou-se profundamente com a tecnologia impressa. Em "Methodology", Mencia comenta que está particularmente interessada na "exploração da visualidade, da oralidade e do sentido semântico/não semântico da linguagem".[32] Em sua tese de doutorado em Filologia da Língua Inglesa, ela explora o que acontece quando o fone e o fonema são retirados de suas posições convencionais nos morfemas e começam a circular na mídia digital em outras configurações, outras formas de agrupamentos móveis de grafias e sons.

A digitalidade auxilia esse processo ao trazer funcionalidades que desestabilizam as convenções preestabelecidas do meio impresso e possibilitam novos agrupamentos. Na literatura impressa tradicional, a habituação faz que a visualidade (percepção da grafia) flua automaticamente para a subvocalização (produção de som inaudível), produzindo o reconhecimento das palavras (decodificação cognitiva) que por sua vez é convertido pela "mente" na impressão do leitor de que as palavras naquela página o transportam para uma cena na qual ele pode observar as personagens falando, agindo e interagindo.

Worthy Mouths demonstra como as reconfigurações de Mencia atrapalham esse processo.[33] O vídeo mostra uma boca articulando palavras, mas não há som; em vez disso, frases aparecem em um ritmo tão acelerado que é impossível lê-las até o fim, apesar de ser possível decifrar o que está escrito em algumas partes (uma parte, por exemplo, é "lábios empurrados para fora e fechados"). Até a frase ser decodificada, a boca já está formando outras palavras que também seguirão o mesmo percurso. O efeito desejado é ao mesmo tempo mobilizar o desejo do espectador de conectar grafia e som e também desconcertá-lo, forçando-o a uma desconexão que confunde nossas pressuposições convencionais sobre a ligação entre som e grafia.

Em *Audible Writing Experiments*,[34] projeções de vídeo cobrem as quatro paredes de uma galeria, para que o espectador esteja rodeado pela escrita e imerso em um ambiente acústico no qual uma voz articula fonemas da língua inglesa. A escrita rapidamente se torna ilegível à medida que avança no espaço, transformando-se em linhas onduladas que abandonam sua vocação grafêmica e começam a assemelhar-se a linhas de um tecido. Mencia aponta que a escrita ilegível é "razoavelmente textural", uma frase que lembra a etimologia de "texto" como "malha", ou "tecido". Apesar da ligação entre texto e vocalização permanecer intacta, a percepção visual da grafia registra sua separação gradual do equivalente fonético para aproximar-se da forma puramente visual.

Em *Things Come and Go...*,[35] de Mencia, a projeção digital mostra um caligrama animado composto de pedaços de papel escritos com letras que se movem pelo céu, inicialmente legível como um poema sobre a continuidade das coisas quando elas passam a existir, mudam e partem, um processo ao qual os seres humanos resistem tentando prender-se a elas. À medida que o caligrama muda e adquire novas formas, as frases inicialmente coerentes do poema são rompidas e reconfiguradas enquanto uma voz computadorizada articula as configurações que mudam. Em sua documentação da obra, Mencia comenta que "o espectador pode amar ou odiar" essa voz, ou aceitá-la à medida que passa "de um estado para outro".³⁶ Podemos questionar se o seu comentário sobre odiar a voz reflete a reação dos espectadores que acharam a obra frustrante porque esperavam as grafias escritas duráveis do meio impresso que têm a "decência" de não mudar enquanto alguém as está lendo.

Figura 4. Captura de tela, *Birds Singing Other Birds' Songs*

Em *Birds Singing Other Birds' Songs*,³⁷ uma obra mostrada como uma instalação em vídeo e agora disponível em uma versão em Flash na Web, sons de pássaros foram transcritos para morfemas representando a percepção humana desses sons e assim representados pelos grafemas correspondentes. Esses grafemas foram colocados em animação para formar os corpos dos pássaros voando com vozes humanas, ajustadas pelo computador, articulando os sons denotados pelas grafias. Nos complexos processos de tradução que a obra exemplifica, o ser humano é mesclado a formas de vida não humana para criar entidades híbridas que representam a conjunção dos modos de saber humano e não humano.³⁸ A obra também pode ser compreendida como uma reencenação da história do letramento em diferentes mídias à medida que passa de sons presentes no ambiente para grafias escritas (oralidade/escrita), grafias escritas para formas iconográficas animadas de corpos de aves (escrita/imagens digitais), acompanhadas pela rerrepresentação da fala humana como uma produção de voz computadorizada (multimodalidade digital).

As maneiras pelas quais as obras de Mencia vão em busca de sentido criam analogias entre cognoscentes humanos e não humanos, de um lado, e, de outro, analogias entre diferentes transformações de mídia. A analogia entre analogias sugere que as transformações de mídia são como os intercâmbios dinâmicos entre diferentes tipos de cognoscentes, assim revelando uma estrutura profunda de intermediação que abrange a história das formas de mídia assim como as complexidades que surgem das interações entre humanos, animais e máquinas em rede e programáveis. Apesar de as obras de Mencia serem classificadas como literatura eletrônica, elas fundamentalmente falam mais sobre letramento do que sobre uma determinada forma literária, ilustrando as interrogações que o literário pode tomar para si de histórias, contextos e produções de literatura. Ao reencenar as transformações de mídia e as condições que tornam o letramento possível, as obras de Mencia são complementos apropriados para a comparação entre a estética mais inclinada para o meio impresso de *afternoon* e o "eletramento" de *Twelve Blue*.

ROMPENDO A PÁGINA: *THE JEW'S DAUGHTER*

The Jew's Daughter, de Judd Morrissey, como as obras discutidas anteriormente, ao mesmo tempo que faz referência à página impressa, altera profundamente suas dinâmicas.[39] Em uma entrevista com Matthew Mirapaul, Morrissey declara que pelo fato de *The Jew's Daughter* "trazer o paradigma da página, você pode ver que não é uma página".[40] A obra inteira está em uma única tela de texto. Reforça a metáfora da página um pequeno quadro no lado direito superior da tela que, quando clicado, indica o número da tela atual e traz também um quadro no qual o jogador pode digitar para indicar qual texto de tela (indicado pelo número da "página") deve vir em seguida. Dentro do texto de tela, algumas letras (que variam de partes de uma palavra, uma frase ou duas) aparecem em azul, fazendo referência aos links clicáveis que ocupam a Web. Entretanto, as letras azuis não são links no sentido convencional, mas locais de tela para mouseovers. Quando o jogador passa o mouse em cima das letras azuis, uma parte do texto, movendo-se mais rapidamente do que o olho pode captar, é substituída. A leitura continua então como releitura e lembrança, pois para localizar a porção nova da página o leitor tem de recordar a configuração

> Will she disappear? That day has passed like any other. I said to you, "Be careful. Today is a strange day" and that was the end of it. I had written impassioned letters that expressed the urgency of my situation. I wrote to you that that it would not be forgivable, that it would be a violation of our exchange, in fact, a criminal negligence were I to fail to come through. To hand to you the consecrated sum of your gifts, the secret you imparted persistently and without knowledge, these expressions of your will that lured, and, in a cumulative fashion, became a message. In any case, the way things worked. Incorrigible. Stops and starts, overburdened nerves, cowardice (Is this what they said?), inadequacy, and, as a last resort, an inexplicable refusal. You asked could I build you from a pile of anonymous limbs and parts. I rarely slept and repeatedly during the night, when the moon was in my window, I had a vision of dirt and rocks being poured over my chest by the silver spade of a shovel. And then I would wake up with everything. It was all there like icons contained in a sphere and beginning to fuse together. When I tried to look at it, my eyes burned until I could almost see it in the room like a spectral yellow fire.
>
> A street, a house, a room.
>
> close

Figura 5. Captura de tela, *The Jew's Daughter*

prévia da tela enquanto a investiga para identificar a nova porção, cuja inserção cria um contexto novo para o texto que permanece.

Por exemplo, a narrativa de tela inicial é focalizada pelo escritor masculino jovem e estudante cuja voz é o narrador predominante, se não o único, para o texto:

> Eu escrevi a você que não seria perdoável, que seria uma violação de nossa troca, na realidade, uma negligência criminosa

se eu não sobrevivesse. Dar a você a soma sagrada de seus talentos, o segredo que você contou persistentemente e sem conhecimento, essas expressões de sua vontade que atraíram, e que, de uma forma cumulativa, tornaram-se uma mensagem. Em todo caso, o modo como as coisas se deram. Paradas e começos, nervos sobrecarregados, covardia (é isso o que eles disseram?), imperfeição, e como um último recurso, uma recusa inexplicável. Você perguntou se eu poderia construir para você uma pilha de partes e membros anônimos. Eu raramente dormi e, repetidamente durante a noite, quando a lua estava em minha janela, tive uma visão de terra e pedras jogadas sobre meu peito por uma pá prateada. E então eu acordaria com tudo. Estava tudo lá como ícones contidos em uma esfera e começando a se unificar. Quando tentei olhar para isso, meus olhos arderam até que eu quase pudesse ver isso no quarto como um fogo amarelo espectral.
Uma rua, uma casa, um quarto. (*The Jew's Daughter*, 1)

Passando o mouse sobre a palavra (criminosa), em azul, o texto muda:

Dar a você a soma sagrada de seus talentos, o segredo que você contou persistentemente. Junho através das nuvens como demônios esculpidos em neve. Minha sorte tinha dito, você está a ponto de cruzar as grandes águas. Mas como, agora, iniciar? Depois de paradas e começos, nervos sobrecarregados, covardia, imperfeição, recusa inexplicável, depois de tudo, ela ainda está aqui, sonhando lá fora, sua carne conhecida aportada na cama enquanto as janelas começam a ficar azuis. E o que pode ser dito agora sobre essa remanescente que dorme? Seu rosto é uma lua pálida e redonda. Ela teve uma visão de terra e pedras jogadas sobre meu peito por uma pá prateada. (*The Jew's Daughter*, 2)

Enquanto na primeira tela o "eu" que tem uma "visão de terra e pedras" é o escritor masculino, no novo contexto o pronome troca para "ela", a amante e namorada que às vezes é chamada de Eva. Os antecedentes que mudam estão embutidos em alusões intertextuais que lembram *Patchwork Girl* de Shelley Jackson, obra na qual a criatura feminina do *Frankenstein* de Mary Shelley tem as partes unidas novamente para se tornar o narrador principal.

Também evocado é o *Frankenstein* original, com descrição de roubos de cemitérios para obter partes de corpos. O jogo aqui entre as personagens masculinas e femininas cria uma ambiguidade semelhante à que se dá em *Patchwork Girl*, em que a criatura feminina desloca o cientista masculino do papel de focalizador. Ecoando por essa passagem está a "lua amarela espectral", uma imagem que lembra o "olho amarelo sombrio" da criatura masculina que Victor vê abrir-se em *Frankenstein* (capítulo 5), um detalhe que Jackson repete em *Patchwork Girl*. Na segunda tela, porém, a "lua pálida e redonda" do rosto que dorme se torna uma segunda fonte de luz que compete com o "fogo amarelo espectral" que representa a realização emergente que o escritor masculino quase atinge, mas não totalmente. Esse gesto em direção a uma síntese iminente, que surgiu apenas para ser adiado, é a dinâmica central da obra, demonstrada tanto em suas temáticas quanto em suas funcionalidades. Como cada tela modula-se na próxima, o padrão de repetição sobreposta e de inovação impele o texto a avançar mediante uma série de disjunções e conexões, como se estivesse perpetuamente em construção, conduzindo-nos a uma síntese inevitavelmente tardia, à medida que o texto se transforma novamente.

Na entrevista com Matthew Mirapaul, Morrissey comenta que ao conceituar *The Jew's Daughter* "eu quis uma fluidez que eu não vejo no hipertexto". A fluidez está, de fato, lá, mas também estão as rupturas e descontinuidades criadas por uma sintaxe disjuntiva e contextos retorcidos. O efeito é significativamente diferente do "fluxo de consciência" associado aos textos modernistas, inclusive a obra aludida no título escolhido por Morrissey, o *Ulisses* de James Joyce.[41] No episódio 17 ("Ithaca") de *Ulisses*, a balada antissemítica *The Jew's Daughter* é registrada durante a conversa entre Bloom e Stephen na cozinha, depois que Bloom convida Stephen para vir à sua casa. Ao contrário dos pronomes inconstantes e antecedentes móveis da obra de Morrissey, o episódio 17 toma a forma, sem igual em *Ulisses*, de um catecismo ultrarracional no qual um interlocutor pergunta e outra voz responde usando a linguagem "objetiva" da "visão de nenhuma parte".[42] Para visualizar a cena, os leitores são forçados a traduzir do pretensioso objetivismo do estilo para o idioma das percepções cotidianas.

Considerando que *The Jew's Daughter* tem um excesso de "aderência" que facilita ambiguidades e múltiplas combinações sintáticas, o episódio de *Ulysses* executa o extremo oposto, articulando fatos com uma pseudoprecisão associada completamente com a meta cientística de eliminar totalmente a ambiguidade.

A "aderência" de frases que podem ambiguamente unir-se a diferentes orações e a outras frases também representa uma diferença entre o fluxo de consciência modernista e o tipo de consciência apresentada em *The Jew's Daughter*. Como a passagem final de Molly Bloom ilustra, a narração do fluxo de consciência progride geralmente como um fluxo contínuo de ideias, imagens e linguagem. Em *The Jew's Daughter*, por contraste, a narração é tanto atrasada quanto prematura, cedo e tarde. Considere a sequência: "Palavras são sempre e tão somente palavras, mas essas palavras de espera pausam, são cautelosas, autoconscientes; sabem que o que é dito determina o que foi e o que será, o que ainda não aconteceu, quais são as perdas e o quem fica com o quê." (7). Isso se transforma em: "Palavras são sempre criações em tempo real, percebidas sob a pressão dos dias, como isso deveria ter sido percebido sob a pressão dos dias. Incipit. Três batidas" (8), que se transforma em "A névoa que saía da respiração do cavalo de carruagem na Michigan Avenue elevava-se impenetrável obscurecendo a cidade. Criação em tempo real, percebida sob a pressão dos dias, como[ela] deveria ter sido percebida sob a pressão dos dias. Incipit. Três batidas." (9).

"Criação em tempo real" faz sentido no contexto da névoa da respiração elevando-se, mas no contexto anterior de *palavras* como "criação em tempo real" faz menos sentido, especialmente quando a pessoa pensa em palavras como inscrições que duram por mais tempo. De forma semelhante, a comparação "como isso deveria ter sido percebido sob a pressão dos dias" pode ser entendido como referindo-se à composição do presente texto, mas quando transposta para o contexto da próxima tela, resulta em uma repetição enigmática quando o pronome relativo transforma-se no pronome da terceira pessoa do singular: "Criação em tempo real, percebida sob a pressão dos dias, como [ela] deveria ter sido percebida sob a pressão dos dias". Como a frase "o que ainda não aconteceu" sugere, a impermanência se tornou fractalmente complexa, não mais uma progressão uniforme, mas uma formação complexa na qual diferentes estratos se sobrepõem, divergem e movem-se em diferentes tempos. Essa complexidade temporal é refletida no nível da narrativa pelas disjunções, às vezes leves e outras vezes mais radicais, que sinalizam rupturas no texto em que uma passagem se inseriu antes de seu próprio contexto ou demorou-se demais depois que suas frases conjuntas transformaram-se em qualquer outra coisa. Tomando como uma representação da consciência, o tipo de percepção executado aqui não é um fluxo coerente e contínuo, mas um estrato inconstante e com múltiplas camadas, dinamicamente em movimento uma com a outra.

Esse tipo de interação é muito semelhante ao "modelo dos rascunhos múltiplos" que, segundo Daniel C. Dennett, em *Consciousness Explained*,[43] mais bem explica a natureza da consciência. Dennett propõe que a consciência não é a manifestação de um único eu coerente que sintetiza diferentes entradas de informação (caracterizado como o "modelo do teatro cartesiano", a fase em que as representações são apresentadas e visualizadas por um eu central); ao contrário, processos cerebrais interativos, operando em conjunto com dinâmicas temporais variáveis e diferentes entradas de informação neurológicas e/ou perceptivas, *são* a consciência. No modelo de Dennett, o tempo é representado e baseado em processos cerebrais e ambientes neurais; como resultado, o tempo percebido é emergente em vez de determinado, constantemente modulando de acordo com os processos e os ambientes que são dominantes em determinado momento. Para explicar a impressão subjetiva de possuir um eu central, Dennett afirma que o eu não é sinônimo de consciência. Em vez disso, a *ilusão* do eu é criada mediante um monólogo interno que não sai de um eu central, mas dá a impressão de que um eu central existe. Essa narrativa, o resultado que surge de diferentes processos que interagem, une as descontinuidades no tempo, no ambiente, nas entradas de informações diferenciais e nas diversas percepções para criar uma única via de narração que tenta fazer sentido e criar coerência.

Visto nessa perspectiva, *The Jew's Daughter* recapitula as descontinuidades temporais e de espaço constitutivas da consciência pela (inter)mediação de software e de hardware.

O computador, programado pelo escritor e pelo designer, revela ao jogador humano os mecanismos por meio dos quais o monólogo interior deste é (erroneamente) tomado como a produção de um eu coerente. A interface visual que se apresenta como uma página impressa pode ser entendida como um simulacro em múltiplos sentidos.

Possuindo uma fluidez e uma mutabilidade que a tinta impressa no papel nunca poderá alcançar, a interface simula a ilusão de um fluxo de consciência narrativo coerente (e, por implicação, um eu coerente que produz a narrativa), enquanto também torna visível na superfície da tela as descontinuidades temporais, os deslocamentos no espaço e as rupturas narrativas que subvertem as premissas que estão por trás das ideias tradicionais sobre a consciência, apontando assim para outro modelo de consciência totalmente diferente. A consciência nessa visão é disjuntiva, emergente, dinâmica e temporalmente estratificada, criada por meio de interações locais entre diversos agentes/processos que juntos criam a ilusão de um eu coerente e contínuo.

Que o computador esteja intimamente envolvido na execução dessa simulação não é coincidência, pois, como vimos, semelhantes processos subcognitivos progressivos ocorrem dentro dele, um mecanismo que permanece inocente da experiência de consciência. Sem conhecer *The Jew's Daughter*, Dennett monta a comparação entre a cognição humana e a da máquina comparando os agentes subcognitivos dos quais a consciência emerge e até os mais simples processos que estão por trás deles, a programas mecânicos que, teoricamente, poderiam ser duplicados em um computador.[44] Esse movimento possibilita-nos analisar *The Jew's Daughter* em condições que combinam a operação do computador com as cognições do jogador humano. No ciclo de intermediação que acontece em *The Jew's Daughter*, processos mecânicos executam um simulacro de uma narrativa tradicionalmente entendido como a produção de consciência, estimulando assim no jogador processos subcognitivos que produzem, dinamicamente, consciência como o resultado emergente, o que em troca resulta no jogador usar o recurso mouseover (passar o mouse) que, processado pelo computador, executa as rupturas e descontinuidades indicando a natureza emergente da narrativa e a consciência com que esta é associada, tanto no âmbito da diegese quanto no do próprio jogador.

The Error Engine, um trabalho colaborativo entre Judd Morrissey, Lori Talley e o cientista da computação Lutz Hamel, leva as implicações de *The Jew's Daughter* para um outro nível funcionando como uma máquina narrativa adaptável que inicia uma dinâmica coevolucionária entre escritor, máquina e jogador. Em "Automatic Narrative Evolution: a white paper", Hamel, Morrissey e Talley explicam como o programa funciona.[45] É designada a cada nó narrativo, ou seja, cada passagem textual, uma lista de palavras-chave que podem ou não aparecer explicitamente, mas que em cada ocorrência refletem a temática do nó. Em resposta à seleção do jogador de uma determinada palavra no texto da tela, a máquina procura o nó cuja lista de palavras-chave combina mais com aquela escolha e a apresenta como a próxima tela de texto. O algoritmo difere de um link tradicional codificado em html como <href> em que o link não é conectado por fios mas escolhido de um grupo de possíveis candidatos. Na próxima representação do programa, ainda não implementada, os autores preveem um algoritmo cujos critérios de seleção podem surgir com base nas escolhas do jogador. Tal programa deveria ser chamado de "algoritmo genético", um sistema adaptável complexo no qual as escolhas do usuário e o algoritmo respondendo a essas escolhas surgem juntos. Pode-se questionar se a presente implementação é verdadeiramente evolutiva, mas claramente os autores preveem a computação evolutiva como o contexto apropriado para entender o seu trabalho.[46] Nesse sentido, a intermediação dinâmica, por meio da qual malhas de retroalimentação recursivas operam por meio de entidades humanas e computacionais diferentemente corporizadas, torna-se uma parte explícita do design, desempenho e interpretação da obra. A coevolução adaptativa implica mudanças biológicas reais acontecendo na estrutura neurológica do jogador e resultando em complexidades emergentes, expressas como uma crescente compreensão das dinâmicas, temáticas e capacidades funcionais da obra; estas por sua vez mudam e evoluem em interação com as escolhas do jogador.

Neste momento os leitores que cresceram com a literatura impressa e permanecem imersos nas estáticas impressas podem contestar que este é tão somente um modo caprichoso de dizer o que a crítica literária já diz há muito tempo – que a literatura funciona como uma tecnologia projetada para mudar as cognições dos leitores. Certamente a literatura impressa muda as percepções de um leitor, mas o ciclo não está fechado porque as palavras na página não mudam literalmente em resposta às percepções do usuário.

O novo componente possível com a mídia em rede e programável é o fechamento do ciclo, de forma que as malhas de retroalimentação sejam executadas em ambas as direções – do computador para o jogador e do jogador para o computador. Considerar essa característica reflexiva requer compreender os processos e procedimentos interpretativos e progressivos do computador, suas possibilidades, limitações e funcionalidades como um agente subcognitivo, como também suas operações dentro da mídia em rede e programável considerada sistemas cognitivos distribuídos. O perigo de aplicar modelos críticos desenvolvidos para o meio impresso é o de que as novas possibilidades que se abriram para a criação e interpretação literária simplesmente não serão vistas. Quaisquer limitações que a intermediação como teoria possa ter, sua virtude como uma estrutura crítica é a de que introduz a computação na conversa em um nível fundamental, não a tornando opcional, e sim uma premissa fundamental da qual se pode partir.[47]

As implicações da intermediação para a literatura contemporânea não estão limitadas a obras de literatura eletrônica, mas se ampliam para a literatura impressa contemporânea e, de fato, para a crítica literária como um todo. Elas incluem o intercâmbio das cognições humana e de máquina; a reimaginação do trabalho literário como um instrumento para ser jogado, em que as dinâmicas textuais guiam o jogador em direção a crescentes habilidades interpretativas e funcionais; a desconstrução da relação entre som e grafia e sua rearticulação dentro de ambientes nos quais a linguagem e o código estão em interação ativa; a ruptura da narrativa e a consequente reimaginação e representação de consciência não como um fluxo contínuo, mas como o resultado emergente de interações locais entre processos neurais progressivos e agentes subcognitivos, biológicos e mecânicos; a desconstrução da temporalidade e sua reconstrução como fenômenos emergentes surgindo de interações entre multiagentes; e o desempenho de uma coevolução adaptativa cíclica entre os seres humanos e as máquinas inteligentes previstas como cognoscentes corporizadas em diferentes mídias em diferentes níveis de complexidade.

O desafio urgente que a textualidade digital apresenta para a crítica é revisar e rearticular conceitos antigos em condições apropriadas às dinâmicas da mídia em rede e programável.[48] Não menos que a literatura impressa, a crítica literária também é afetada, porque as mídias digitais são crescentemente essenciais a ela, limitando-se não apenas ao processamento de textos, mas também à forma como os críticos agora acessam as obras mais antigas em arquivos digitais, edições eletrônicas, novas versões em hipermídia, e assim sucessivamente. A produção crítica é afetada à medida que diários on-line como *Vectors* oferecem fóruns de publicação para o desenvolvimento e a disseminação da crítica de multimídias – isto é, a crítica que não é apenas de obras em multimídias mas que usa as capacidades e as funcionalidades das multimídias como componentes essenciais de interpretação e análise.[49]

A validação e os procedimentos de revisão da crítica impressa também estão sendo revisados, por exemplo, no projeto patrocinado pelo Instituto para o Futuro do Livro que consiste em reimaginar como protocolos de publicação deveriam mudar para as mídias digitais.[50]

Esses desenvolvimentos implicam que os críticos, não menos que os escritores, estão cada vez mais envolvidos com ambientes intensivos de computação. Dado como truísmo que a tecnologia que usamos afeta não apenas *como* a obra é produzida, mas *o que* é produzido, a autorreflexão crítica que liga, por exemplo, teorias de gramática e retórica a modos diferentes de escrever e de pensar deveria resultar em transformações adicionais que liguem a teoria computacional com novas formas de pensamento, escrita e criação críticas.

A literatura, conceitualizada não apenas como livros impressos, mas como o sistema complexo inteiro de produção literária – incluindo escritores, editores, editoras, críticos, designers, programadores, livreiros, leitores, jogadores, professores, leis de proteção de direitos autorais e outras formações legais, sites na Web e outros mecanismos de disseminação eletrônica e as tecnologias que possibilitam e representam tudo o que foi mencionado anteriormente – é permeada em cada nível pela computação. A tradição beletrista que em determinada ocasião anteviu o computador como o "outro sem alma" em oposição à expressividade humanística da literatura não poderia estar mais equivocada. A literatura contemporânea, e o literário que a amplia e a envolve, *é* computacional.

NOTAS

1. Mark Danielewski, *House of Leaves* (New York: Doubleday, 2000); Jonathan Safran Foer, *Extremely Loud and Incredibly Close* (New York: Houghton Mifflin, 2005); Salvador Plascencia, *The People of Paper* (San Francisco: McSweeney's, 2005).
2. Stephen Wolfram, *A New Kind of Science* (New York: Wolfram Media, 2002).
3. Nicholas Gessler, "Evolving Artificial Cultural Things-That-Think and Work by Dynamical Hierarchical Synthesis", http://www.sscnet.ucla.edu/geog/gessler/cv-pubs/03naacsos.pdf.
4. Harold J. Morowitz, *The Emergence of Everything: how the world became complex* (New York: Oxford University Press, 2002).
5. Ver, ex., André Leroi-Gourhan, *Gesture and Speech* (Cambridge: MIT Press, 1993).
6. Este argumento foi publicado em várias formas; ver, ex., John R. Searle, "Is the Brain's Mind a Computer Program?", *Scientific American* 262 (January 1990): 26-31.
7. Douglas Hofstadter, *Fluid Concepts and Creative Analogies: computer models of the fundamental mechanisms of thought* (New York: Basic Books, 1995).
8. Para uma descrição do programa Eliza, ver Joseph Weizenbaum, *Computer Power and Human Reason: from judgment to calculation* (New York: Freeman, 1976).
9. Edward Fredkin, "Informatics and Information Processing vs. Mathematics and Physics", apresentado no encontro do Instituto para Tecnologias Criativas, 25/05/2007, Marina Del Ray, *Calif.* A obra de Fredkin, que ele chama de "Mecânica Digital" é semelhante à obra de Wolfran sobre autômatos celulares quando ele postula que o universo é fundamentalmente computacional em sua natureza. Ao contrário de Wolfram, que trabalha principalmente com autômatos irreversíveis, a obra recente de Fredkin concentra-se em modelos SALT (sal) de autômatos celulares tridimensionais reversíveis (os modelos têm esse nome porque operam em uma estrutura que é similar à estrutura molecular tridimensional do cloreto de sódio – ou seja, um cristal de sal de cozinha). Ver Edward Fredkin, *Introduction to Digital Philosophy*, http://www.digitalphilosophy.org.
10. Daniel C. Dennett, *Kinds of Minds: toward an understanding of consciousness* (New York: Basic Books, 1996).
11. Daniel C. Dennett, *Darwin's Dangerous Idea: evolution and the meanings of life* (New York: Simon and Schuster, 1995), 401-27.
12. Claude Shannon e Warren Weaver, *The Mathematical Theory of Communication* (Urbana: University of Illinois Press, 1949).
13. Ibid.
14. Donald MacKay, *Information, Mechanism, Meaning* (Cambridge: MIT Press, 1969).
15. Mark B. N. Hansen, *New Philosophy for New Media* (Cambridge: MIT, 2004), 78-80.
16. Bernadette Wegenstein, *Getting under the Skin: Body and Media Theory* (Cambridge: MIT Press, 2006), 32.
17. Jorge Luis Borges, "The Book of Sand," in *Collected Fictions*, trans. Andrew Hurley (New York: Penguin Books, 1999), 404-78.
18. Não é por acidente que várias obras eletrônicas inspiradas pelo "Livro de Areia" foram criadas; ver, ex., para jogo interativo baseado na obra de Borges, Maximus Clarke, "The Book of Sand: a hypertext/Puzzle", http://artificeeterrnity.com/bookofsand/; e Giselle Beiguelman, "the book after the book/o livro depois do livro", http://www.desvirtual.com/giselle.
19. Ver, ex., Loss Pequeño Glazier, *White-Faced Bromeliads on 20 Hectares*, http://epc.buffalo.edu/authors/glazier/java/costal1/00.html; e Emily Short, *Galatea*, http://www.mindspring.com/~emshort/galatea.htm. Ambas as obras podem ser encontradas na

Electronic Literature Collection, vol. 1, ed. N. Katherine Hayles, Nick Montfort, Scott Rettberg e Stephanie Strickland (College Park, Md.: Electronic Literature Organization, 2006), http://collection.eliterature.org (hereafter *ELC* 1).

20 N. Katherine Hayles, *My Mother Was a Computer: digital subjects and literary texts* (Chicago: University of Chicago Press, 2005).

21 Michael Joyce, *afternoon: a story* (Watertown, Mass.: Eastgate Systems, 1990).

22 Michael Joyce, *Twelve Blue* (1991), http://www.eastgate.com/TwelveBlue/. Apesar de *afternoon: a story* ter uma data de publicação na Eastgate de 1990, Joyce já distribuía cópias nas conferências desde 1987. É seguro dizer então que um intervalo de aproximadamente quatro anos separa a composicão das duas obras. Matthew Kirschenbaum, em "Save As: Michael Joyce's *afternoons*", *Mechanisms: new media and forensic textuality* (Cambridge: MIT Press, 2008), fala mais detalhadamente das duas obras.

23 Particularmente influente é "How Do I Stop This Thing?: closure and indeterminacy in interactive Narratives", de Jane Yellowlees Douglas in *Hyper/Text/Theory*, ed. George P. Landow (Baltimore: Johns Hopkins University Press, 1994), 159-88; Jay David Bolter, *Writing Space: The computer, hypertext, and the history of writing* (Hillsdale, N.J.: Erlbaum, 1991), 123-28; e Jill Walker, "Piecing together and tearing apart: finding the story in afternoon", ACM Hypertext Conference (1999), http://jilltxt.net/txt/afternoon.html.

24 Robert Coover, "The Elevator", 125-37; e "The Babysitter", 206-39, em *Pricksongs and Descants: fictions* (New York: Grove Press, 2000).

25 Noah Wardrip-Fruin em "Playable Media and Textual Instruments," *dichtung-digital* (2005), http://www.brown.edu/Research/dichtung-digital/2005/1/Wardrip-Fruin/, faz uma exposição eloquente do que implica considerar uma obra digital um instrumento que pode ser jogado em vez de simplesmente um texto que pode ser lido; tais argumentos dão mais ressonância em "jogador" como o termo de escolha para designar aquele que interage com uma obra digital que tem características de jogo.

26 "Riddle", 8_4. Os lexias de *Twelve Blue* são nomeados, mas ocasionalmente dois lexias diferentes têm o mesmo nome. Pode-se evitar a confusão citando os números que aparecem no URL, que indicam os números de linha e de barra, nessa ordem, conforme indicado no início desta citação.

27 William H. Gass, *On Being Blue: a philosophical inquiry* (Boston: David R. Godine, 1991).

28 Vannevar Bush, "As We May Think," *Atlantic Monthly* 176.1 (July 1945): 101-8.

29 "Ataque" aqui é uma alusão à leitura agressiva de *Twelve Blue* por Marie-Laure Ryan em *Narrative as Virtual Reality: immersion and interactivity in literature and electronic media* (Baltimore: Johns Hopkins University Press, 2003), em que ela comenta: "A atitude com a qual eu inicialmente ataquei o texto – e eu quero dizer ataque com todas as letras – tinha muito em comum com a estrutura mental do jogador de um jogo de computador ou um leitor de uma história de mistério. Eu estava determinada a 'bater no texto' para descobrir qual sistema de links e múltiplas ambiguidades foram planejadas para esconder-se de mim.". (238). Sua "busca por coerência" (226) e estratégia crítica peculiar de classificar textos mediante tipologias estão claramente em divergência com a estética do texto, para que ela descubra que o efeito do texto "é o de uma mente com amnésia que, desesperadamente, tenta agarrar-se a algumas cadeias de associação, mas não consegue segurar-se a elas por tempo suficiente para recapturar uma figura coerente do passado" (229), que está tão longe quanto possa estar do sentido do texto. Não obstante, ela é uma leitora crítica (e determinada) e consegue encontrar algumas das conexões do texto e sua leitura é precisa e sutil.

30 Anthony Enns, "Don't Believe the Hype: rereading Michael Joyce's *Afternoon* [sic] and *Twelve Blue*". *Currents in Electronic Literacy* (Fall 2001), http://www.cwrl.utexas.edu/currents/fall01/enns/html; Frank Kermode, *The Sense of an Ending* (New York: Oxford University Press, 1968).

31 Gregory L. Ulmer, "A Response to *Twelve Blue* by Michael Joyce", *Postmodern Culture 5.1* (September 1997), http://muse.jhu.edu/journals/postmodern_culture/toc/pmc8.1.html.

32 Maria Mencia, "Methodology", uma breve explanação sobre a inspiração para sua tese de doutorado "From Visual Poetry to Digital Art: image-sound-text, convergent media and the development of new media languages" (2003), www.m.mencia.freeuk.com/Methodology.html.

33 Maria Mencia, *Worthy Mouths* (s.n., s.d.), http://www.m.mencia.freeuk.com/Worthy-Mouths.swf.

34 Maria Mencia, *Audible Writing Experiments* (2004), www.m.mencia.freeuk.com/AWE.html.

35 Maria Mencia, *Things come and go...* (1999), documentation at http://www.m.mencia.freeuk.com/video2.html.

36 Ibid.

37 Maria Mencia, *Birds Singing Other Birds' Songs*, versão em Flash em ELC 1; documentação da versão em vídeo (2001) em http://www.m.mencia.freeuk.com/birds.html.

38 Lori Emerson, em "Numbered Space and Topographic Writing", *Leonardo Electronic Almanac* 14.5-6 (2006), http://leoalmanac.org/journal/Vol_14/lea_v14_n05-06/Lemerson.asp, faz perguntas semelhantes às que foram articuladas aqui: "até que ponto... a poesia digital cruza a fronteira e se afasta das preocupações concernentes ao livro, assim também se afastando das maneiras com as quais normalmente analisamos os textos?" (2). Ela admite, com um certo cuidado, que a poesia impressa também se preocupa com o movimento, insistindo que não devemos extrapolar para a poesia digital como o simples preenchimento de sua teleologia. Para comprovar, ela usa *Birds Singing Other Birds' Songs* de Mencia; ela atesta que "não vai além de uma transposição de preocupações relativas ao livro... nem demonstra o que o meio [digital] permite". Eu sugiro que essa leitura, com sua ênfase em espacialidade, não leva completamente em consideração o processo sofisticado de tradução discutido anteriormente e assim não vê o jogo que se dá entre diferentes formas de cognição.

39 Judd Morrissey, *The Jew's Daughter*, http://www.thejewsdaughter.com. Os créditos especificam que a obra foi "programada e elaborada pelo autor", Judd Morrissey, e que a "mecânica de reconfiguração [foi] planejada em colaboração com Lori Talley".

40 Matthew Mirapaul, "Pushing Hypertext in New Directions", *New York Times* (July 27, 2000), citado em *The New York Times on the Web*, http://partners.nytimes.com/library/tech/00/07/cyber/artsatlarge/27artsatlarge.html.

41 James Joyce, *Ulysses* (New York: Vintage, 1990), 666-722. Jessica Pressman analisa a relação entre *Ulysses* e *The Jew's Daughter* em "The Jew's Daughter: remediating, remembering, and rereading," em "Digital Modernism: making it new in new media" (Ph.D. diss., UCLA), 205-64. David Ciccoricco também faz uma leitura detalhada da obra, incluindo sua relação com *Ulysses*, em "Mythology Proceeding: Morrissey's *The Jew's Daughter*", em Reading Network Fiction (Tuscaloosa: University of Alabama Press, forthcoming 2007), ms. 205-46.

42 Thomas Nagel, em *The View from Nowhere* (New York: Oxford University Press, 1989), popularizou a frase como representativa do objetivismo científico, uma posição que depois foi duramente criticada em estudos científicos, por exemplo, por Donna Haraway, "Situated Knowledge: the science question in feminism as a site of discourse on the privilege of partial perspective", *Feminist Studies* 14.3 (1988): 575-99.

43 Daniel C. Dennett, *Consciousness Explained* (New York: Little, Brown, 1991).
44 Daniel Dennett, em "Are We Explaining Consciousness Yet?" comenta que "já que seus homúnculos [os processos neurais que ele compara a "hordas de demônios"] são mais estúpidos e ignorantes que o agente inteligente que estão compondo, a distribuição de homúnculos dentro de homúnculos pode ser finita, diminuindo, finalmente, com agentes tão obtusos que podem ser substituídos por máquinas" (4), http://ase.tufts.edu/cogstud/papers/cognition.fin.htm.
45 Lutz Hamel, Judd Morrissey e Lori Talley, "Automatic Narrative Evolution: a white paper", http://www.errorengine.org/ane-white-paper.pdf.
46 A co-adaptação evolucionária é também o assunto de um livro interativo fantástico descrito em *The Diamond Age: or, a young lady's illustrated primer*, de Neal Stephenson (New York: Bantam 1996), 84-86, et passim. O primer tem a habilidade de sentir o ambiente e a reação de Nell, mudando suas páginas e histórias para adaptar-se à situação em que ela está. Serve como seu tutor, reengendrando as respostas neurais de Nell de formas definitivas à medida que ela amadurece. Por exemplo, em seu primeiro encontro com o primer, Nell corrige o próprio nome, o quê, em resposta causa "um pequeno distúrbio propagado através da grade de letras na página" (84), Uma descrição que poderia muito bem ser aplicada a *The Jew's Daughter* durante a passagem do mouse.
47 A intermediação não é logicamente a única estrutura teórica disponível. Importantes contribuições incluem: de estúdios de filmagem, de Lev Manovich, "five principles of New Media" em *The Language of New Media* (Cambridge: MIT Press, 2002); dos estudos de jogos, de Espen Aarseth, a ciberteoria funcionalista como "textologia" em *Cybertext: perspectives on ergodic literature* (Baltimore: Johns Hopkins University Press, 1997); da teoria de mídia, de Friedrich A. Kittler, *Discourse Networks 1800/1900*, trad. Michael Matteer (Stanford: Stanford University Press, 1992), e *Gramophone, Film, Typewriter* (Stanford: Stanford University Press, 1999); e da teoria da fenomenologia/corporização, de Mark B. N. Hansen, *New Philosophy for New Media* (Cambridge: MIT Press, 2006).
48 Um bom exemplo é dado por Markku Eskelinen, usando o cibertexto de Espen Aarseth para repensar a narratologia, "Six Problems in Search of a Solution: the challenge of Cybertext Theory and Ludology to Literary Theory", *dichtung-digital* (2004), http://www.dichtungdigital.com/2004.3/Eskelinen/index.htm.
49 *Vectors: journal of culture and technology in a dynamic vernacular*, http://vectors.iml.annenberg.edu/.
50 Bob Stein, Instituto para o Futuro do Livro, http://www.annenberg.edu/projects/project.php?id=84.

CAPÍTULO 3

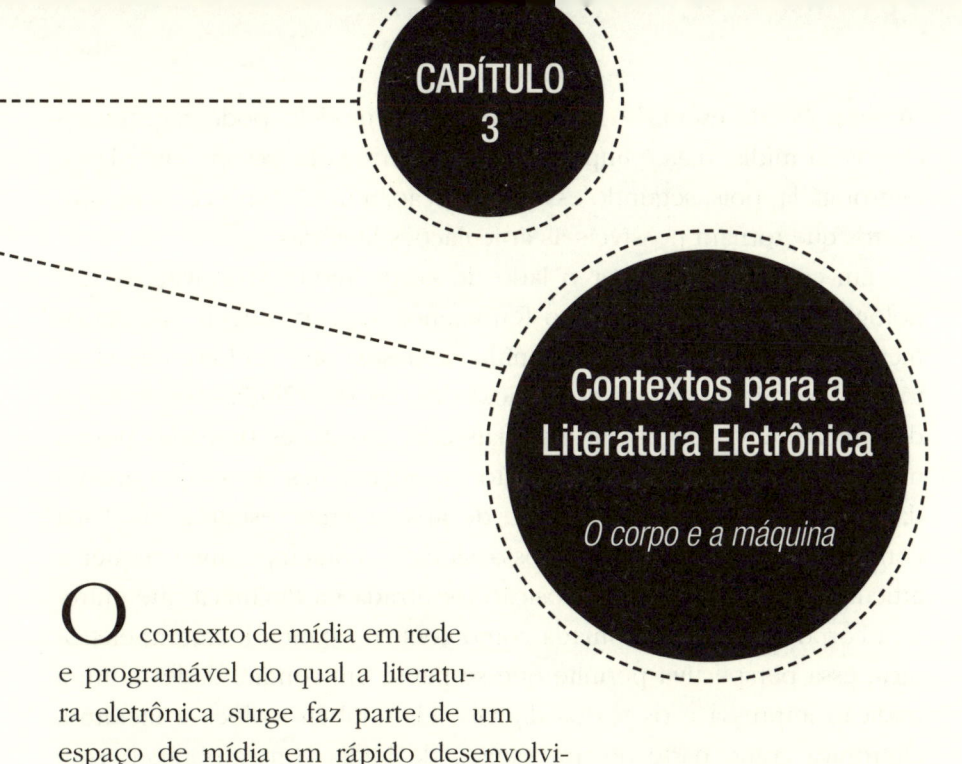

Contextos para a Literatura Eletrônica

O corpo e a máquina

O contexto de mídia em rede e programável do qual a literatura eletrônica surge faz parte de um espaço de mídia em rápido desenvolvimento que está transformando o modo como os cidadãos de países desenvolvidos fazem negócios, conduzem sua vida social, comunicam-se uns com os outros e, talvez o mais importante ainda, como constroem a si mesmos como sujeitos contemporâneos. Ampliando a discussão do capítulo 2 sobre intermediação, este capítulo questiona como o sujeito corporizado e a máquina computacional podem ser pensados conjuntamente. Unir subjetividade e mídia computacional é um projeto muito contestado no qual a luta pela dominação desempenha um papel central: o corpo deve se sujeitar à máquina, ou a máquina ao corpo? O ponto em discussão é se o homem corporizado se torna o centro para a interrogação humanística na qual a mídia digital pode ser compreendida, ou se a mídia oferece o contexto e a base para configurar e disciplinar o corpo.

Em estudos literários, a última posição se traduz em um paradigma no qual a tradição impressa da literatura, que se desenvolveu quando o sistema de escrita era distintamente diferente da convergência digital de hoje, fica relegada a uma época epistêmica com a qual a cultura contemporânea certamente já rompeu. Estamos ao lado da mídia técnica, ao passo que o grosso da tradição literária fica no outro lado de uma barreira continental onde o armazenamento, a transmissão e a disseminação eram funções não diferenciadas asseguradas pelo antigo "monopólio da escrita".¹ A literatura nesse modelo pode registrar os efeitos da mídia, mas é impotente para interrogá-la, compreendê-la ou interpretá-la, pois, segundo essa concepção, a mídia fornece os pressupostos que tornam possíveis as articulações literárias.

Em contraste, escolher o lado do corpo reduz as inovações tecnológicas a seus efeitos como fenômenos sem considerar adequadamente os modos pelos quais a mídia se desenvolve ao longo de trajetórias determinadas pelas especificidades das tecnologias anteriores, o desenvolvimento de novos materiais e as inovações baseadas nesses materiais. Eu argumento que tanto as orientações do corpo quanto da máquina funcionam por meio de apagamentos estratégicos. Uma compreensão mais plena da nossa situação contemporânea requer a articulação de uma terceira posição focalizada na dinâmica que entrelaça corpo e máquina. Tomada como contexto para a literatura eletrônica, essa perspectiva permite que se pense em continuidades entre a tradição impressa e os textos digitais. Ela também coloca a literatura eletrônica como parte de um espaço de mídia contemporâneo com implicações significativas para a prática corporizada e a subjetividade. O que é mais importante, ela fortalece a literatura eletrônica de modo que esta não apenas reflete, mas *reflete sobre* a mídia da qual nasce. Essa malha de retroalimentação reflexiva, por meio da qual a literatura eletrônica registra os efeitos da mídia e também interroga a mídia que produz esses efeitos, é central para o potencial que a literatura eletrônica tem de transformar práticas literárias.

A ÉPOCA DA MÍDIA TÉCNICA

Nenhum outro teórico contribuiu mais para o avanço da noção de mídia técnica como uma força autônoma determinando a subjetividade do que Friedrich A. Kittler, cujas análises brilhantes e idiossincráticas em obras como *Discourse Networks 1800/1900, Gramophone, Film, Typewriter,* e *Literature, Media, Information Systems* lançaram uma ampla estrutura na qual as transformações da mídia podem ser compreendidas.² Influenciado retórica e metodologicamente por Foucault, Kittler afasta-se dele ao se concentrar não nas redes discursivas compreendidas como documentos escritos, mas nos modos de tecnologia essenciais para sua produção, armazenamento e transmissão. Antes de 1900, o modo hegemônico de registro era a escrita, quer em livros impressos ou registro manual. Desde que "o livro era responsável por todos os dados seriais", Kittler escreve em "Gramophone, Film, Typewriter", "as palavras tremulavam com sensualidade e memória. Toda a paixão da leitura consistia em um sentido alucinado entre letras e linhas: o mundo visível ou audível da poesia romântica" (*LMIS*, 40).

Dentre as artes, a literatura é privilegiada porque registra os efeitos da mídia tanto psicológica quanto heuristicamente. Mas a mídia bate tambor; a literatura marcha no ritmo. A literatura atua no corpo, mas apenas dentro do horizonte das capacidades técnicas do meio. Kittler diz que o desenvolvimento do método fonético de leitura, introduzido na Alemanha por Heinrich Stephanie em torno de 1800, foi especialmente importante nesse sentido. O método fonético transformou grafia em som, apagando a materialidade do grafema e substituindo-o por uma voz subvocalizada. A voz, aliás, era uma que o leitor já havia escutado, uma variante dos sons emanando da boca da mãe nas quase-mas-não-totalmente-esquecidas brumas da infância. Essa oralidade, associada a uma relação erotizada com a mãe, era transferida para a Mãe Natureza, por quem apenas o poeta (homem) poderia falar.

Depois de 1900, a mídia diferenciou fluxos de dados em tecnologias distintas: acústica (fonógrafo), visual ou ótica (filme), escrita ou textual. Em *Gramophone, Film, Typewriter*, Kittler escreve:

> Uma vez que a diferenciação tecnológica da ótica, acústica e escrita expandiu o monopólio da escrita de Gutenberg em torno de 1880, a fabricação do assim chamado Homem tornou-se possível. A sua essência escapa em aparatos. Máquinas assumem funções do sistema nervoso central, e não mais, como em tempos passados, apenas aquelas dos músculos... A fisiologia dos olhos, ouvidos e cérebros tem de se tornar objeto de pesquisa científica. Para que a escrita mecanizada seja otimizada, não se pode mais sonhar que a escrita seja a expressão de indivíduos ou os traços de corpos. As próprias formas, diferenças e frequências de suas letras tem de ser reduzidas a fórmulas. O suposto Homem está dividido entre a fisiologia e a tecnologia da informação. (intro., *GFT*, 16)

Com a formação de um novo tipo de sujeito, a voz da Mãe/Natureza deixa de saltar da página em uma espécie de alucinação. A máquina de escrever e o registro mecânico em geral "não obedecem a nenhuma voz e portanto impedem o salto para o significado", diz Kittler em *Discourse Networks 1800/1900*. "A compreensão e a interpretação são impotentes diante de uma escrita inconsciente que, ao invés de dar ao sujeito algo a ser decifrado, torna o sujeito esse algo" (*DN*, 196). Essa asserção marca uma divisão nítida entre Kittler e Marshall McLuhan. Partindo das ideias de McLuhan, principalmente a ideia de que o conteúdo da mídia é outra mídia, Kittler segue seu próprio caminho ao propor que "continua sendo uma impossibilidade entender a mídia, apesar do título do livro de McLuhan ser *Understanding Media*, porque – inversamente – as tecnologias de comunicação atuais exercem controle remoto sobre toda a compreensão e evocam a sua ilusão" (introdução, *LMIS*, 30).

Em seu excelente prefácio de *Discourse Networks 1800/1900*, David E. Wellbery chama isso de "pressuposto da exterioridade" (*DN*, xii). É a força motriz que encapsula a literatura, o corpo e certamente a vida social em geral dentro da circunferência do epistema da mídia. Wellbery sugere que a crítica anglo-americana nunca dominou completamente o pós-estruturalismo, defendendo que a obra de Kittler demonstra o que seria uma verdadeira crítica pós-estruturalista. Por que a crítica anglo-americana se recusa a tentar? Segundo Wellbery, é porque apreciamos demasiadamente as "coisas como estão", ou seja, uma empreitada hermenêutica da interpretação e do entendimento, que insistimos em realizar, embora a obra de Kittler tenha presumivelmente mostrado que quaisquer conclusões que possam ser tiradas daí já estão predeterminadas por condições de mídia prevalecentes. Eu sustento que há outra explicação para essa incapacidade da crítica anglo-americana em se lançar com todas as forças na análise de mídia de Kittler – a saber: o movimento crucial para fazer formações sociais dentro de condições de mídia é profundamente imperfeito. Wellbery escolheu bem sua terminologia ao chamar a força motriz de "pressuposto", o que, por definição, vem antes da análise e é tomado *a priori* para a argumentação que se segue. Embora o pressuposto de Kittler seja proveitoso como provocação teórica, levando às análises inovadoras que tornam seu trabalho instigante, não pode triunfar como imperativo teórico porque depende de um relato parcial e incompleto sobre como as tecnologias de mídia interagem com a dinâmica social e cultural.

Um indicativo dessa parcialidade é a incapacidade que a teoria de mídia de Kittler tem para explicar como ocorre a mudança de mídia (como já se percebeu muitas vezes, esse também é um ponto fraco da teoria dos epistemas de Foucault). Em um artigo perceptivo, Geoffrey Winthrop-Young[3] argumenta que na análise de Kittler a guerra funciona como a força motriz para as transformações de mídia; isso explica porque a guerra ocupa com tanta frequência o centro do trabalho de Kittler, como em seu aforismo espirituoso de que a indústria do entretenimento se constitui em "um abuso de equipamento militar" (*GFT*, 111). Consideremos a seguinte passagem de "Typewriter" de Kittler, em *Gramophone, Film, Typewriter*:

> No intuito de substituir a história do mundo (feita de relatórios de inteligência classificados e protocolos de processamento literário), o sistema de mídia deu-se em três fases. A Fase 1, que começou com a Guerra Civil Americana, desenvolveu tecnologias de armazenamento para a acústica, ótica e roteiro: filme, gramofone e o sistema homem-máquina, a máquina de escrever. A Fase 2, que teve início com a Primeira Guerra Mundial, desenvolveu tecnologias elétricas de transmissão adequadas para cada conteúdo de armazenagem: rádio, televisão e seus equivalentes secretos. A Fase 3, desde a Segunda Guerra Mundial, transferiu a esquemática da máquina de escrever para a tecnologia da previsibilidade por si; a definição matemática da computabilidade de Turing, de 1936, deu nome aos futuros computadores. (*GFT*, 243)

Todavia, colocar na guerra o ímpeto para as transformações da mídia apenas posterga o problema, pois imediatamente surge um questionamento: o que motiva a guerra? Conforme Winthrop-Young, a análise de Kittler não pode responder a esse desafio com nenhum dos suspeitos de sempre que gerações de historiadores têm identificado como forças motrizes – contestação econômica, luta por território, patologia pessoal, ideologias conflitantes, e assim por diante – porque todos esses motivos supostamente também estão circunscritos por condições da mídia. Embora Winthrop-Young ofereça várias alternativas engenhosas, obviamente o problema verdadeiro é que a mídia sozinha não pode dar conta de todos os fatores complexos que atuam na criação de conflitos militares nacionais. O que é válido para a guerra é válido para qualquer evolução dinâmica de sistemas sociais complexos; apenas as transformações de mídia não são suficientes.

Para demonstrar esse argumento, na próxima seção me concentro em um estudo de caso no qual as condições de mídia são mostradas em um intercâmbio ativo com a dinâmica cultural, sem que nenhuma predomine e ambas estejam envolvidas em malhas de retroalimentação recursivas uma com a outra. Para ser justa com o ponto de vista de Kittler, escolhi um site em que as condições de mídia são excepcionalmente contundentes quanto a determinar as interações que ocorrem dentro dele – o mundo elitista das finanças globais. As condições de mídia que prevalecem aqui são características do período contemporâneo, em que a diferenciação entre fluxos de dados que marcam as transformações de mídia do início do século XX passaram por integração (ou desdiferenciação, palavra deselegante que, assim mesmo, é útil para nos lembrar que a integração presente deve ser vista no contexto da diferenciação que preparou o terreno para os desenvolvimentos posteriores). A desdiferenciação contemporânea depende crucialmente da habilidade da mídia digital em representar todos os tipos de dados – texto, imagens, som, vídeo – com a simbolização binária de "um" e "zero". Com o advento da internet, a padronização de protocolos também permitiu a rápida e virtualmente ininterrupta integração de fluxos de dados de computadores do mundo todo. Esses desenvolvimentos prepararam o terreno para a emergência das finanças internacionais como são praticadas no presente. Consideremos agora os desafios que esse site apresenta para a teoria da mídia de Kittler.

CONDIÇÕES DE MÍDIA PARA AS FINANÇAS GLOBAIS: POR QUE A TEORIA DA MÍDIA NÃO É SUFICIENTE

Outro importante trabalho recente sobre as finanças globais é o estudo etnográfico com corretores de valores internacionais feito por Karin Knorr Cetina e Urs Bruegger.[4] Corretores de valores costumeiramente trabalham para grandes bancos internacionais com escritórios nas principais capitais financeiras, incluindo Londres, Zurique, Nova York, Tóquio e Cingapura. Como formadores de mercado, negociam com compradores e vendedores institucionais de primeiro nível envolvendo grandes quantias de valores de câmbio, chegando a U$ 1,5 trilhão por ano. Os corretores agem como facilitadores para garantir liquidez, como no caso de fusões de empresas internacionais que exigem, digamos, que dólares sejam trocados por euros. Eles recebem um salário-base do banco, mas também ganham bônus com base no valor de dinheiro que ganham para o banco; além disso, eles também negociam por conta própria. Eles não têm absolutamente nenhum papel na produção. Sua renda e o lucro que produzem para o banco vêm unicamente das diferenças de preço entre moedas equivalentes e das diferentes taxas pelas quais as moedas podem ser compradas ou vendidas. Negociações que envolvem vários milhões de dólares são rotineiramente executadas em protocolos de 2 a 4 segundos que reconhecem que um atraso de apenas alguns segundos pode fazer a diferença entre lucro e perda. Em suma, trata-se de dinheiro virtual na maioria das vezes, movendo-se ao redor do globo em trocas eletrônicas quase instantâneas que refletem flutuações de taxas que dependem muito de uma grande variedade de fatores econômicos, sociais e políticos que passam por mudanças rápidas.

À medida que a tecnologia mudou dos teletipos e telefone para telas mostrando dados do mundo todo em tempo real, a diversidade geográfica integrou-se com a simultaneidade temporal. Como resultado, Knorr Cetina e Bruegger propõem o conceito teórico da microssocialidade global ("Global Microstructures", 909). Para os sociólogos, isso é quase um oximoro. As dinâmicas microssociais costumeiramente se aplicam a situações locais como a dinâmica de um dado escritório e são tratadas com modelos não estatísticos como a teoria do ator racional, ao passo que as situações macrossociais que envolvem centenas ou milhares de agentes são tipicamente tratadas de modo agregado, por exemplo, com pesquisas predominantemente estatísticas. A microssocialidade global representa um novo tipo de fenômeno possível somente com tecnologias de comunicação avançadas que permitem trocas quase instantâneas entre locais geograficamente distantes; em comparação ao telefone e ao teletipo, as diferenças quantitativas são tão grandes a ponto de causar mudanças qualitativas. Enquanto os negócios e os escritórios do banco são globais em âmbito, os corretores estão fortemente conectados entre si e com seus clientes em relações que se desenvolvem ao longo do tempo e envolvem reciprocidade e confiança, qualidades que não são adequadamente explicadas pela teoria de gráficos e redes. Mesmo forçados pela dinâmica das economias globais, os corretores operam dentro de dinâmicas microssociais – daí a necessidade de uma microssocialidade global.

As condições nas quais os corretores trabalham incluem numerosas telas que eles observam intensamente ao longo do dia, com o círculo interno mostrando dados econômicos e taxas de câmbio, e o círculo externo sintonizado em fontes como a CNN, que mostram as últimas notícias sobre eventos econômicos, sociais e políticos. Recapitulando em seus sistemas sensoriais a diferenciação da mídia em fluxos de dados separados, os corretores desenvolvem uma forma de processamento paralelo com uma divisão de entradas de dados sensoriais, usando telefones para receber ordens de corretores pelo canal do áudio e telas para assimilar dados visuais e conduzir negociações eletronicamente. O ambiente, contudo, é dominado pelas telas.

Embora os locais espaciais dos eventos refletidos nas telas sejam importantes, o efeito dominante é a observação do tempo passando. Na analogia de Knorr Cetina e Bruegger, as telas criam um horizonte temporal que se abre como um tapete sendo desenrolado, exceto que o desenho do tapete não é determinado com antecedência, mas é continuamente tecido e refeito a partir de eventos conduzidos pela temporalidade, à medida que eles se tornam visíveis, convergem e/ou divergem e desaparecem no passado ("Inhabiting Technology", 398). À medida que novos eventos surgem no horizonte em constante transformação, os corretores utilizam seu conhecimento sobre configurações passadas, estatísticas presentes e tendências antecipadas para tecer uma trama de temporalidade que, assim como o tapete mágico das fábulas, é imediatamente percebida como um espaço que se pode ocupar e como um evento tão efêmero e mutante quanto as correntes de ar nas quais o tapete voa.

O que significa dizer que a temporalidade torna-se um lugar para habitar? Distintamente da espacialidade, no dia a dia a temporalidade geralmente é vista como um fluxo unidirecional que avança em uma única dimensão. Ao contrário de H. G. Wells, não se pode voltar no tempo e ir na direção oposta; o tempo é uma rua de mão única onde as regras de trânsito são rigorosamente aplicadas pela mesma polícia da física que dita as leis da natureza. Em contraste, a espacialidade permite mover-se para trás e para frente, para cima e para baixo. A habilidade de mover-se no espaço permite a construção de um interior e um exterior, uma casa e um exterior, um lugar para ficar e outros lugares para onde viajar.

A temporalidade compartilha essas características porque as telas funcionam como temporalizadores que os corretores ocupam; nessas circunstâncias o tempo se torna o parâmetro espacializado no qual as comunidades são construídas e fazem seus negócios. Knorr Cetina e Bruegger explicam que algumas trocas, como as que envolvem opções, normalmente não podem ser concluídas em um único dia. No fim de sua jornada diária de trabalho, os corretores passam seus livros para seus parceiros que estão no próximo fuso horário, de modo que os livros seguem o sol ao redor do globo, criando "comunidades de tempo" nas quais as diferenças de tempo são cruciais para o efeito de vínculo ("Global Microstructures", 928). De um ponto de vista prático, o tempo em que os livros viajam adiante fica no passado do fuso horário que deixam e no futuro do fuso horário em que entram. Logo, o tempo deixa de ser construído como um "agora" universal concebido como um ponto que se move inequivocamente para frente ao longo de uma linha em ritmo uniforme. Impulsionado por pressões dos negócios globalizados, o tempo deixa a linha e se dilui em um plano.

Além do mais, porque as "comunidades de tempo" são unidas justamente pelas disparidades temporais das diferentes zonas nas quais operam, o tempo local está correlacionado com a espacialidade e se torna uma quantidade relativa especificada por coordenadas geográficas. A hora universal, em contraste, está identificada com a hora padrão de Greenwich, sempre exibida nas telas e explicitada nas comunicações de negócios para evitar confusões. Desse modo, a hora de Greenwich funciona como o tempo convencional de mão única que sempre se move em uma direção, ao passo que a hora local é incorporada a um tecido espacializado que pode ser cruzado em direções diferentes conforme as circunstâncias.

Nessa temporalidade espacializada, os corretores ocupam uma posição ambígua. Por um lado, são participantes no local de temporalidade que criam ao observarem as telas, ajudando de maneira significativa a moldar o mercado e os eventos relacionados à medida que continuamente se desdobram e afetam um ao outro (Clark, Thrift e Tickell escreveram sobre o inter-relacionamento entre mercado e mídia, em que o mercado não apenas se torna um evento de mídia, mas uma mídia em si, interagindo com todos os outros eventos de mídia e a mídia).[5] Nesse sentido, as ações dos corretores são espelhadas dentro das telas, estando constantemente visíveis para eles mesmos e para outros. Por outro lado, eles também são observadores do lado de fora das telas, observando a ação à medida que ela se revela. Telas em vários locais mostram mais ou menos os mesmos dados, de modo que os corretores, ao observar as telas estão, com efeito, não apenas observando suas próprias ações, mas também as ações de outros reagindo às suas ações, assim como as suas reações a essas ações, e assim por diante, em uma trama contínua de ação, resposta, contrarresposta, e assim por diante, tudo acontecendo em velocidades frenéticas e transmissões próximas à velocidade da luz. O resultado líquido dessas interações é percebido pelos corretores como "o mercado". Ao ser questionado sobre o que é o mercado, um dos inquiridos disse que é "'quem está vendendo, quem está comprando, onde, em que centro, o que os bancos centrais estão fazendo... o que a imprensa está dizendo... o que o primeiro-ministro da Malásia está dizendo. É tudo – tudo o tempo todo'" ("Object of Attachment", 146). Observe que, embora o local entre no senso de mercado do corretor, é a dimensão temporal – tudo *o tempo todo* – que constitui o local de habitação que o mercado cria e que os corretores ocupam.

Essa noção de mercado como "tudo" é reforçada pela experiência dos corretores em estarem tão firme e intimamente conectados com as telas a ponto de poderem sentir a "mente" do mercado. Um corretor comentou que o mercado é "uma forma de vida que tem existência própria... tem forma e significado", dizendo ainda que ele o vê "como um ser maior" ("Object of Attachment", 150). Essa intuição é muito sensível a flutuações temporais e, quando perdida, só pode ser recuperada por meses de imersão em condições atuais. Atribuir uma "mente" ao mercado com certeza implica que ele é uma entidade que tem consciência, desejos e intenções; mais precisamente, é uma megaentidade cuja existência é inerentemente emergente. Contendo as ações dos corretores com tudo o mais, ele vem a existir como a realização dinâmica de inumeráveis interações locais. Como um fenômeno emergente, na formulação de Knorr Cetina e Bruegger, o mercado é "uma estrutura revelando que não é idêntica a si mesma" ("Object of Attachment", 142), ampliando em escala global o fluxo contínuo entre continuidades padronizadas que são características dos seres vivos.

Esse é o contexto no qual as telas se tornam objetos de grande apego para os corretores. O ambiente da negociação, combinando risco constante com consequências financeiras reais, com frequência se mostra irresistivelmente sedutor e ao mesmo tempo emocionalmente esgotante. A experiência torna-se totalmente desgastante para muitos corretores, ocupando seus sonhos assim como a maioria das horas que passam acordados. O seu envolvimento vai além do cerebral, indo até os comprometimentos afetivos e corporais; os corretores admitem que controlar as emoções é uma habilidade crucial para o trabalho, sem a qual um novato não resiste ("Inhabiting Technology", 400). Aliás, eles entram no mundo da negociação assumindo uma "posição" – isto é, comprando ou vendendo moedas – de modo que seu ingresso no local da temporalidade é sinônimo de exposição e risco, que eles frequentemente descrevem como vulnerabilidades físicas e sexuais, imaginadas nitidamente como penetrações violentas dos espaços internos do corpo ("Inhabiting Technology", 400). Apesar do estresse, o apego às telas é tão intenso que se torna um vício. Quando os corretores deixam o jogo, alguns compram monitores portáteis da Reuters para que possam continuar a sentir a atmosfera do mercado, mesmo que apenas da periferia.

Até esse ponto o estudo de caso funcionou como uma lição objetiva para demonstrar a máxima de Kittler de que "a mídia determina a nossa situação". Agora, contudo, vamos considerar como a dinâmica cultural interage com as condições de mídia para codeterminar suas especificidades. Knorr Cetina e Bruegger mencionam incidentalmente que quase todos os corretores são homens ("Global Microstructures", 919). Essa predominância de gênero, longe de ser acidental, está profundamente imbricada nos modos como as dinâmicas de mídia funcionam. Knorr Cetina e Bruegger explicam que não se aprende a ser corretor indo à escola ou lendo livros, mas observando outros corretores em um sistema de aprendizado ("Object of Attachment", 152). Além disso, os próprios corretores são controlados e observados pelo corretor-chefe, que monitora constantemente suas atividades. Esse modo de interação rigidamente disciplinado e hierárquico significa que as normas culturais são aplicadas mais rigidamente do que na maioria dos cenários civis e são especialmente sensíveis ao tom dado pelo corretor-chefe e o corretor "estrela" que fica a seu lado, isto é, o corretor cujas vendas ultrapassam as de todos. Ao comentar esse aspecto da cultura, um corretor-chefe observou que, se um corretor estrela "se comportar como um porco, você pode ter certeza de que dentro de dois meses todo mundo vai se comportar como um porco" ("Object of Attachment", 152).

Nesse contexto, práticas culturais de gênero proliferam mais uniforme e extensivamente do que seria normal. As metáforas pelas quais os corretores descrevem suas atividades não são apenas masculinizadas, mas hipermasculinizadas, levando ao extremo as qualidades estereotipicamente masculinas de agressão e confrontação com o inimigo e a motivação para ter sucesso a qualquer custo. O objetivo não é manter sua posição ou sobreviver, e sim vencer, o que é frequentemente expresso em termos altamente físicos ("Inhabiting Technology", 397). Os corretores se veem envolvidos em combate, quando não em guerra direta, com bancos rivais e outros corretores. A guerra e as qualidades masculinas exacerbadas associadas a ela fornecem um modelo, um modo de estar no mundo, que permite que os corretores lidem com estresse elevado, ritmo meteórico e necessidade de tomada de decisões instantâneas. Além disso, a metáfora do estado de guerra oferece um correlato adequado para os modos como a situação de mídia age sobre os corpos dos corretores, incluindo a demanda por altos níveis de alerta por longos períodos de tempo, frequentes cargas de adrenalina e atenção intensa a múltiplos fatores que passam por mudanças rápidas. O estado de guerra aqui não funciona para provocar transformações de mídia, como costuma fazer nas análises de Kittler; em vez disso, o estado de guerra está encapsulado dentro do horizonte codeterminado pelas condições de mídia e formações culturais. É adequado em parte porque ele expressa – de fato, explica e justifica – os desejos e medos intensificados ativados pela situação dos corretores. Assim como a guerra, negociar é um jogo de homens jovens; o corretor mais velho, segundo o relato dos pesquisadores, tinha trinta e três anos ("Global Microstructures", 919).

Pode-se imaginar outros modos de ser e outras metáforas que podem ter evoluído com as condições de mídia das finanças internacionais da atualidade que lhe dariam um tom muito diferente. Por exemplo, em vez da guerra, a metáfora dominante poderia ser a da cooperação entre parceiros (tais metáforas realmente aparecem nas comunicações dos corretores com seus parceiros habituais de negócios mas continuam sendo um filamento menor na cultura geral). Para dar outro exemplo, por que não explicar essas condições pelo modelo cultural de, digamos, tomar conta de uma criança de dois anos, o que também envolve altos níveis de alerta, frequentes cargas de adrenalina e atenção intensa a fatores que mudam rapidamente? Basta avançar nessa proposta para ver o quão vorazmente os estereótipos de gênero se reproduzem nessa cultura hierarquicamente controlada. As nuances de alimentar, doar-se e cuidar de alguém muito menor e mais fraco do que você invocam um cálculo emocional totalmente em desacordo com os estabelecimentos capitalistas em que a negociação funciona. As condições de mídia sozinhas, então, são subdeterminantes em relação à cultura que de fato emerge. Outros fatores, especialmente os modelos culturais ligados à dominação masculina, são necessários para explicar como as mídias funcionam para "determinar a nossa situação".

Para a maioria, a negociação é um jogo com resultado nulo. A única maneira de um corretor vencer ao prever como uma moeda vai se movimentar é se outro corretor apostar que o movimento será na direção oposta, fazendo os movimentos de espelho que, no contexto geral das condições do mercado, garantem liquidez continuada. Quando surgem tendências que vão contra a ênfase capitalista no lucro, não são codificadas como femininas, mas como a necessidade dos corretores de, pressionados contra a parede, assumirem a posição de bode expiatório. A ética da negociação exige que grandes bancos internacionais garantam liquidez acima de tudo, mesmo que isso signifique ocasionalmente assumir a posição que os corretores sabem que não vai colocá-los em vantagem. A longo prazo, é claro, todos os bancos dependem da estabilidade do mercado e, portanto, da continuidade de liquidez, então os bancos de boa reputação contribuem para o bem comum assumindo essa obrigação ética. Novamente, os modelos culturais são necessários para uma explicação mais completa da cultura da negociação. A mídia fornece a simultaneidade que espacializa o tempo, cria microssocialidade global, catalisa o apego a telas e dá origem a objetos emergentes "que não são idênticos a si mesmos", mas o tom emotivo, as metáforas dominantes, a dinâmica hipermasculinizada e a economia capitalista codeterminam como as práticas de negociação vão de fato operar.

CORPORIZAÇÃO E A COEVOLUÇÃO DA TECNOLOGIA

Se as mídias não são suficientes para determinar nossa situação, a corporização também não é.

Ninguém argumentou pela importância da corporização em relação à arte da Nova Mídia com mais ímpeto que Mark B. N. Hansen, que, em *New Philosophy for New Media*, baseia-se em um grande número de filósofos, neurofisiologistas e artistas digitais para demonstrar que a corporização – especialmente as capacidades afetivas, táteis, sinestésicas e proprioceptivas – são cruciais para converter os padrões de dados informativos de imagens digitais em imagens significativas.[6] Atualizando a ideia de Bergson em *Matter and Memory* de que o corpo seleciona do ambiente imagens nas quais se concentrar, Hansen contesta a leitura que Deleuze faz de Bergson em *Cinema 1* a fim de reinstalar a afetividade no centro da realização corpo-mente de construção de sentido a partir de imagens digitais. No processo, ele faz leituras inspiradas de uma grande variedade de obras de arte digitais para mostrar como a afetividade interage com elas para converter informação em significado.

Essa é uma intervenção importante que serve como contrapeso para a perspectiva de Kittler. Hansen postula que "apenas o significado pode conter a informação" (82), e, em sua opinião, são os humanos, não as máquinas, que fornecem, transmitem e interpretam significados (uma posição que contesta a argumentação do capítulo 2 de que máquinas também interpretam informações em contextos localizados específicos e assim criam significados contingentes e dependentes de contexto). Ele frisa que, embora as máquinas possam continuar a funcionar se todos os humanos desaparecerem espontaneamente, "essa função ficaria totalmente sem sentido" (80). Respondendo diretamente a Kittler, ele alega que "o assim chamado Homem não deve ser relegado a um monte de tralhas, ao *status* patético de uma variável dependente de um prognóstico incerto" (84). O apelo sombrio do argumento de Kittler, considerando que ele flerta com a subordinação do homem aos períodos da mídia, depara nesse ponto com uma forte afirmação positiva da necessidade de delimitação do ser humano, da flexibilidade e, do poder de capacidades corporizadas e da importância dessas capacidades para entender e interpretar a arte da Nova Mídia.

Já que a argumentação de Hansen baseia-se em parte em fontes que uso em meu livro *How We Became Posthuman,* estendendo para a arte da Nova Mídia o meu argumento sobre a importância da corporização e ampliando-o com uma variedade impressionante de citações e argumentos, eu (talvez mais que a maioria) tenho razões para ter simpatia por essa perspectiva. No entanto, apesar da minha simpatia, não posso deixar de perceber pontos em que o argumento, em seu zelo por estabelecer que a corporização, ultrapassa qualquer capacidade possível da máquina, limita o próprio potencial que o corpo tem de ser transformado por sua interação com tecnologias digitais em favor das quais Hansen argumenta. As tensões entre o potencial transformador do corpo e a ameaça de que a máquina irá se apropriar das funções corporizadas (com o espectro iminente de que as máquinas irão assim tornar o corpo obsoleto) são mais perspicazes em questões que envolvem a visão, pois, diferentemente do corpo profundo que funciona como sinestesia e propriocepção, a visão pode ser duplicada e executada por máquinas de maneiras muito mais rápidas e aguçadas que aquela possível para o ser humano. Na minha opinião, a "ameaça" percebida aqui não é de modo algum uma ameaça; a questão não é que as máquinas possam ver melhor, mais depressa e mais longe que os seres humanos, e sim que a visão humana, quer aperfeiçoada por máquinas ou não, ainda é para a maioria das pessoas uma faculdade essencial por meio da qual nos colocamos no mundo e interagimos criativamente com ele. A corporização não vai se tornar obsoleta porque é essencial para o ser humano, mas pode e de fato se transforma em relação às pressões seletivas do ambiente, principalmente mediante interações com a tecnologia.

O problema percebido por Hansen em relação à visão é articulado de maneira mais problemática em seu capítulo sobre a realidade virtual (RV), "A Automação da Visão e a Base Corporal da Visão" (92-124). Lá ele deixa claro que considera o "ocularcentrismo" da RV um problema porque a visão é muito suscetível à cooptação pelas máquinas. Seguindo a crítica de Paul Virilio sobre a visão da máquina, ele chega a argumentar enfaticamente por um "direito à cegueira", sugerindo que o que está em jogo é um "direito de ver de modo fundamentalmente diferente" (105). Ele continua dizendo que "se agora nós experimentamos regularmente uma 'patologia da percepção imediata' em que a credibilidade das imagens visuais foi destruída, não é a razão simplesmente o processamento da imagem que foi dissociada do corpo?" (105). No argumento de Hansen, o exemplar dessa "industrialização" (105) da visão é a cabine virtual desenvolvida pelos militares americanos, na qual o piloto controla instrumentos-chave direcionando seu olhar em conjunto com comandos articulados.

Então, na explicação de Hansen, a visão não pode ser o sentido de percepção dominante, ou mesmo em paridade com faculdades privilegiadas que (não coincidentemente) são muito mais difíceis de automatizar, especialmente o que ele chama de "afetividade", a capacidade do corpo sensoriomotor de "experimentar-se como 'mais do que ele mesmo' e assim empregar seu poder sensoriomotor de criar o imprevisível, o experimental, o novo" (7). Para substanciar que o corpo sensoriomotor tem essa capacidade, ele se baseia nos escritos de Raymond Ruyer, um teórico francês que, durante a década de 1950, propôs combater a tendência mecanicista da cibernética pós-Segunda Guerra Mundial ao postular faculdades corpóreas que, conforme seu argumento, são não empíricas e não observáveis. A principal dessas é o "domínio transespacial de temas e valores humanos" (80). Dadas as pesquisas das últimas três décadas com tecnologias de imagens do cérebro e suas habilidades de revelar funcionalidades neurológicas, parece estranho articular grande parte da argumentação a antigas alegações do pós-guerra que por definição não podem ser substanciadas. Se fôssemos chamar o "domínio transespacial" pelo nome mais tradicional "alma", a sua natureza problemática se tornaria rapidamente evidente. Estão em questão não apenas as múltiplas implicações que Hansen extrai da obra de Ruyer, mas também o padrão de evidências que implicitamente colocam seu trabalho a par com o de Claude Shannon ou, em um contexto diferente, Francisco Varela, pesquisadores cuja influência sobre pensadores subsequentes foi profunda. Quando Tim Lenoir, em seu esplêndido prefácio de *New Philosophy for New Media*, refere-se a Ruyer como "despercebido" (xxi), talvez se possa questionar se ele passou despercebido por algum motivo.

No contexto da RV, o comprometimento de Hansen com o corpo sensoriomotor em detrimento da visão o leva a fazer declarações incorretas, como a de que "a imagem [digital] se torna uma mera configuração contingente de valores numéricos que podem ser sujeitados à modificação 'molecular'" (9). Essa afirmação ignora o papel que o software tem ao montar, colorizar e dar integridade perceptual às imagens digitais. Em PET (tomografias por emissão de pósitrons, em inglês *positron emission tomography*), por exemplo, o software monta uma lista de valores numéricos obtidos ao perceber diferenças em níveis de consumo de glicose marcados por nucleotídeos de rádio e os organiza em imagens iconográficas que seres humanos podem perceber como o cérebro "pensando" (as imagens são colorizadas para refletir as diferentes taxas metabólicas nas quais o cérebro consome glicose quando diferentes regiões são ativadas). O objetivo de usar tal tecnologia de imagens é apresentar aos seres humanos algo mais que uma "mera configuração contingente de valores numéricos", que poderia não ser compreendido por seres humanos da maneira rápida e holística que é possível com PET e tecnologias relacionadas, como imagens de fMRI (ressonância magnética funcional, em inglês *functional magnetic resonance imaging*), justamente porque faltam às tabelas numéricas os fortes sinais visuais e riqueza interpretativa que as imagens oferecem. Além disso, o potencial criativo que Hansen atribui ao corpo sensoriomotor também pode estar presente na visão. Se a visão foi "industrializada", em algumas aplicações, ela não sofreu, necessariamente, cooptação em todas as situações; além disso, ela conserva a capacidade de participar em transformações criativas de capacidades corporizadas.

Embora seja uma verdade indubitável, como Hansen defende ao citar Brian Massumi (109), que as capacidades proprioceptivas, sinestésicas e táteis estão envolvidas com a visão, isso não significa que elas substituam a visão ou mesmo que se tornem dominantes sobre a visão em uma interface de RV. Na verdade, é justamente porque a visão tem um papel tão importante na RV que surge o enjoo da RV. Nela a entrada de dados costumeira do corpo sensoriomotor fica frequentemente desconectada da visão; por exemplo, em uma instalação de RV que mostra visualmente um carro zumbindo em uma estrada, as entradas de dados habituais das faculdades sinestésicas, proprioceptivas e táteis de um motorista estão faltando, resultando em uma contradição mente-corpo que se manifesta fisicamente como náusea e tontura. Se a visão não fosse um sentido dominante, isso não aconteceria. Logo, quando Hansen escreve: "O que eu quero dizer aqui é que a percepção na interface de RV – como a situação de filtrar informações de um universo de informações – pode acontecer *apenas* no corpo [sensoriomotor]." (163, grifo no original), seu rebaixamento da visão à posição de jogador menos importante deve ser entendido como ideologicamente motivado, não como uma descrição exata do que acontece na RV.

De fato, é praticamente possível identificar quando o argumento propende a se tornar mais intensamente ideológico, relacionando-o com as invocações de Ruyer. Consideremos a passagem:

> Um espaço de dados pode ser intuído, por assim dizer, somente pelo que Raymond Ruyer, filósofo pós-Bergson, chama de uma "avaliação absoluta" – uma compreensão não dimensional de um campo perceptual como um todo integral ou "superfície absoluta". Como ela é implementada em certos experimentos estéticos com a interface de RV, a capacidade da investigação absoluta fornece o mecanismo para uma "doação" não geo-

métrica e não estendida de espaço que nada mais é que uma produção de espaço no corpo, ou, melhor dizendo, um espaçamento corporal. Assim, na explicação de Ruyer..., em vez de estar lá onde o objeto (imagem) está, a percepção – ou melhor, a sensação – sempre acontece no corpo, como *um espaçamento do organismo corporizado* (163-64, grifo no original).

Embora algumas instalações de RV envolvam outros sentidos além da visão, na maioria dos casos a visão continua sendo primordial. Uma vez que as capacidades sensoriomotoras são envolvidas, elas são ativadas por causa de duas correlações com interações de grupos de neurônios no cérebro, como Gerald M. Edelman demonstrou em sua meticulosa pesquisa sobre seleção de grupos neuronais e interações entre diferentes grupos neuronais.[7] Retomar termos tão mistificados como "domínio transespacial" e "investigação absoluta" não faz justiça às amplas pesquisas disponíveis atualmente sobre como a sinestesia realmente funciona. Basear-se em Ruyer leva Hansen à conclusão tautológica de que, porque o raciocínio de Ruyer citado anteriormente tira a visão de cena, "é esse entendimento da percepção como espaço corporal que permite que o ocularcentrismo da RV seja superado" (164). Superado, pode-se acrescentar, por alegações *a priori* para as quais nenhuma evidência é ou poderia ser possivelmente apresentada, já que elas pertencem a um domínio supostamente "não observável".

Ao longo desses argumentos, há uma tensão inevitável entre a reflexão de Hansen de que a tecnologia e o corpo coevoluem e o seu comprometimento ideológico com a prioridade da corporização sobre a tecnologia. Obviamente, se o corpo e a tecnologia estão envolvidos em uma espiral coevolucionária, logicamente nenhum tem precedência sobre o outro; debater prioridade é quase tão útil quanto as discussões sobre o ovo e a galinha, pois, uma vez que a coevolução se inicia, os dois parceiros são unidos em ciclos recursivos cotemporais. Essa tensão latente em *New Philosophy for New Media* torna-se explícita em *Bodies in Code*.[8]

Em *Bodies in Code,* Hansen procura estender o programa ambíguo que ele delimita em *New Philosophy for New Media*, trabalhando então para reconceitualizar a fenomenologia de modo que ela possa sustentar mais adequadamente a importância da corporização na mídia digital. Para isso, ele adota a metáfora da "realidade mista", usando-a para conotar o condicionamento da experiência "por uma dimensão técnica" que é resultante do "cofuncionamento da corporização com a técnica" (*BIC*, 9). Convencionalmente, é claro, realidade mista se refere à mistura de imagens virtuais e outros dados digitais com ambientes da vida real. Como Hansen usa o termo, entretanto, a realidade se torna "mista" quando a entrada de dados de percepção para os seres humanos não vem de seus corpos desamparados funcionando sozinhos no ambiente, mas das suas interações corporizadas com as tecnologias. "Digamos que a realidade mista surge a partir do momento em que as ferramentas pela primeira vez deslocaram e distribuíram as sensações humanas, especialmente o toque e a visão", como ele escreve (*BIC*, 9). Ao mesmo tempo, ele também quer ver a realidade mista como um "momento concreto na história da tecnogênese humana em que a dimensão ontológica ou constituinte da corporização fica incontestavelmente exposta" (*BIC*, 9).

Em sua explicação, então, a coevolução do corpo e da tecnologia ganha uma trajetória teleológica, uma missão por assim dizer: seu propósito é mostrar "a dimensão constituinte e ontológica da corporização". Capacidades e especificidades materiais de objetos técnicos são largamente apagadas como artefatos. É como se a malha retroativa entre objeto técnico e o ator humano corporizado tivesse sido cortada na metade: flui potencialmente do objeto para os sentidos mais profundos do ser humano corporizado, mas seu fluxo de volta para o objeto sofre um curto-circuito, levando a uma avaliação empobrecida das capacidades agenciais do objeto de agir fora da mobilização humana de seus estímulos. Consideremos como contranarrativa um ceramista moldando um bloco de argila sobre um suporte. Quando o trabalho fica bom, ceramista e argila realizam um tipo de dança para a qual ambos contribuem, à medida que a composição química da argila, o volume de água, a arenosidade e muitos outros fatores interagem dinamicamente com a intenção do ceramista. No que Andrew Pickering chama de mutilação da prática, as resistências de objetos técnicos têm papéis cruciais na modificação e no direcionamento dos esforços de pesquisadores. Com uma máquina inteligente, o circuito entre objeto técnico e ser humano é muito mais intenso e variado, já que os poderes agenciais aumentados da máquina são estendidos ao longo de um amplo espectro de possibilidades, tanto dentro quanto fora da percepção humana.

Embora Hansen preste um tributo à ideia da coevolução humano-tecnológica ao empregar o termo "tecnogênese," sua negociação implícita frequentemente tropeça nas formulações retóricas de seu argumento. Por exemplo, detalhando o paradigma da "realidade mista", ele explica enfaticamente que "a ligação do corpo com o domínio das imagens sociais ocorre *dentro da perspectiva operacional* do organismo e portanto abrange um componente de sua agência corporizada primordial" (*BIC*, 13, grifo no original). Embora seja difícil saber exatamente qual é o peso da palavra "primordial", esta insinua que o corpo vem em primeiro lugar e a tecnologia opera apenas no horizonte da "agência corporizada", mais do que como uma força autônoma. Citando outro exemplo, quando discute o potencial que a tecnologia tem de "expandir a interface móvel, tátil e visual do corpo com o ambiente", Hansen argumenta que "as tecnologias digitais dão sustentação a uma descrição fenomenológica da corporização e expõem o elemento técnico que sempre habitou e mediou nossa ligação corporizada com o mundo", o que soa como se a tecnologia e o corpo fossem parceiros nessa empreitada. Logo a seguir, entretanto, ele se refere a isso como a "subordinação da técnica à atuação corporizada", frase que novamente encapsula a tecnologia no horizonte do corpo (*BIC*, 26).

Esse encapsulamento é problemático por vários motivos. Ele ignora o aumento no uso de dispositivos técnicos que não terminam em interfaces humanas, mas são ligados a outros dispositivos técnicos que registram entradas de dados, interpretam resultados e tomam medidas sem a intervenção humana, desde borrifadores contra incêndio acionados automaticamente quando aquecidos a armas automáticas que respondem a ameaças sem serem iniciadas pelo homem. Grande parte das pesquisas atuais com nanotecnologia se baseia em princípios de automontagem em que não é a interface com o observador corporizado que importa, mas a habilidade do material em construir componentes maiores usando a física e a química das partes constituintes.[9] Além disso, como vimos em *New Philosophy for New Media*, a abordagem de Hansen de privilegiar o corpo sobre a tecnologia significa que ele presta atenção insuficiente à construção real da tecnologia e quando detalhes técnicos entram na discussão eles costumeiramente são mencionados apenas à medida que interagem com o corpo.

Essa explicação é ineficaz para explanar como a tecnologia evolui no horizonte de suas próprias limitações e possibilidades. O rádio (inicialmente chamado de "telegrafia sem fio"), por exemplo, converteu a telegrafia com fio, na qual as mensagens eram enviadas para receptores específicos, em transmissão de banda larga com suas próprias consequências distintas. Entre estas estava a necessidade de criptografia resistente, pois, se qualquer um poderia receber os sinais, novos métodos seriam necessários para preservar o sigilo, especialmente em aplicações militares. A partir daí o rádio levou diretamente à expansão e ao refinamento de técnicas de criptografia, culminando com o desenvolvimento da máquina Enigma de criptografia, usada pelo Exército alemão durante a Segunda Guerra Mundial. Já que os seres humanos não podem transmitir, receber ou perceber ondas de rádio diretamente, esse tipo de linhagem tecnológica, como Kittler corretamente demonstra, depende em primeiro lugar de mudanças na tecnologia de mídia e apenas em segundo lugar das capacidades corporizadas.

Como se assumisse uma posição de espelho diante da teoria da mídia de Kittler, que não consegue explicar por que a mídia sofre mudanças sem se referir à guerra, Hansen não consegue explicar por que a mídia se desenvolve exceto ao se referir às capacidades corporizadas. Consideremos as implicações dessa passagem: "As tecnologias já são sempre corporizadas... elas são, a seu próprio modo, 'essencialmente' corporizadas, se com isso quisermos dizer que elas medeiam e – que elas expressam – a divisão primordial, a lacuna, dentro da essência do sensível" (*BIC,* 59). Isto é, a habilidade que os seres humanos têm para desenvolver e apropriar tecnologias nasce, na explicação de Hansen, da "divisão primordial, a lacuna", o que implica que a tecnologia já é sempre suplementar e implicada pela corporização.[10] Para ele, isso é o que significa dizer que a tecnologia é corporizada. Porém, pode-se apresentar uma definição muito mais próxima ao senso comum: as tecnologias são corporizadas porque têm suas próprias especificidades materiais como elementos centrais para entender como funcionam, assim como a fisiologia humana, a psicologia e a cognição são centrais para entender como o corpo (humano) funciona.

Finalmente, o encapsulamento da tecnologia é limitante porque torna uma abordagem verdadeiramente coevolucionária difícil, se não impossível. Ao colocar o corpo como que estabelecendo o horizonte de possibilidades dentro das quais o desenvolvimento tecnológico procede, Hansen relega a tecnologia a um papel secundário e circunscreve seu potencial criativo ao que "o corpo" já pode fazer. Conforme Hansen admite, "o corpo" não é um histórico absoluto, principalmente quando visto em escalas de tempo evolucionário. A evolução do *Homo sapiens* desenvolveu-se com as tecnologias; de fato, não é exagero dizer que o homem moderno literalmente não teria chegado a existir sem a tecnologia. Mudanças físicas na biologia humana, como o polegar oposto e a postura ereta, que envolveram alterações complexas e coordenadas da musculatura, estrutura do esqueleto e funcionamento cognitivo, são atribuídas por antropólogos aos efeitos catalisadores do desenvolvimento, uso e transporte de ferramentas. Devido a esse contexto evolucionário, não faz muito sentido dizer que essas capacidades estavam "potencialmente" nos primeiros humanoides e que as ferramentas simplesmente trouxeram à tona o que já estava lá. Se as primeiras ferramentas tivessem se desenvolvido ao longo de diferentes linhagens tecnológicas, a evolução dos primeiros hominídeos também poderia ter-se desenvolvido ao longo de linhas biológicas bastante diferentes. Dada a importância das tecnologias para a evolução humana, poderíamos (perversamente) virar o argumento de Hansen do avesso e dizer que a corporização humana está encapsulada no horizonte estabelecido pela evolução e pelo desenvolvimento tecnológicos, o que elevaria a teoria da mídia de Kittler a proporções grandiosas ao incluir todas as tecnologias como determinantes da corporização humana, desde o machado de pedra até o computador. Ao invés de subordinar o corpo à tecnologia, ou a tecnologia ao corpo, entretanto, certamente o melhor caminho é se concentrar em suas interações e dinâmica coevolucionária.

Centrais a essas dinâmicas, especialmente no contexto da teoria da mídia e da literatura eletrônica, estão a plasticidade neural e a habilidade linguística. A evolução da linguagem foi associada ao uso de ferramentas por Stanley H. Ambrose, antropólogo da Universidade de Illinois. Ambrose propôs uma conexão entre a evolução da linguagem no período Paleolítico e a prática de fazer ferramentas compostas (ferramentas com mais de uma parte que têm de ser montadas em ordem sequencial, como um machado de pedra com cabo, corda e uma pedra).[11] Durante 2,5 a 3 milhões de anos, os primeiros humanos usaram ferramentas simples sem muitas mudanças na estrutura do cérebro. Então, há cerca de trezentos mil anos, as ferramentas compostas foram inventadas e tudo começou a mudar (em relação às escalas de tempo do Paleolítico). Evidências indicam que as ferramentas compostas foram contemporâneas da aceleração do desenvolvimento da área de Broca no córtex frontal, uma parte do cérebro que está envolvida no uso da linguagem. Ambrose especula que o ordenamento sequencial e hierárquico necessário para fazer ferramentas compostas evoluiu com a linguagem porque a linguagem, assim como as ferramentas compostas, exige o ordenamento sequencial de unidades reproduzíveis e discretas. Nesse cenário, o traço frequentemente identificado como a essência do humano – nossa habilidade de usar linguagens complexas – foi delimitado no despertar do *Homo sapiens* com a emergência de uma tecnologia relativamente sofisticada (isto é, ferramentas compostas *versus* ferramentas simples), dando início a uma espiral coevolucionária na qual linguagem e ferramentas compostas se desenvolveram juntamente para dar início a uma nova fase no desenvolvimento cognitivo humano.

Considerando essa conexão entre biologia humana e uso de ferramentas, o que podemos dizer sobre como a mídia contemporânea pode estar afetando o funcionamento do cérebro? Sabe-se que a plasticidade do cérebro é um traço biológico inerente; os seres humanos nascem com o sistema nervoso pronto para ser reconfigurado em resposta ao ambiente. Enquanto o número de neurônios no cérebro permanece mais ou menos constante ao longo da vida, o número de sinapses – as conexões que os neurônios formam para se comunicar com outros neurônios – é maior no nascimento. O recém-nascido passa por um processo de poda chamado "sinaptogênese", no qual as conexões neurais utilizadas se fortalecem e crescem, ao passo que as não utilizadas enfraquecem e desaparecem.[12] A vantagem evolucionária desse processo de poda é clara, pois ele confere flexibilidade extraordinária, dando ao ser humano o poder de adaptar-se a ambientes muito diferentes. Embora a sinaptogênese seja maior na infância, a plasticidade continua ao longo da infância e da adolescência, continuando até certo ponto na idade adulta. Nas sociedades contemporâneas desenvolvidas, essa plasticidade implica que as conexões sinápticas do cérebro estão coevoluindo com ambientes nos quais o consumo de mídia é fator dominante. (De acordo com uma pesquisa encomendada pela Fundação Família Kaiser, os jovens americanos passam em média 6,5 horas por dia envolvidos com mídia.)[13] Crianças que crescem em ambientes ricos em mídia têm, literalmente, cérebros programados de modo diferente das pessoas que não atingiram a maturidade em tais condições.[14]

A plasticidade neural é frequentemente citada em contextos evolucionários em conexão com o assim chamado Efeito de Baldwin, proposto por James Mark Baldwin, em 1896, como uma modificação da teoria da evolução de Darwin.¹⁵ Baldwin diz que a seleção natural, conforme articulada por Darwin, está estruturada principalmente em termos negativos; indivíduos que não vivem a ponto de se reproduzir têm seus traços eliminados da população (retrospectivamente, depois que a síntese moderna combinou a seleção natural com a genética de Mendel no início do século XX, isso seria compreendido como ter seus genes eliminados do *pool* genético). A seleção natural, porém, não explica adequadamente as pressões seletivas positivas que a aprendizagem pode exercer nos indivíduos, nem explica satisfatoriamente as mudanças no ambiente que a aprendizagem pode ocasionar. Para explicar isso, Baldwin argumenta com o que ele chama de "seleção orgânica". Do mesmo modo que o cérebro produz conexões neurais em excesso que são então cortadas em relação às entradas de dados do ambiente, Baldwin pensou que a "seleção orgânica" se daria por uma superprodução de comportamentos exploratórios, que são então cortados pela experiência em favor daqueles mais úteis para a sobrevivência do organismo. Isso resulta em uma colaboração entre seleção filogenética (isto é, a seleção que ocorre pela transmissão genética) e os mecanismos ontogênicos de adaptação (que ocorrem nos indivíduos pela aprendizagem).

Segundo essa visão, a evolução não é unicamente física, mas psicofísica; não é apenas a transmissão genética que determina os resultados, mas a condição física do indivíduo inteiro, o que inclui os benefícios conferidos pelo aprendizado. Por sua vez, o aprendizado e a plasticidade cerebral trabalham juntos em sinergia para acelerar a evolução e dar-lhe certa direcionalidade ao catalisar ambientes em que a aprendizagem e a plasticidade cerebral se tornem ainda mais vantajosas. Desse modo, o que começa como uma adaptação ontogênica pela aprendizagem se retroalimenta em pressões seletivas para afetar a biologia física. Em *The Symbolic Species: The Co-Evolution of Language and the Brain*, Terrence Deacon recorre ao Efeito de Baldwin para argumentar que tais ciclos de retroalimentação psicofísicos resultaram na coevolução da plasticidade cerebral humana e na emergência das capacidades linguísticas, cada uma catalisando e ajudando a acelerar a outra.¹⁶

Consideremos agora o papel da tecnologia nessa dinâmica complexa. O cenário de Ambrose associando ferramentas compostas com a emergência da linguagem ilustra como a tecnologia entra no ciclo de retroalimentação psicofísico mudando as formas como a aprendizagem ocorre e os tipos de aprendizagem que são mais adaptáveis. Nos ambientes contemporâneos cada vez mais dominados pelas tecnologias de mídia, a corporização está em intercâmbio ativo com os modos como as mídias estão moldando os humanos em termos psicofísicos mediante a combinação de plasticidade neural e adaptação ontogênica. O computador, nossa nova ferramenta composta, usa o ordenamento hierárquico de unidades reproduzíveis distintas (uns e zeros) para criar novos tipos de experiências temporais e espaciais. Se a diferenciação de dados no início do século XX rompeu com o antigo monopólio da escrita, no início do século XXI rompe com o monopólio da visão associada à leitura. O texto interativo, de certo modo remanescente da arte digital discutida por Hansen, estimula funções sensoriomotoras não mobilizadas na leitura impressa convencional, incluindo os movimentos finos envolvidos para controlar o mouse, o teclado e/ou o joystick, reação tátil de mãos e dedos e a complexa coordenação visomotora em ambientes dinâmicos em tempo real.[17] Além disso, essa estimulação multissensorial acontece simultaneamente à leitura, em uma configuração que era desconhecida na Era da Imprensa. Estudos de imagens do cérebro demonstram que o uso diário de ferramentas provoca malhas de retroalimentação complexas entre sistemas cognitivos e sensomotores.[18] Para as pessoas que interagem habitualmente com computadores, especialmente os jovens, tais experiências podem afetar potencialmente a estrutura neurológica do cérebro. Embora uma análise ampla de como a mídia está catalisando adaptações ontogênicas contemporâneas esteja além do meu alcance aqui, vou delinear algumas possibilidades.

Steven Johnson, em *Everything Bad Is Good For You: How Popular Culture is Actually Making us Smarter*, cita os estudos de James R. Flynn indicando que os QIs aumentaram significativamente entre 1932 e 1978, o chamado Efeito de Flynn que Johnson relaciona com o aumento no consumo de mídia.[19] Evidências oriundas de relatos informais, assim como estudos com imagens do cérebro, indicam que a "Geração M" (como a Fundação Família Kaiser denominou o grupo entre oito e dezoito anos) está passando por uma mudança cognitiva significativa, caracterizada por um desejo por estímulos que variam constantemente, baixa tolerância ao tédio, habilidade de processar múltiplos fluxos de informação simultaneamente e uma rápida compreensão intuitiva de procedimentos algorítmicos subjacentes que geram complexidade de superfície. Esse modo cognitivo, que em outro momento chamei "hiperatenção", é distintamente diferente daquele tradicionalmente associado à área das humanidades, que em contraste pode ser chamado "atenção profunda".[20] A atenção profunda se caracteriza por uma disposição para passar longas horas com um único artefato (por exemplo, um romance vitoriano de setecentas páginas), concentração intensa que tende a isolar estímulos externos, uma preferência por um único fluxo de dados ao invés de por múltiplas entradas de dados, e a subvocalização que tipicamente ativa e inspira a leitura de literatura em meio impresso.

As culturas contemporâneas dos países desenvolvidos estão atualmente em um período de transição ativa em que o modo cognitivo de atenção profunda ainda está sendo fomentado pela educação formal, principalmente pelos cursos das áreas das humanidades, e por pais que querem que seus filhos leiam livros ao invés de navegar na World Wide Web e jogar videogames. Todavia, há uma nítida mudança de gerações na qual a preferência pela hiperatenção predomina quanto mais jovem for a faixa etária do membros do grupo, pelo menos a partir das idades de quatro ou cinco anos, que é tipicamente o estágio de desenvolvimento em que o sistema neural se desenvolveu o suficiente para lidar com múltiplos fluxos de entrada de dados.[21] Os efeitos da hiperatenção já estão se refletindo em obras literárias, por exemplo, em *Translation* e *Imposition*, de John Cayley, discutidos no capítulo 5, em que o texto é acompanhado de glifos que indicam visualmente o funcionamento do algoritmo.[22] Com múltiplos fluxos de dados, estímulos em constante mudança e a evocação de um entendimento intuitivo de operação algorítmica, essas obras apelam para a atenção profunda e, ao mesmo tempo, para a hiperatenção, como parte do processo que está transformando o significado da leitura.

As demografias irregulares da atenção profunda e da hiperatenção criaram um ambiente no qual várias mídias competem e cooperam não apenas em termos de design, estilo e conteúdo temático, mas também em termos de preferências e de estilos de envolvimento do leitor. Estão em questão tópicos fundamentais para nosso entendimento do que é "literatura": o que significa escrever, ler, interpretar, entender, sentir os efeitos da literatura no corpo e corporizar a literatura em uma mídia específica. A subjetividade interiorizada associada ao meio impresso não desapareceu (apesar da alegação contrária de Kittler), mas está sendo hibridizada por uma dinâmica complexa na qual uma voz humana subvocalizada, o modo característico pelo o qual meio impresso cria e realiza seu modo distinto de subjetividade, não é mais o objetivo primeiro das telas dos monitores.[23] (De fato, em dado momento Robert Coover desvalorizou a textualidade eletrônica justamente por ela não ter a "voz" autoral dos textos impressos.)[24] Assim como a mídia muda, também mudam os corpos e cérebros; novas condições de mídia fomentam novos tipos de adaptações ontogênicas e com elas novas possibilidades de envolvimentos literários. Esse é o contexto no qual devemos avaliar e analisar as possibilidades abertas pela literatura eletrônica. Insistir em uma "voz" subvocalizada internalizada como o padrão para a qualidade literária só pode levar à conclusão predeterminada de que a literatura eletrônica é inferior à literatura impressa, pois o critério já dita o resultado. Em contraste, observar as modalidades multissensoriais pelas quais a literatura eletrônica opera não apenas ilumina a sua dinâmica, mas também esclarece como os romances impressos da atualidade que operam em novas condições de mídia também estão passando por transformações à medida que também participam das malhas de retroalimentação recursivas que conectam corpos e máquinas, linguagem natural e código, inteligência humana e artificial.

Assim, Kittler está certo ao insistir sobre os efeitos catalisadores da mídia sobre o corpo, a subjetividade e as estruturas do conhecimento associadas a eles; Hansen está certo ao insistir na importância da corporização e nos modos como os processos corporizados permitem que o significado surja. Um questionamento crítico da posição de Kittler revela que a mídia e as formações culturais interagem. Estão em atuação nessa dinâmica os efeitos específicos da microssocialidade global, o apego às telas, a temporalidade espacial, os objetos emergentes "que não são idênticos a si mesmos" e as pressões que a mídia exerce sobre os corpos, expressa por metáforas de guerra e penetrações do corpo. Uma análise da posição de Hansen demonstrou como a incorporação da tecnologia e a corporização em malhas de retroalimentação psicofísicas produz uma descrição mais rica e plena do potencial da tecnologia em acelerar e dirigir a evolução mediante o Efeito de Baldwin, ilustrada no período contemporâneo pela mudança para a hiperatenção. Os processos progressivos de interpretação que dão sentido à informação não estão confinados unicamente a interlocutores humanos, como Hansen afirma, mas ocorrem em máquinas inteligentes também. É exatamente quando esses processos de múltiplas camadas e múltiplos locais dentro de seres humanos e máquinas interagem por meio de dinâmicas de intermediação que os ricos efeitos da literatura eletrônica são criados, executados e experimentados. Voltemos nossa atenção agora a duas obras de literatura eletrônica, *Lexia to Perplexia*,[25] de Talan Memmott, e *Nippon*,[26] do grupo Young-Hae Chang Heavy Industries (YHCHI), ao explorarmos como as dinâmicas complexas entre corpo e máquina se entrelaçam para codeterminar a nossa situação.

O CORPO E A MÁQUINA NA LITERATURA ELETRÔNICA

O apego às telas, retratado iconograficamente por funis duplos frente a frente, é proeminentemente exibido em *Lexia to Perplexia*, de Talan Memmott, o que sugere que sujeitos que olham para as telas estão de alguma maneira se fundindo com elas, de modo que a subjetividade é distribuída de maneira ambígua nos limites da tela. Outros designs iconográficos como olhos olhando para fora, sugerem que a tecnologia não é um fornecedor neutro de intenções e desejos humanos mas também tem sua própria "mente", sujeito e objeto de apego visual. O "nervosismo" notório dessa obra, em que um pequeno toque do cursor pode causar eventos que o usuário não pretendia e os quais não pode controlar completamente, transmite, por sua funcionalidade opaca, intuições sobre subjetividades dispersas e telas com poderes de agência semelhantes àqueles que vimos com os corretores de valores internacionais. Neologismos como "comunificação" evidenciam a fusão de capital global com as tecnologias da informação, enquanto as vozes narrativas que foram afuniladas pelo aparato parecem falar de uma longa distância, como se superadas por sua própria virtualidade. Essas técnicas convidam o usuário a pensar de modo crítico sobre os efeitos mostrados na obra, um convite percebido mais dramaticamente nas reflexões que se voltam sobre si mesmas para se tornarem malhas recursivas.

Esse efeito de duplicação é realizado em parte pelo jogo sofisticado entre Eco e Narciso que domina a primeira seção da obra e aparece intermitentemente em toda ela. Ícones de olhos e as letras E. C. H. O. se espalham sobre a tela, sugerindo, por meio de seus significados complexos, que essas hipercaracterísticas são desdobradas em contextos reflexivos que exigem atenção profunda. Consideremos o seguinte trecho da tela inicial:

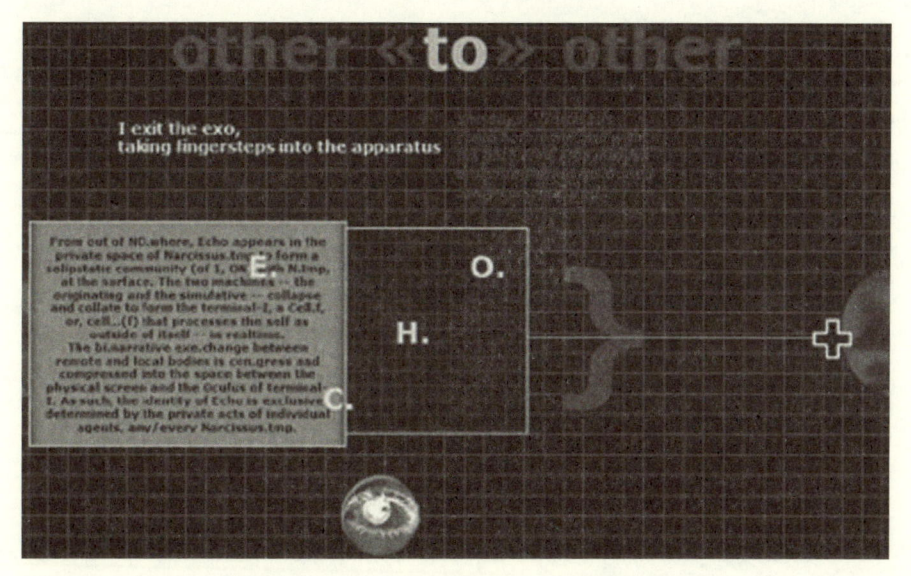

Figura 6. Captura de tela, *Lexia to Perplexia*

A inconstância do local é transparente para o Eu-terminal já que seu foco está na tela, mais do que na origem da imagem. É o objeto ilusório na tela que é de interesse para o agente humano do processo – a natureza ideo satisfractile da FACE, um rosto invertido como o lado de dentro de uma máscara, com o lado de dentro virado para a tela esse mesmo <HEAD>[FACE]<BODY>, <BODY> FACE</BODY> é apresentado agora como o su\posto outro.
Ciborganização e Seu(s) Des/Contente(s)
Sign.mud.Fraud

Na versão do mito escrita por Ovídio, Narciso, olhando a poça d'água que reflete seu rosto, apaixona-se por sua imagem e se deixa consumir por um suposto outro que é na verdade ele mesmo; Eco, apaixonada por Narciso, desaparece lentamente em uma voz condenada a repetir o que os outros dizem. Na reescrita do mito feita por Memmott no contexto das tecnologias de informação, o "Eu-terminal", um neologismo que significa a fusão de homem e máquina, olha para a tela e deseja interagir com a imagem, preso como Narciso em uma malha reflexiva que circula nos limites da tela entre eu/outro. Relembrando os corretores de valores internacionais que pensam que podem intuir a "mente" do mercado que ajudam a criar, a origem fica ambiguamente localizada no usuário cuja imagem a tela reflete e em uma subjetividade emergente nas profundezas da própria máquina. Essa subjetividade emergente toma a forma antropomórfica da FACE, cuja natureza, como sugere o neologismo "ideo satisfractile", entrelaça ideologia, satisfação narcisista e autossemelhança fractal. Além disso, a FACE é mostrada como se estivesse invertida "como o lado de dentro de uma máscara", sugerindo que a realidade da situação é simultaneamente revelada e mascarada do "Eu-terminal" olhando para a tela. O processo de revelação é irredutivelmente complexo, pois o formato da FACE não pode ser discernido apenas pela reconstrução reflexiva, a partir do interior da máscara, da aparência da presumida face, em um procedimento indireto análogo ao espectador que deve inferir sua identidade a partir de seu reflexo na tela.

O ciclo retroativo sugerido aqui entre o Eu e o outro, corpo e máquina, serve como metáfora para a construção conjunta de corporização e tecnologias de mídia. Além disso, a obra também envolve o usuário nessa malha, por exemplo por meios da ambiguidade dos olhos mostrados na tela, que pode ser vistos ou como olhos olhando para o usuário ou como os olhos do usuário refletidos na superfície da tela. No ciclo interminável criado por essas possibilidades, o usuário acaba sendo incluído nos processos de interpretação recursivos e progressivos, imediatamente refletidos na obra e refletindo-se nela, que dão significado à informação.

Emaranhados semelhantes são feitos pelo texto verbal. A passagem citada anteriormente continua com código "quebrado", isto é, código que é uma creolização de inglês com código de computador, suscitando conotações da língua natural mas sem ser realmente executável. A sintaxe da linguagem de marcação html não está correta, pois a expressão <HEAD>[FACE]<BODY> não tem o fechamento </HEAD> que sinalizaria o fim da cabeça antes do início do corpo; a expressão também não tem a etiqueta de fechamento para o corpo. Ao invés disso, é a FACE que está inserida, sugerindo uma oscilação cartesiana em que o rosto fica ambiguamente localizado ou com a cabeça ou com o corpo. A expressão seguinte, <BODY>FACE </BODY>, continua o jogo indicando que a FACE faz parte do corpo. A frase de fechamento, "apresentado agora como o su\posto outro", novamente indica ambiguidade no local da individualidade, indeterminadamente disperso entre um outro "posto" e seu "suposto" gêmeo virtual. A assinatura 'Sign.mud.Fraud', evoca simultaneamente a famosa análise freudiana do narcisismo e a desmerece, sugerindo que a psicologia freudiana deve ser repensada no contexto semiótico da mídia em rede e programável. Em particular, o jogo entre linguagem humana e código aponta para o papel da máquina inteligente nas construções contemporâneas da subjetividade, acenando para o que Scott Bukatman chama de "identidade terminal",[27] ou, no léxico de Memmott, o "Eu-terminal".

Enquanto *Lexia to Perplexia* pode ser jogado como se fosse um jogo de computador idiossincrático que o usuário "vence" ao chegar à tela final, o que importa não é passar rapidamente pelas telas (o que não é tarefa fácil!). Unindo as características de hiperatenção de múltiplos fluxos de informação e transformações rápidas (imagens, palavras, gráficos, mudanças de formato da tela extremamente rápidas, efeito mouseover etc.), a obra reflete sobre sua própria estética de hiperatenção na última seção, em que o prefixo "hiper" se replica de todas as formas possíveis. Ao mesmo tempo, a obra obviamente exige habilidades de atenção profunda para compreender as interações complexas entre jogo verbal, design de tela em camadas, navegação trêmula e código em JavaScript. Em minha experiência de ensino com essa obra, descobri que uma estratégia eficaz é formar duplas de alunos entre os que são jogadores experientes e críticos textuais, como graduados em Letras que já tenham lido um volume considerável de teoria crítica. Em discussões que surgem entre os membros da dupla, os parceiros tipicamente expressam aversão por algumas das estratégias da obra e admiração por outras. O momento de esclarecimento ocorre quando eles descobrem que suas avaliações críticas são imagens espelhadas uma da outra, o que leva a novas discussões sobre como diferentes tradições interpretativas e experiências midiáticas precondicionam a recepção à obra. Em termos da complexa dinâmica entre corpo e máquina, poderíamos dizer que o jogador e o crítico textual tiveram suas plasticidades neurais moldadas de maneiras diferentes, mas sobrepostas. Obras como *Lexia to Perplexia* podem servir como campos de teste para se empreender e explorar essas diferenças e semelhanças.

Enquanto *Lexia to Perplexia* se preocupa basicamente com o efeito transformador das tecnologias de informação na subjetividade contemporânea, o grupo Young-Hae Chang Industries se empenha na microssocialidade global e na espacialização da temporalidade características de contextos carregados de informações intensas, como a negociação internacional de valores discutida anteriormente. O trabalho é uma colaboração, com base em Seul, entre Marc Voge, artista francês, e Young-Hae Chang, artista da Coreia. Programadas em Flash, suas obras usam animação com controle de tempo para exibir blocos sequenciais de texto, com o movimento de uma tela texto para a seguinte sendo sincronizado com uma trilha sonora, geralmente *jazz*. Com cenários que incluem Japão, Coreia e continente africano, as narrativas mostram um tempero internacional, sendo frequentemente abrilhantadas por linguagem atual e por um sabor de filme *noir*. Com uma paleta de cores restrita e poucas animações, a ênfase da obra recai sobre som e texto – mas texto com um diferencial.

Os blocos de texto piscando em sequência convertem a experiência de leitura de um movimento ocular que avança página abaixo para fazer varreduras horizontais da esquerda para a direita (no texto em inglês) para um olhar na mesma área da tela onde o texto é constantemente substituído. A impressão não é de que os olhos se movem, mas que o texto se move enquanto os olhos permanecem (mais ou menos) fixos. Assim, a agência é distribuída de modo diferente do que com a página impressa na qual o leitor controla o ritmo da leitura e o ritmo com que as páginas são viradas. Programada como uma animação em Flash inacessível à intervenção do usuário (a única escolha do usuário é deixar executar ou parar e começar de novo do início), a obra avança em velocidades que raramente coincidem com um ritmo confortável de leitura, ou se arrastando por mais tempo do que a letra pede, ou piscando tão depressa que é preciso se esforçar para pegar todas as palavras. O efeito é a introdução de uma temporalidade que rompe a espacialidade da página (presumivelmente), convertendo-a em uma forma híbrida na qual espacialidade e temporalidade competem por domínio no lugar da leitura.

Como Jessica Pressman observa, a ideia de texto que se move enquanto os olhos do leitor permanecem fixos foi concebida por Bill Brown na década de 1920. Brown concebeu uma máquina que chamou de "Readie", projetada para mostrar texto como ele aparece em composições da YHCHI.[28] Aproveitando a deixa do cinema como uma mídia baseada no tempo, Brown imaginou que a leitura poderia ser acelerada, por assim dizer, sendo mostrada como um fluxo linear de palavras cintilando, como quando uma rodovia se revela à noite pelo para-brisa enquanto o motorista dirige rapidamente. A metáfora do texto como uma estrada que se abre foi literalizada pelo grupo de Pesquisa sobre Documentos Experimentais (RED) na Xerox PARC (sem ter conhecimento sobre os Readies de Brown). Sua máquina de leitura, a "Speeder Reader" exibida em 2001 na SIGGRAPH e em outros locais com o título "Experimentos com o Futuro da Leitura", era um dispositivo que lançava texto enquanto o usuário controlava a velocidade com um pedal.[29] Logo, as noções de velocidade, mobilidade e modernidade têm sido consistentemente associadas à exibição linear de texto por quase um século, uma conjunção que leva Jessica Pressman a categorizar as produções da YHCHI como "modernismo digital". Em suas obras, certamente, a velocidade é controlada por um algoritmo de computador; isso significa que a estética se desvia da versão mecânica à medida que envolve o rápido processamento de um código por uma máquina inteligente, a interação da linguagem com a execução do código e o alcance global da mídia em rede e programável quando a peça é acessada e executada utilizando-se dados armazenados no site do Young--Hae Chang Heavy Industries. Todos esses fatores contribuem para uma interrogação sobre a microssocialidade e temporalidade globais como um lugar para ser habitado.

Em *Nippon*, a microssocialidade é enfatizada por um chamado pessoal que aparece em uma tela, espremido entre ideogramas japoneses acima e palavras em inglês abaixo. As duas línguas não são traduções literais uma da outra, mas em vez disso usam discurso coloquial repleto de expressões idiomáticas, como se os narradores se sentissem à vontade com ambas as linguagens. Empregando tropos de filme *noir*, a obra os coloca na tradição cultural japonesa dos bares onde homens se reúnem após o expediente de trabalho para serem entretidos por jovens mulheres que seguramente não são suas esposas. Com diegese estabelecida no tempo local, ainda assim a obra se move em direção à espacialização da temporalidade através da tela que coordena o espaço textual com a temporalidade de uma trilha sonora. Avançando no tempo com a música, o texto é animado de maneiras sutis e óbvias – obviamente quando uma tela de texto dá lugar à seguinte, sutilmente em efeitos baseados no tempo, como o texto balançando levemente com uma batida de percussão, sacudindo com um fraseado musical enfático e aparecendo em fontes maiores com pontuação enfática em coordenação com o aumento de volume ou ritmo. A subvocalização que ativa a conexão entre som e grafia na leitura literária é aqui complicada pelo

> 仕事に行く
> には早すぎる。
> EXCHANGED?

Figura 7. Captura de tela, *Nippon*

movimento do texto e sua interpenetração pelo som, transformando-se em uma produção mais complexa e multimodal na qual resposta corporizada, ritmo de máquina e semiótica transnacional, com a espacialização da temporalidade associada, contribuem para construir a relação entre texto, corpo e máquina.

A temporalização da espacialidade textual é reforçada por alusões a outras mídias baseadas no tempo, principalmente os filmes. A narrativa autoconsciente começa como se o narrador, agindo como um diretor de filme, desse instruções a uma jovem mulher servindo homens casados. No que é aparentemente um lado de um diálogo, uma voz persuade a jovem a usar seu cigarro como um instrumento de sedução, a instrui para fazer os movimentos adequados e argumenta com ela sobre espreguiçar-se ou não para mostrar seu longo pescoço (melhor não fazê-lo, o narrador admite, porque isso revelaria a linha onde sua maquiagem termina). Então a narrativa se move para um discurso livre indireto, refletindo os pensamentos dessa jovem mulher sobre a sua superioridade em relação à esposa dos homens. Em graus indiscerníveis, a focalização migra para discurso livre indireto, narrando os pensamentos de um dos homens da festa enquanto ele especula, entre outros assuntos, sobre quanto custaria fazer que uma das jovens dormisse com ele. A política de gênero flutuante, o tom de desilusão com a vida, a mudança de foco narrativo, o tom satírico da situação e a dificuldade de absorver o texto enquanto ele aparece e desaparece rapidamente contribuem para a complexidade da obra.

Embora a obra apele para a hiperatenção em razão de sua velocidade e contexto, a atenção profunda é totalmente necessária para compreender as estratégias narrativas da obra e o intercâmbio sinergético de texto, música, cor, movimento e animação, isso sem mencionar como as semelhanças e as diferenças entre os *scripts* alfabéticos e ideogramáticos que se movem em andamentos diferentes se relacionam entre si, assim como as nuances, conotações e implicações das duas linguagens diferentes. Se o espaço do texto foi temporalizado, ele também foi reforçado como um sistema semiótico que exige atenção profunda. A tensão resultante exige que a intenção do usuário de compreender a obra o force necessariamente a jogar muitas vezes, sendo incapaz de escapar da hiperatenção parando o texto em movimento ou da atenção profunda caindo no jogo interativo.

No contexto amplo em que *Lexia to Perplexia* e *Nippon* se situam, corpo e máquina interagem de maneiras fluidas e dinâmicas que são codeterminantes. A literatura eletrônica pode ser vista como participando dessas dinâmicas e também explorando suas implicações para a subjetividade contemporânea e as formações culturais. Se a agência está distribuída entre condições estabelecidas pela mídia e reações corporizadas de seres humanos que interagem com a mídia, isso não significa que o *empowerment* da agência esteja ausente. Na verdade, nessa estrutura, os pontos de intervenção se expandem para incluir aqueles que confeccionam o hardware e constroem o software, os que usam o software para criar obras de literatura eletrônica e os que interagem com a literatura eletrônica como usuários/jogadores. As tecnologias de mídia não chegam à existência sozinhas mais do que os corpos o fazem. Ambos são resultado de malhas de retroalimentação complexas entre nossas heranças evolucionárias, a plasticidade cerebral que reconfigura corpos e ajuda a descobrir tecnologias inovadoras e as possibilidades tecnológicas da mídia à medida que elas mudam e se desenvolvem. Concentrar-se apenas no corpo ou na mídia como determinantes do horizonte paras essas ricas interações é ver apenas uma parte do quadro. Pessoas e máquinas são corporizadas e as especificidades de suas corporizações podem ser mais bem compreendidas nas dinâmicas recursivas pelas quais se desenvolvem conjuntamente.

Voltemos agora aos comentários perspicazes de David Wellbery para recontextualizá-los e chegar a uma conclusão diferente da que ele articula. Décadas de obras brilhantes de pensadores pós-estruturalistas como Derrida, Lacan e Foucault nos ensinaram que o Logos não pode ser fundamentado em uma origem absoluta, que as incertezas nos discursos produzem fundações insustentáveis e *différance* inevitável e que os regimes discursivos definem o "assim chamado Homem" e não o contrário. Por pelo menos três décadas, essas reflexões conhecidas tiveram o efeito de iniciar questionamentos e catalisar críticas em uma variedade de disciplinas. A partir delas, Kittler chegou à sua teoria da mídia, mas pagou o preço: substituiu as fundações por horizontes de mídia além dos quais os questionamentos não podem passar. Trabalhando a partir de uma tradição diferente, mas igualmente rica, que passa por Bergson, Deleuze e Merleau-Ponty, Hansen chegou à sua teoria da corporização, mas também a um custo: ele substituiu o tecnodeterminismo de Kittler por um horizonte de corporização definido primordialmente pela afetividade que deve acima de tudo triunfar sobre a percepção e principalmente a visão. Logo, a retórica de imperativos empregada por Kittler ("não deve pensar", "impede o salto" etc.) encontra seu reflexo inverso na retórica do encapsulamento de Hansen ("subordinação da técnica", "de dentro da perspectiva operacional do organismo" e similares). Em contraste, o modelo aqui proposto entrelaça corpo e máquina em uma recursividade em aberto. Esse paradigma mobiliza o efeito que a recursividade sempre tem de abalar fundações ao mesmo tempo que catalisa informações à medida que cada parceiro da malha inicia e reage às mudanças do outro. Nesse modelo, nem a inovação tecnológica nem a plasticidade corporizada estão encerradas. O futuro, tão imprevisível como sempre, continua aberto.

NOTAS

1 Friedrich A. Kittler, "Gramophone, Film, Typewriter", in *Literature, Media, Information Systems*, ed. John Johnston (Amsterdam: Overseas Publishers, 1995), 35.
2 Friedrich A. Kittler, *Discourse Networks 1800/1900*, trans. Michael Metteer, com Chris Cullens (Stanford: Stanford University Press, 1990); *Gramophone, Film, Typewriter*, trans. GeoffreyWinthrop-Young and Michael Wutz (Stanford: Stanford University Press, 1999).
3 Geoffrey Winthrop-Young, "Drill and Distraction in the Yellow Submarine: on the dominance of war in friedrich kittler's media theory", *Critical Inquiry* 28.4 (2002): 825-55.
4 Karin Knorr Cetina e Urs Bruegger, "Inhabiting Technology: the global lifeform of financial markets", *Current Sociology* 50.3 (May 2002): 389-405; Karin Knorr Cetina e Urs Bruegger, "Global Microstructures: the virtual societies of financial markets", *American Journal of Sociology* 107.4 (January 2002): 905-50; Karin Knorr Cetina e Urs Bruegger, "The Market as an Object of Attachment: exploring postsocial relations in financial markets", *Canadian Journal of Sociology* 25.2 (2000): 141-68.
5 Gordon L. Clark, Nigel Thrift e Adam Tickell, "Performing Finance: the industry, the media, and its image", *Review of International Political Economy* 11.23 (May 2004): 289-310.
6 Mark B. N. Hansen, *New Philosophy for New Media* (Cambridge: MIT Press, 2004).
7 Ver, ex., Gerald M. Edelman, *Bright Air, Brilliant Fire: on the matter of the mind* (New York: Basic Books, 2001).
8 Mark B. N. Hansen, *Bodies in Code: interfaces with digital media* (New York: Routledge, 2006).
9 Para uma discussão desse aspecto da nanotecnologia, ver N. Katherine Hayles, *Nanoculture: implications of the new technoscience* (Bristol: Intellect Books, 2002).
10 No contexto de um artigo de Francisco Varela que Hansen cita como fonte para sua ideia de "fissura" ou "intervalo", a fissura é apresentada como uma mudança de estado mental sem a qual novos estados podem se desenvolver, como Valera afirma citando J. Brough, "'rasgando o ego aos pedaços'". "The Specious Present: a neurophenomenology of time consciousness", in *Naturalizing Phenomenology: issues in contemporary phenomenology and cognitive science*, ed. Jean Petitot, Francisco. J. Varela, Bernard Pachoud e Jean-Michel Roy (Stanford: Stanford University Press, 1999), 216-314; também disponível em http://www.franzreichle.ch/images/Francisco_Varela/Human_Consciousness_Article02.htm. A cadeia de raciocínio à qual Hansen conecta essa observação sem par primeiro a "tecnicidade" (usando o sentido de tecnicidade de Bernard Steigler no que se refere a ser registrado sem a nossa experiência) já é bem intricada; ainda mais frágil é a extensão dessa passagem da tecnicidade para as tecnologias, que Hansen quer inserir na "fissura", uma implicação que não está no argumento de Valera e que a meu ver necessitaria de evidência empírica para ser plausível.
11 Stanley H. Ambrose, "Paleolithic Technology and Human Evolution", *Science* 291.5509 (March 2, 2001): 1748-53.
12 Para um resumo de sinaptogênese, ver, ex., S. G. Hormuzdi, M. A. Filippov, G. Mitropoulou, H. Monyer e R. Bruzzone, "Electrical Synapses: a dynamic signaling system that shapes the activity of neuronal networks", *Biochemical Biophysics Acta* 1662.1-2 (March 23, 2004): 113-37.
13 Kaiser Family Foundation, *Generation M: media in the lives of 8 – 18 year olds*, http://www/kf.org/entmedia/7251.cfm.

14 Para um resumo dessa pesquisa, ver Wendy Cole, Sonja Steptoe e Sarah Sturmon, "The Multitasking Generation", *Time* 167.13 (March 27, 2006): 48-55.
15 Mark James Baldwin, "A New Factor in Evolution", *American Naturalist* 30 (June 1896): 441-51, 536-553.
16 Terrence W. Deacon, *The Symbolic Species: the co-evolution of language and the brain* (New York: Norton, 1998).
17 Stephanie Strickland explora esses aspectos e sua relação com a temporalidade em "Dali Clocks: time dimensions of hypermedia", *Electronic Book Review* 11 (Winter 2000/2001), http://www.altx.com/er/ebr11/11str.htm.
18 Para pesquisa usando fMRI para discernir atividade cerebral, ver, ex., Scott H. Johnson-Frey, Roger Newman-Norlund e Scott T. Grafton, "A Distributed Left Hemisphere Network Active during Planning of Everyday Tool Use Skills", *Cerebral Cortex* 15.6 (2005): 681-95, on-line em http://cercor.oxfordjournals.org/cgi/content/full/15/6/681.
19 James R. Flynn, "The mean IQ of Americans: massive gains 1932 to 1978", *Psychological Bulletin* 95 (1984): 29-51; ver a discussão de Steven Johnson sobre o efeito Flynn e sua relação ao consumo de mídia em *Everything Bad Is Good for You: how today's popular culture is actually making us smarter* (New York: Riverhead Books, 2005), 139-44.
20 Para uma análise detalhada, ver N. Katherine Hayles, "Hyper and Deep Attention: the generational divide in cognitive modes", *Profession* 2007 (New York: Modern Language Association, December 2007).
21 Joshua S. Rubinstein, David E. Meyer e Jeffrey E. Evans, "Executive Control of Cognitive Processes in Task Switching", *Journal of Experimental Psychology: human perception and performance* 27.4 (August 2001): 763-97, disponível em http://www.apa.org/journals/releases/xhp274763.pdf.
22 John Cayley com Giles Perring, *Translation,* http://www.shadoof.net/in/translation.html; John Cayley com Giles Perring (ambient sound) e Douglas Cape (digital photographs), *Imposition,* apresentada em OpenPort, Art Institute of Chicago, February 24-25, 2007.
23 Em conversa com Jay David Bolter na Cidade do México, 7/7/2007, ele confidenciou que os alunos disseram a ele que ainda subvocalizam lendo um texto impresso mas não quando lendo na tela. Essa anedota tentadora, se apoiada por estudos empíricos, teria implicações importantes para uma série de tópicos, da teoria de mídia de Kittler à teoria da recepção literária.
24 Robert Coover, "Literary Hypertext: the passing of the Golden Age", conferência de abertura, *Digital Arts and Culture Conference,* 29/10/99, Atlanta, disponível em http://www.nickm.com/vox/golden_age.html.
25 Talan Memmott, *Lexia to Perplexia* (September 2000), http://www.altx.com/ebr/ebr11/11mem/.
26 Young-Hae Chang Heavy Industries, *Nippon,* http://www.yhchang.com/NIPPON.html.
27 Scott Bukatman, *Terminal Identity: the virtual subject in postmodern science fiction* (Durham: Duke University Press, 1993).
28 Jessica Pressman, "Making It New in New Media: digital modernism", (Ph.D. diss., UCLA, June 2007).
29 Para uma descrição desse dispositivo e de outros relacionados desenvolvidos para a exposição "XFR: Experiments in the Future of Reading", ver M. J. Beck, R. Gold, A. M. Balsamo, M. D. Chow, M. Gorbet, S. R. Harrison, D. W. MacDonald e S. L. Minneman, "Designing Innovative Reading Experiences for a Museum Exhibit", *Computer Magazine* (IEEE), 34.1 (January 2001), 80-7.

CAPÍTULO 4

Revelando e Transformando
Como a literatura eletrônica revaloriza a prática computacional

Quando corpo e máquina interagem, dinâmicas de intermediação entre eles dão origem a fenômenos emergentes cruciais para entender os efeitos da literatura eletrônica. A lógica da coevolução implica, no entanto, que assim como as mídias em rede e programáveis estão transformando a literatura, os efeitos literários também estão dando novo valor à prática computacional. Este capítulo esclarece mais a fundo a estrutura na qual a literatura digital pode ser compreendida como a criação de malhas de retroalimentação recursivas entre prática corporizada, conhecimento tácito e articulação explícita. Moldando conexões entre mente e corpo, desempenho e cognição, vocabulário técnico e compreensão intuitiva, as obras discutidas neste capítulo ocupam mídias em rede e programáveis não apenas como práticas técnicas, mas como componentes integrais da compreensão do que significa ser humano em uma era computacional. Evoluindo em intercâmbio ativo com máquinas inteligentes, o "humano" nem encerra o tecnológico, nem é encerrado por ele. Em vez disso, a agência humana opera em sistemas complexos nos quais atores não humanos desempenham papéis importantes. Nesses sistemas, a linguagem humana é interpenetrada por código de computador, operando em arquiteturas que fazem a mediação entre os significados humanos e o código binário que é a única linguagem que os computadores podem usar para operar. A tensão entre os significados de alto nível do discurso humano e os processos progressivos ligados a códigos executáveis em máquinas é um grande campo para se explorar de que forma a literatura eletrônica organiza esse encontro a fim de revalorizar a prática computacional.

Para começar, considere esta provocação: nas sociedades desenvolvidas, quase toda a comunicação, exceto conversa frente a frente, é mediada por algum tipo de código digital. Mensagens de texto, e-mails, celulares e conferências de vídeo são obviamente assim, mas até mesmo o telefone fixo e o correio convencional, enquanto o primeiro é direcionado por dispositivos de comutação digitais e o último é composto e impresso a partir de arquivos digitais, também estão amarrados a dispositivos digitais. Que diferenças esses emaranhados fazem para o nosso entendimento do que significa se comunicar como os outros, que há muito tempo se entende ser um componente fundamental da sociabilidade e do ser humano? Ou, em outros termos, o que a intermediação entre linguagem e código implica para as práticas de significação?

A essa primeira provocação, vou acrescentar uma segunda. Parafraseando Donald Rumsfeld, aquele conhecido poeta Zen, eu proponho que (alguns dos) propósitos da literatura sejam revelar o que sabemos, mas não sabemos que sabemos, e transformar o que sabemos que sabemos no que ainda não sabemos.[1] A literatura ativa a malha de retroalimentação recursiva entre o conhecimento percebido no corpo por gestos, rituais, desempenho, postura e encenação, e o conhecimento percebido no neocórtex como articulações conscientes e explícitas. Como o sociólogo francês Pierre Bourdieu demonstra, o conhecimento robusto e durável pode ser transmitido por práticas sociais e atuações sem ser conscientemente articulado.[2] Tomando como seu estudo de caso os Kabyle, uma tribo do norte da África, Bourdieu demonstra que a organização física de suas aldeias, assim como o *layout* de habitações individuais, explicam as polaridades em torno das quais sua visão de mundo está estruturada (o "habitus", em sua terminologia).[3] "Se os agentes forem possuídos pelo seu habitus mais do que o possuem", Bourdieu escreve, "isso é porque ele age dentro deles como o princípio organizador das suas ações" (18). Além disso, esse conhecimento pode ser transmitido por gerações sem nunca ser escrito ou explicitamente formulado com uma esquemática estrutural. Bourdieu vai adiante ao declarar que, quando esse conhecimento é transformado em análise escrita como a que um antropólogo poderia fazer, o *tipo* de conhecimento que ele é muda. Conhecer algo no corpo não é o mesmo que conhecê-lo na mente consciente, assim como conhecer algo conscientemente não é o mesmo que conhecê-lo no corpo. Para ilustrar isso, considere o exemplo que usei em *How We Became Posthuman: virtual bodies in cybernetics, literature and informatics*, sobre aprender a datilografar.[4] Alguém pode estudar um manual de datilografia que mostra o teclado e a posição correta dos dedos ao datilografar, mas esse conhecimento consciente provavelmente não será muito útil para evitar que alguém prenda seus dedos entre as teclas quando tentar datilografar pela primeira vez. Reciprocamente, alguém que tenha bastante experiência com digitação por toque sabe como usar o teclado, mas pode não ser capaz de desenhá-lo corretamente se outra pessoa pedir que o faça por introspecção consciente. Exemplos desse tipo podem ser infinitamente multiplicados – as diferenças entre saber andar de bicicleta e dizer a alguém como se anda, nadar e ser instrutor de natação, esquiar e escrever uma descrição sobre como esquiar.[5]

Os conhecimentos corporal e consciente não são apenas modos diferentes de saber, mas eles também têm efeitos diferentes. O conhecimento consciente se presta à análise, à introspecção, ao raciocínio e à expressão escrita; o conhecimento corporal está diretamente ligado ao sistema límbico e às vísceras, como Antonio Damasio demonstrou, com malhas de retroalimentação complexas operando por secreções hormonais e endócrinas que ativam emoções e sentimentos.[6] Embora o conhecimento consciente e o corporizado frequentemente funcionem em sincronia, há muitas instâncias em que os caminhos de transmissão entre eles são interrompidos ou mesmo danificados. Eventos traumáticos são entendidos exatamente assim, como rupturas que desconectam a memória consciente do afeto adequado. Conforme Dominick LaCapra afirma eloquentemente, "o trauma provoca uma dissociação de afeto e representação: um sente desconcertantemente o que não consegue representar; um representa confusamente o que não consegue sentir".[7] Nesse contexto, a literatura pode ser compreendida como uma tecnologia semiótica feita para criar – ou, mais precisamente, ativar – malhas de retroalimentação que unam dinâmica e recursivamente sentimentos e raciocínio, corpo e mente.

À medida que as mídias em rede e programáveis saem da caixa e entram no ambiente com a propagação da computação ubíqua, sensores embutidos transmitindo fluxos de dados em tempo real, tecnologias inteligentes como etiquetas de RFID (identificação por radiofrequência, em inglês *radio frequency identification*) e nanodispositivos incorporados a tudo, de peças de vestuário a tensoativos, sistemas cognitivos distribuídos nos quais atores humanos e não humanos participam se tornam uma condição diária da vida moderna em sociedades desenvolvidas. Nigel Thrift escreveu sobre as consequências psicológicas de participar em ambientes mediados por tecnologia em suas densas descrições do que ele chama de "inconsciente tecnológico".[8] Ele argumenta que nossas interações diárias com potencialidades tecnológicas, incluindo objetos comuns como cadeiras, lápis e formulários burocráticos, criam expectativas pré-conscientes e inconscientes, suposições e predisposições que têm consequências importantes para influenciar pensamentos e crenças conscientes, principalmente a espacialidade (um foco compreensível, dada sua profissão de geógrafo). Ao fazer conjecturas sobre as ideias de Thrift, prefiro usar o termo "não consciente tecnológico" para evitar confundir as experiências corporizadas sedimentadas que ele discute com o inconsciente freudiano. Eu também discordo de Thrift em minha ênfase nas tecnologias computacionais. Se um lápis influencia o não consciente tecnológico (e eu aceito que o faça), então o efeito de um processador de texto é ainda mais intenso porque ele tem maiores habilidades cognitivas e maior potencial interativo. Aliás, argumento que, enquanto o não consciente tecnológico é um fator da constituição do homem durante milênios, as novas agências e capacidades cognitivas das máquinas inteligentes lhe deram impacto e intensidade maiores do que antes.

Tendo esse pano de fundo em mente, com os argumentos desenvolvidos nos capítulos 2 e 3, vou agora construir uma base geral para a minha argumentação. A literatura eletrônica estende as funções tradicionais da literatura impressa ao criar malhas de retroalimentação recursivas entre articulação explícita, pensamento consciente e conhecimento sensório-motor corporizado. As malhas de retroalimentação avançam em ambas as direções, subindo do conhecimento sensório-motor corporizado para a articulação explícita e descendo da articulação explícita para o conhecimento sensório-motor. Enquanto a literatura impressa também funciona desse modo, a literatura eletrônica realiza a função adicional de entrelaçar modos humanos de conhecimento com cognição de máquina. Conforme argumentei no capítulo 2, a literatura eletrônica promove *intermediações* entre código de computador e linguagem unicamente humana, processamento digital e análogo, e meio impresso e formas de mídia eletrônica.[9] A intermediação facilita o ciclo recursivo ao reapresentar materiais em uma mídia diferente, alterando os modos de entrada de dados sensoriais durante o processo. Essas alterações envolvem diferenças nos *tipos* de conhecimento representado (retomando a ideia de Bourdieu sobre as diferenças entre análise esquemática e prática corporizada). O ciclo recursivo implica não apenas que *A* interage com *B* mas também que essa transformação retorna de modo que *B* afeta *A,* cuja mudança logo modifica *B,* e assim por diante. A mudança em qualquer parte catalisa mudança em toda a parte, resultando tanto em uma nova compreensão das respostas corporizadas quanto em novas avaliações da prática técnica.

Essa estrutura, enquanto oferece um esquema teórico geral, não contém, todavia, um conteúdo proposicional. Muitas proposições poderiam ser localizadas nessa esquemática, mas, para atingir meu propósito, neste ponto vou me concentrar em duas e ilustrá-las com obras selecionadas da literatura eletrônica. A primeira proposição afirma que *as narrativas verbais são simultaneamente transmitidas e desfeitas por código,* e a segunda diz que *cognição distribuída implica agência distribuída.*

Por que as obras literárias deveriam mostrar narrativas sendo rompidas e também transmitidas por código? Tais rupturas são, certamente, parte das nossas experiências diárias com a mídia em rede e programável. A estática interfere em uma conversa por telefone celular e de repente a chamada é perdida; mensagens de erro "404" pulam na tela para nos informar que estamos suspensos à deriva no ciberespaço; o caixa eletrônico regurgita o cartão que enfiamos em sua garganta, rejeitando o convite para nos conectar ao computador do banco; uma leitora de código de barras se recusa teimosamente a dar o "bip" indicando que entendeu o código de barras colocado abaixo do scanner. Esses eventos banais significam que a comunicação cotidiana homem-máquina que nos integra a um mundo onde virtualidade e factualidade se fundem uniformemente foi rompida; em algum lugar, de algum modo, as interfaces que conectam a ação humana, a intenção e a linguagem com o código foram momentaneamente quebradas. Stuart Moulthrop, escrevendo sobre os erros "404", observa que tais episódios não são simplesmente irritações, mas na verdade sinais de revelação, iluminando potencialmente algo crucial sobre a nossa situação contemporânea.[10] Os "erros", ele sugere, são na verdade abismos momentâneos perfurando (e pontuando) a ilusão de que o mundo da vida humana permanece inalterado pela sua integração com máquinas inteligentes. O código de computador, sistema simbólico que faz a mediação entre seres humanos e máquinas inteligentes, funciona como uma faca de dois gumes. Por um lado, o código é essencial para a comunicação de narrativas contemporâneas mediadas por computador; por outro, o código é um agente infeccioso que transforma, provoca mutação e talvez até mesmo distorça fatalmente a narrativa de modo que ela não possa mais ser lida e reconhecida como tal.[11]

A segunda proposição, que diz que a cognição distribuída implica agência distribuída, procede, como a primeira, dos ambientes intensamente computacionais característicos das sociedades desenvolvidas. Atualmente há uma abundância de pesquisas que consideram a cognição estendida uma característica que define os serem humanos. Em *Natural--Born Cyborgs: minds, technologies, and the future of human intelligence,* Andy Clark observa que somos "simbiontes humano-tecnológicos", constantemente inventando modos de descarregar a cognição em potencialidades ambientais de modo que "a mente fica cada vez menos na cabeça".[12] Edwin Hutchins faz observações parecidas em *Cognition in the Wild*.[13] A agência humana, como ele demonstra de modo convincente, não está articulada somente dentro de sistemas tecnológicos complexos, mas também é arrastada por esses sistemas, de modo que alguém pode se orientar corretamente para usá-los sem precisar pensar muito a respeito. O mouse ao lado do meu computador, por exemplo, é moldado de modo que a parte curva se encaixe com perfeição na palma da minha mão e os botões são posicionados na distância exata para que meus dedos descansem naturalmente sobre eles. Para usuários habituais, esses dispositivos rapidamente tornam-se integrados à mente-corpo por meio de malhas de retroalimentação proprioceptivas, táteis e sinestésicas, de modo a parecer que a agência escorre pelas mãos e entra na arena virtual onde máquinas inteligentes e seres humanos cooperam para realizar tarefas e atingir objetivos. Ao mesmo tempo, porém, acontecem quebras imprevisíveis que perturbam o funcionamento regular de pensamento, ação e resultado, nos dando, bruscamente, a consciência de que nossa agência está cada vez mais enredada dentro de redes complexas que se estendem além do nosso alcance e operam por códigos que são, em maioria, invisíveis e inacessíveis.[14]

Esses aspectos da nossa condição contemporânea são conhecidos de maneiras diferentes em épocas e ocasiões diferentes. Eles podem ser objetos do pensamento consciente, como quando estou tentando resolver um problema de incompatibilidade entre minha máquina local e um software que quero baixar e usar, tarefa que pode envolver um exame do código fonte e a execução de várias ferramentas para localizar o problema. Eles também podem fazer parte do conhecimento corporal, por exemplo, quando meu computador faz um som de "bip" indicando que ele não entendeu determinada entrada de dados e eu automaticamente subo com o mouse na tela para clicar no botão correto ao invés do errado que acabei de clicar. Esses conhecimentos permanecem tipicamente articulados de forma irregular um com o outro, heterogeneamente distribuídos entre diferentes modos de conhecimento. Meu corpo conhece coisas que minha mente já esqueceu ou nunca percebeu; minha mente conhece coisas que meu corpo (ainda) não incorporou. Essas diferenças podem servir potencialmente como reservatórios de força para obras estéticas, que, ao criar novos caminhos de comunicação entre diferentes tipos de conhecimento, nos abrem para lampejos de *insight* e iluminação.

Embora toda a literatura possa funcionar dessa maneira, existem oportunidades especialmente potentes para a literatura eletrônica, dados os ambientes intensamente cognitivos da mídia em rede e programável. A literatura eletrônica pode esbarrar em diferenciais altamente carregados que são excepcionalmente heterogêneos, devido, em parte, a desenvolvimentos assimétricos da mídia computacional e, em parte, a experiências irregularmente distribuídas entre usuários. Alguns usuários podem chegar à literatura eletrônica com estratégias de leitura sofisticadas desenvolvidas na tradição impressa mas com expectativas ingênuas sobre código de computador e pouca experiência com jogos de computador, sites de realidade persistente e outras formas de arte mediadas por computador; outros usuários podem chegar a isso com as qualificações inversas, tendo experiência considerável com formas mediadas por computador mas pouca experiência com a leitura e a compreensão de literatura impressa. Essas diferenças em segundo plano se relacionam a diferentes tipos de intuições, hábitos diferentes e diferentes estilos cognitivos e pensamentos conscientes. Um jogador de videogames experiente tem uma percepção intuitiva de estratégia de jogos que pode faltar a um leitor de livros impressos; um leitor de livros impressos sabe como coordenar a subvocalização com percepção consciente em modos que são desconhecidos para um jogador de videogames. Essas diferenças, longe de serem obstáculos para a compreensão, constituem o terreno irregular no qual a literatura eletrônica joga, com seus efeitos sendo intensificados pelos diversos conhecimentos que ela mobiliza e as conexões nascentes que ela forja. Se soubéssemos tudo de maneira uniforme, haveria muito menos por descobrir. É somente porque não sabemos o que já sabemos, e ainda não sentimos o que sabemos, que existem possibilidades tão potentes para intermediações no momento contemporâneo.

INTERAÇÕES RECURSIVAS ENTRE PRÁTICA E ARTICULAÇÃO

Project for Tachistoscope, de William Poundstone,[15] foi feito com inspiração em uma tecnologia desenvolvida para a psicologia experimental que explora os efeitos de imagens subliminares.[16] Em sua forma original, o taquitoscópio era um projetor de slides que passava imagens depressa demais para serem conscientemente reconhecidas mas que eram, no entanto, percebidas subconscientemente. Passando pelo escrutínio consciente, as imagens subliminares influenciavam o modo como as pessoas pensavam, agiam e acreditavam (embora a extensão dessa influência seja assunto para um número considerável de debates). Datado de 1859, o taquitoscópio ganhou renovada atenção e notoriedade durante a Guerra Fria, na década de 1950. No contexto da preocupação pública com células comunistas e espiões entrincheirados tramando a derrubada do governo, o taquitoscópio funcionava como uma corporização tecnológica de intenções disfarçadas que podia raptar o pensamento consciente contra a sua vontade. Maculado pela ansiedade, o taquitoscópio teve outra dimensão nas alegações de que anunciantes poderiam usar mensagens subliminares para influenciar os consumidores para que comprassem seus produtos.[17] No contexto histórico, então, o taquitoscópio foi associado aos usos nefastos que poderiam ser feitos da percepção subliminar por parte de comunistas que odiavam os capitalistas e por capitalistas que incitavam a perseguição de "Vermelhos" e "Comunas".

No aprimoramento em Flash que Poundstone fez do taquitoscópio, uma trilha sonora pulsante dá o *background* auditivo para palavras que piscam contando a história de um abismo imenso que de repente se abre no local de construção de uma rodovia, engolindo várias peças de maquinaria pesada e, tragicamente, alguns trabalhadores condenados. Por baixo das palavras há imagens brancas icônicas facilmente reconhecidas, cuja relação com a narrativa verbal não é clara, embora algumas delas aparentem sugerir a conjunção de capitalismo (sacolas de dinheiro), crença (cruzes) e consumo (garfo e faca). Mais um fluxo de informações é fornecido por um círculo azul pulsante em volta das imagens verbais e icônicas, com seu efeito hipnótico intensificado pela sincronização com os sobressaltos sonoros. À medida que a narrativa avança, aparecem fenômenos passageiros. Esferas douradas vagam pelo campo visual, aparentemente aleatórias, e palavras começam a piscar por debaixo da palavra em preto e das imagens brancas subjacentes em velocidade rápida demais para serem decodificadas com certeza, embora não tão depressa a ponto de passarem despercebidas. À medida que os tipos e as quantidades de entradas de dados sensoriais proliferam, o efeito causado no usuário verbalmente orientado é induzir à ansiedade quanto a conseguir acompanhar a narrativa e ao mesmo tempo lutar para juntar todos os significadores discordantes. O usuário sente que canais estão sendo abertos entre diferentes modalidades sensoriais e níveis de percepção, embora o ritmo seja rápido demais e as entradas de dados sejam disjuntivas demais para que a mente consciente possa integrá-las em uma mensagem unificada.

Figura 8. Captura de tela, *Project for Tachistoscope*

No entanto, surgem vislumbres de algum tipo de síntese. A narrativa conta a história de uma superfície que se abre repentinamente e revela profundidades grandes demais para serem mensuradas; quando um geólogo sonda a abertura com instrumentos, não consegue determinar a profundidade real do abismo. A ação acontece em um campo de obras, um lugar onde homens estão arrumando a topografia para melhor lhes servir, tornado-a útil para o transporte de produtos, equipamentos e pessoas. Diminuindo esses empreendimentos dos homens, o abismo significa aquilo que não pode ser domado, recusa ser conhecido e resiste à cooptação no mundo das intenções humanas conscientes. A proliferação de entradas de dados sensoriais e mensagens subliminares encena uma performance que, de modo semelhante, rompe a decodificação consciente da narrativa por parte do usuário. A consciência reage tentando examinar as informações "estranhas", mas a introdução feita por Poundstone deixa claro que esse esforço não pode ser bem-sucedido, pois a obra tem intenção de abrir canais de comunicação entre a consciência e níveis de percepção abaixo da consciência. Abaixo das racionalizações que a consciência certamente inventa para reafirmar que é ela quem decide, a senhora de si mesma, e é o árbitro das ações, as entradas de dados não reconhecidos operam seu efeito furtivamente, influenciando como a narrativa é interpretada e o que é tomado como significativo.

Outra implicação está corporizada no aprimoramento do taquitoscópio como implemento de Flash. A obra é regulada por um algoritmo que não permite que o usuário ajuste o tempo ou intervenha na progressão da narrativa, exceto se fechar a janela e começar de novo. Funcionando nesse sentido como uma apresentação de slides com tempo automático, a obra em Flash acrescenta estímulos sensoriais que deixam nitidamente aparente a habilidade contínua que o computador tem de integrar palavras, imagens, sons e gráficos. Programadas pelo homem com as linguagens de alto nível usadas no Flash (C++/Java), as multimodalidades são possíveis porque todos os arquivos são fundamentalmente representados no mesmo código binário. Assim, a obra apresenta a fronteira em que cognição de máquina e cognição humana cooperam para suscitar os significados que o usuário transmite para a narrativa, mas esses significados em si demonstram que a consciência humana não é o único ator no processo. As ações de máquinas inteligentes também estão envolvidas. Nesse sentido, o abismo pode ser usado para significar não apenas os modos de cognição humana abaixo da consciência, mas também as operações de máquina que acontecem abaixo dos níveis acessíveis para o usuário e até mesmo para o programador.

Enquanto o *Project for Tachistoscope* de Poundstone explora os caminhos de comunicação entre compreensão corporizada e pensamento consciente, *Sundays in the Park*, de Millie Niss, automatiza os processos de leitura literária tradicional para trazer à atenção consciente o modo como funciona a linguagem literária.[18] Em *Reading Voices: Literature and the Phonotext*, Garrett Stewart aborda uma questão que há muito intriga os teóricos: o que torna a linguagem literária literária?[19] Sua estratégia não é abordar a questão perguntando como lemos ou por que, mas sim *onde*. Nós lemos, ele sugere, no corpo, especialmente em subvocalizações que ativam para nós um murmúrio de variantes homófonas que rodeiam os mundos que de fato estão na página. Stewart alega que essas nuvens de possibilidades virtuais são exatamente o que dá à linguagem literária a sua extraordinária profundidade e riqueza. Sem a subvocalização, que conecta a atividade da garganta e das cordas vocais com o centro auditivo do cérebro, a linguagem literária deixa de alcançar a opulência que teria de outro modo. O argumento de Stewart implica que as respostas corporizadas que funcionam abaixo do nível do pensamento consciente são essenciais para a compreensão plena da linguagem literária, o que é uma proposição avalizada entusiasticamente por muitos poetas.

O argumento de Stewart oferece um contexto teórico adequado para *Sundays in the Park*, um dos seis elementos de *Oulipoems* de Niss e Martha Deed (*Sundays* é, entretanto, obra apenas de Niss). O poema faz referências às técnicas de OuLiPo para escrever sob coação apresentando inicialmente uma tela de texto preto desordenado e assintático retratado sobre um retângulo branco.

O conteúdo político do texto sugere que ele foi composto a partir de recortes de manchetes de jornal, como as que alguém poderia folhear enquanto fica sentado em um banco de praça numa tarde de domingo. O usuário interage com a obra clicando em agrupamentos de palavras, que então passam por uma série de variantes homófonas enquanto duas vozes femininas "leem", cada uma, partes e versões diferentes do texto com uma trilha sonora pulsante. Quando o usuário clica em "wee puns", por exemplo, o texto passa para "weapons", e outro

Sundays in the Park

```
is tart warren baghdad come cheap dyed four know wee puns
of master ruction know manticore      in which book of
my this tickle or so loot in four    scree nor page in nation
where   know won   reeds    fill awe sophies    choice tie runs
spy  gestation  burns  four ash  ayes in croft  fair  swell
way   veer   low  bunk   cull   tom   conned   lisa   rise
over zion kills palestinians  imp ants swarm seat  bud dies
bodies in crust sty ankle men see  four work rim in all sorts
on          ice         cream      sun    day   sin   the  ark
```

Figura 9. Captura de tela, *Sundays in the Park*

clique em "of master ruction" traz "of mass destruction", para a superfície, e com mais um clique aparece "mass erection". Clicar "fill awe sophies" faz aparecer "phil law so fees", e então "philosophies", enquanto "conned lisa rise" fica "Condoleeza Rice". Os trocadilhos espirituosos criam ressonâncias entre palavras e agrupamentos de palavras, de modo que o texto é compreendido como uma obra em múltiplas camadas em constante deslocamento, da qual apenas uma parte é visível (e audível) em um dado momento.

Automatizando as variantes homofônicas que são a guarnição da linguagem literária, *Sundays in the Park* traz à atenção consciente a ligação entre vocalização e riqueza linguística. Fazer que os jogos de palavras apareçam explicitamente na tela enquanto as vozes automatizadas articulam partes e versões do texto deixa explícito o papel da cognição da máquina no processo, pois o computador pode gerar continuamente tanto texto quanto som porque, afinal, ambos são representados em código binário.[20] Mais uma vez, canais são abertos entre processamento corporizado e pensamento consciente em maneiras que amarram percepção humana com cognição da máquina, linguagem com código, discurso análogo contínuo com processamento digital.

Meu último exemplo de interação recursiva vem de *Translation*, de John Cayley, com colaboração de Giles Perring, que projetou e produziu o som.[21] Há muitos anos Cayley tem explorado o que ele chama de "transliteral morphing", um procedimento computacional que realiza transformações algoritmicamente, letra por letra, de um texto-fonte para um texto-alvo. Cayley escreve com eloquência sobre as implicações dessa técnica, projetada para explorar a analogia entre a discrição do código binário e a natureza discreta das linguagens alfabéticas. (Como sinólogo e tradutor de poesia chinesa, Cayley é especialmente consciente das diferenças entre sistemas de inscrição alfabéticos e morfográficos.) Em um ensaio sobre "Over-board" (precursor de *Translation*), Cayley escreve: "Morfos transliterais iterativos entre textos relatos – textos que poderiam ser vistos, por exemplo, como reescritas em estilos diferentes – revelarão estruturas subjacentes abstratas que sustentam e articulam as relações de 'nível mais elevado' entre os textos.".[22] Todos concordariam, certamente, que traduções diferentes do mesmo texto-fonte apresentam semelhanças estruturais. Quer as traduções sejam versões diferentes na mesma língua ou representações em línguas diferentes, esperaríamos encontrar relações que incluem semelhanças conceituais, semânticas e sintáticas. Cayley conjectura que, subjacentes a essas relações de "nível mais elevado" existam semelhanças de nível mais baixo que agem não no nível das palavras, locuções ou frases, mas em fonemas e em morfemas individuais. Essas relações "literais" (jogo de palavras entre "letra" e a materialidade "literal" das letras) são análogas, como Cayley sugere, à natureza "literal" da linguagem assembly e o discreto sistema simbólico de uns e zeros com o qual ela se relaciona. Nesse sentido, seu projeto concorda com o trabalho de Maria Mencia, discutido no capítulo 2, explorando a relação entre a língua alfabética e a transformação pela qual ela passa quando é representada por camadas do código de computador interligado. Do mesmo modo que Mencia invoca a história filológica da linguagem à medida que ela se move da oralidade para a escrita e para a representação digital, os morfos transliterais de Cayley têm subjacentes a si um algoritmo que reflete as relações fonêmicas e morfêmicas que eles têm entre si.

Imagine uma tabela, Cayley explica, em que as 26 letras estão organizadas em círculo. Para chegar de uma letra do texto-fonte para a letra no texto-alvo, o algoritmo traça uma rota em sentido horário ou em sentido anti-horário em torno da tabela (qualquer uma delas que ofereça o caminho mais curto), mostrando uma das letras de cada vez à medida que se move da fonte para o alvo. Além disso, para dar a impressão de que o texto como um todo está em constante movimento, o *ritmo* em que as letras são mostradas se move mais depressa quando o caminho é mais longo, mais devagar quando o caminho é mais curto. Assim, o morfeamento transliteral dá ao usuário uma representação visual tanto das relações grafêmicas/fonêmicas entre o texto-fonte e o texto-alvo quanto, pela velocidade com que uma dada sequência de letras é morfada, da distância filológica entre os dois textos. A complexidade dessas relações à medida que elas evoluem no tempo e são mediadas pelo código de computador, Cayley presume, são as microestruturas que subjazem, sustentam e iluminam as semelhanças conceituais e linguísticas de alto nível entre textos relatos.

As correlações entre relações de nível mais elevado e de nível mais baixo podem ser reveladas (observando-se os morfos) pela ativação de canais de comunicação entre prática corporizada, conhecimento tácito e pensamento consciente. *Translation* evoca tais conexões por meio dos múltiplos sistemas simbólicos e semióticos que emprega. No lado direito da tela há textos-fonte passando por iterações transliterais que envolvem três línguas diferentes – francês, alemão e inglês – e três estados diferentes, que Cayley, em sentido figurativo, diz estarem flutuando (ou seja, existindo momentaneamente em estado totalmente legível), vindo à superfície (tornando-se legíveis) e afundando (tornando-se ilegíveis). As mudanças são discretas e acontecem letra por letra, como em todas as obras transliterais de Cayley, mas aqui, além disso, elas estão coordenadas com mudanças tonais na música ambiente. No lado esquerdo da tela há dois sistemas visuais diferentes (um mostrando pedaços de texto enquanto eles são analisados pelo algoritmo e o outro uma série de formas abstratas) que sinalizam como o algoritmo está avançando. Cayley sugere que, se um usuário observá-los por tempo suficiente ao mesmo tempo que tenta entender os morfos transliterais, ele chegará a uma compreensão intuitiva do algoritmo, assim como alguém que joga um jogo de computador aprende intuitivamente a reconhecer como o algoritmo do jogo está estruturado. A música ajuda nesse processo ao oferecer mais uma entrada de dados sensorial pelo qual o algoritmo pode ser compreendido.

Enquanto tudo isso está acontecendo por meio do conhecimento tácito e corporizado, a mente consciente luta com o significado do texto que passa por transliteração. Os textos de origem incluem um ensaio antigo de Walter Benjamin, "On Language as Such and on the Language

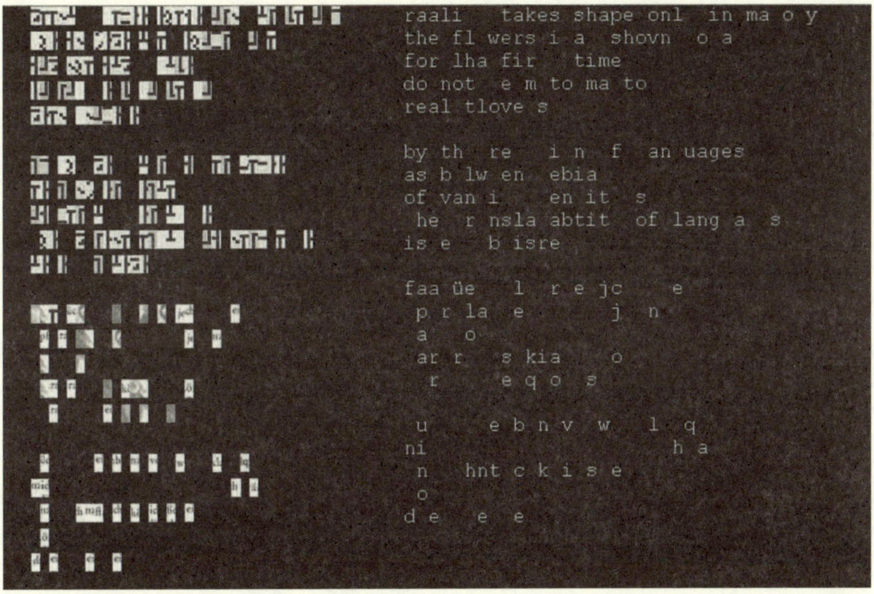

Figura 10. Captura de tela, *Translation*

of Man",[23] em que Benjamin sugere que "não existe nenhum evento ou coisa na natureza animada nem na inanimada que de algum modo não participe de linguagem, pois comunicar seus significados mentais está na natureza de todos" (107). Para Benjamin, o fato de que cada *coisa* no mundo tem poderes de significação implica a existência de Deus. A linguagem humana, para ele, é uma tradução imperfeita de uma linguagem divina implícita nas coisas. "É a tradução da linguagem das coisas na linguagem do homem" (117). Enquanto o ensaio de Benjamin postula uma conexão entre a agência divina e o poder significante das coisas, *Translation* sujeita sua própria linguagem à agência intermediadora da máquina por meio de morfos transliterais concebidos para revelar relações entre o código da máquina e a prosa de Benjamin.

A técnica parece ter sido autorizada pelo próprio Benjamin, pois, em uma passagem que Cayley cita, Benjamin escreve: "Tradução é a remoção de uma língua para outra por um contínuo de transformações. A tradução passa por um contínuo de transformações e não por áreas de identidade e similaridade." (117). É importante observar, contudo, que a interpretação que Cayley faz do ensaio de Benjamin é um grande erro de interpretação no sentido bloominiano. Para Benjamin, a linguagem transcendente associada a Deus garante a traduzibilidade dos textos, ao passo que para Cayley as estruturas atomísticas das linguagens humana e de computador são os microníveis correlacionados que garantem a traduzibilidade. Poderíamos dizer que, enquanto Benjamin olha para cima em busca do poder da tradução, Cayley olha para baixo. Cayley omite essa diferença crucial selecionando as citações que faz do ensaio de Benjamin. Isso pode ser observado na passagem que vem logo após a citada por Cayley, em que Benjamin escreve:

> A tradução da linguagem das coisas para a linguagem do homem não é apenas uma tradução do mudo para o sonoro; é também a tradução do anônimo para o nome. É portanto a tradução de uma linguagem imperfeita para uma mais perfeita, e não pode fazer nada exceto acrescentar-lhe algo, isto é, o conhecimento. A objetividade dessa tradução é, contudo, garantida por Deus. Pois Deus criou as coisas; a palavra criativa nelas é o germe do nome conhecido, assim como Deus, também, finalmente deu nome a cada coisa depois que foi criada. (117-18)

O conhecimento acrescentado pelas estruturas correlatas da filologia e código binário, em contraste, interpola a linguagem de computador no cerne da inscrição humana. A "objetividade" dessa tradução é garantida não por Deus, mas pelo entrelaçamento das cognições humana e de computador em nossos espaços de mídia contemporâneos.

As representações de tempo humanas e de máquina também estão correlacionadas. Outro texto-fonte para *Translation* é *Em busca do tempo perdido*, obra-prima de Marcel Proust. A seguinte citação ilustra a técnica transliteral de Cayley. Na versão em inglês e em seu estado de "fluidez" a passagem diz: "What I want to see again is the way that I knew that landscape whose individuality clasps me with an uncanny power and which I can no longer recover.". Desse modo, ela evoca tanto o poder mnemônico quanto à efemeridade temporal de um ambiente de paisagem, qualidades encenadas de maneiras diferentes e por *Translation* como uma tentativa de reparo digital baseada no tempo da obra impressa durável de Proust. Em um dos morfos transliterais passageiros o trecho fica:

> what i want to cee again
> ic the vay that i kne
> that landccaqe whoca indivi uality
> slasps me with an unc nny power
> and whjsh i can no longe recover

As relações fonêmicas e grafêmicas começam a surgir seguindo a sequência de transformações. Aqui, por exemplo, "s" torna-se "c" e "p" torna-se "q" quando aparece no meio de uma palavra, mas não (ainda) no começo de uma palavra. Essas transformações servem para correlacionar a atenção do usuário com os algoritmos que determinam como as transliterações funcionam.

Na variação mais recente dessa obra, intitulada *Imposition,* Cayley, com seus colaboradores Giles Perring (som) e Douglas Cape (imagens digitais) inseriram ainda mais som na obra acrescentando vocalizações das letras à medida que elas aparecem na tela. Em uma apresentação no simpósio OpenPort no Instituto de Arte de Chicago,[24] Cayley fez que membros da plateia baixassem versões dos diferentes estados (inglês, francês e alemão) de um site. Na apresentação, laptops espalhados no local começaram a rodar versões enquanto Cayley projetava a implementação completa na tela da frente. Vogais e consoantes eram ouvidas de lugares diferentes enquanto tocava música ambiente. Além disso, nessa mutação Cayley enfatizou o elemento tempo, fazendo o texto aparecer sequencialmente. Primeiro apareciam apenas algumas letras; então, à medida que mais letras apareciam, o coro de letras articuladas subiu a um clímax, alcançado quando toda a série de textos foi atingida, seguindo-se por uma diminuição gradual enquanto uma última letra lamuriosa soava e a tela ficava inteiramente escura. O efeito esplêndido foi criar uma narrativa colaborativa multimodal distribuída em laptops por todo o espaço da apresentação, em que diferentes modalidades sensoriais e diferentes modos de conhecimento se entrelaçavam com agência e cognição de máquina.

Em outro trabalho recente, Cayley concentra-se nos modos como o nosso conhecimento intuitivo das formas das letras pode definir o espaço e modular o tempo. Trabalhando com o ambiente CAVE na Universidade de Brown, ele e seu colaborador Dmitri Lemmerman criaram *Torus,* uma instalação de realidade virtual na qual dezesseis hastes de texto são dispostas como fatias de uma rosquinha.[25] Esse formato de *torus* é duplamente virtual, pois não é retratado desse modo, mas é trazido à existência pelas fatias de texto que o definem implicitamente para o usuário. O jogo entre o que a imaginação do usuário constrói e o que é de fato visível transforma a típica situação da literatura na qual o usuário decodifica palavras para criar um espaço imaginativo onde a ação acontece. Em contraste, o espaço realmente existe na sala CAVE, e o usuário o explora por ações corporizadas como caminhar, voltar e escutar. Ao mesmo tempo, o usuário também pode ler o texto e recriar para si um mundo imaginado de *Remembrance of Time Past*, de Proust, que aparece nas hastes do *torus*.

Há ainda uma outra dinâmica que complica ainda mais as superfícies da escrita – a relação entre o texto virtual e as computações em massa que o produzem. Diferentemente da gravação durável à tinta, aqui o texto é uma imagem virtual e logo capaz de transformações impossíveis para o meio impresso. Nessa instalação, o texto demonstra sua agência movendo-se no espaço, respondendo à orientação espacial do usuário virando-se sempre para ficar de frente para o espectador. Com essa movimentação, o usuário experimenta uma dimensão temporal do texto – sua movimentação de modo a ser sempre lido da direita – agindo em sincronia complexa com o tempo de leitura e o tempo de exploração espacial no ambiente CAVE. Essas interações temporais, assim como a espacialidade virtual/factual das superfícies textuais, criam um sentido valorizado de jogo corporizado que complica e estende a fenomenologia da leitura.

A influência também pode ir em direção contrária, partindo da fenomenologia da leitura e voltando para a instalação. Esse efeito foi descoberto quando um pulso aleatório no programa fez que letras que eram proporcionalmente menores, portanto percebidas como se estivessem mais distantes, fossem mostradas sobre letras maiores no primeiro plano. Para conciliar a contradição, os usuários perceberam as letras menores como se elas estivessem inscritas na parede do fundo no fim de um corredor – um corredor que não existia, exceto na percepção do usuário. Cayley teoriza que nossa vasta experiência com as formas das letras afeta subconscientemente a percepção, então os usuários lutam para criar um cenário que preserve a integridade das formas das letras enquanto ainda fazem sentido fenomenológico. Nesse entendimento, *Torus* torna-se não apenas um experimento sobre a fenomenologia aperfeiçoada da leitura mas também sobre o intercâmbio complexo entre nossa experiência tradicional com formas de letras e o nosso entendimento muito mais recente da computação. Segundo essa visão, a leitura se torna uma performance complexa na qual a agência é distribuída entre o usuário, a interface e as cognições ativas da máquina em rede e programável (ou, na terminologia preferida por Cayley, o "programmaton").

Cayley explora mais profundamente a fenomenologia da leitura em *Lens*, projetado a princípio como uma instalação CAVE e então transferido para uma maquete QuickTime.²⁶ O jogo de palavras sugerido pelo título dá a entender que as formas das letras não são apenas figuras que decodificamos, mas também as lentes através das quais (e por meio das quais) percebemos a espacialidade. Ao distinguir sua "arte literal" da concreta, Cayley observa que a tradição impressa da linguagem moldada age criando uma correspondência visual entre um objeto e formas de letras, desse modo relacionando a decodificação que o leitor faz do texto com o reconhecimento visual de formas representativas de objetos do mundo real (*Lens*, 6). A poesia concreta tipicamente não investiga a fenomenologia das formas das letras como tal, nem usa a nossa experiência habitual com as formas das letras como base para experimentos sobre a percepção, como o que Cayley realiza em *Torus* e *Lens*. Em contraste, *Lens* cria uma inversão de imagens de fundo entre grandes letras brancas dizendo "lens" que, quando aumentadas pelo usuário, tornam-se o fundo branco contra o qual letras em azul-escuro se tornam visíveis, sendo que antes não eram visíveis porque flutuavam sobre um fundo azul-escuro.²⁷ Mais zoom faz que as letras azuis, por sua vez, se tornem o fundo escuro contra o qual mais letras brancas ficam visíveis, e assim por diante até o infinito. Cayley resume o efeito: "A materialidade gráfica literal é capaz de transformar a percepção espacial inteira e repentinamente e, ao mesmo tempo, criar um espaço inteiramente novo por si mesma, para a inscrição e para a leitura. Ela cria o potencial para uma nova experiência de linguagem." (*Lens*, 13).

Esses experimentos sobre a fenomenologia da leitura são interpenetrados por outro tipo de exploração: o que significa, para a cognição humana, entrar em contato com a cognição do computador que produz uma exibição em um monitor. Cayley evidencia essa interpenetração com uma pergunta-chave: "O display é mesmo um monitor do processamento simbólico do programmaton, ou é uma janela com vista para as tentativas computacionais de equiparar e então exceder (pela incorporação das supostas instalações interativas ou transativas) as simulações ilusionistas do filme e da televisão?" (*Lens*, 6). A pergunta sugere que a tela do monitor funciona simultaneamente de dois modos diferentes: ela pode recriar ilusões fílmicas, caso em que a tela reflete e reforça pressupostos visuais convencionais; por outro lado, também pode funcionar como uma janela escura por meio da qual podemos intuir os algoritmos que produzem a exibição no monitor, como Cayley conjecturou ser possível com *Translation*.

Para o texto, a habilidade de funcionar simultaneamente como uma janela dando para o desempenho do computador e como uma superfície escrita a ser decodificada coloca em intercâmbio dinâmico dois modelos de cognição muito diferentes. Tradicionalmente, o texto narrativo tem sido compreendido como uma voz que traz à existência, para o leitor, um mundo ricamente imaginado. Se esse mundo for vibrante o suficiente, o leitor poderá ter a impressão de que a página se torna um portal através do qual um mundo é trazido à existência pela voz que emana do livro, um cenário que Kittler associa à poesia romântica, como vimos no capítulo 3, mas que certamente continua no século XXI com o romance enquanto ele se desloca do realismo para o fluxo da consciência para as continuidades interrompidas mostradas em *The Jew's Daughter*. A voz percebida conecta a própria experiência de interioridade do leitor com uma interioridade projetada do autor (e, por extensão, do narrador e personagens), com todos compartilhando um laço comum na percepção humana e senso do Eu. O computador, em contraste, funciona por comandos frequentemente ocultados da inspeção direta do usuário e que consequentemente devem ser intuídos pelo desempenho do computador. Não importando o quão bem um computador possa simular o texto e desse modo recriar a voz característica da ficção narrativa, ele continua sendo uma máquina que processa símbolos binários conforme especificado pelas portas lógicas. Fazendo a mediação entre a lógica bruta dessas operações de máquina e as intenções humanas está o programa que, quando executado, cria um desempenho que compartilha tanto as intenções do programador quanto da arquitetura subjacente do computador como processador simbólico. Na literatura eletrônica, o design de autoria, as ações de uma máquina inteligente e a receptividade do usuário são unidos em um ciclo recursivo que representa em microcosmo nossa situação contemporânea de viver e agir dentro de ambientes inteligentes.

REVALORIZANDO A PRÁTICA COMPUTACIONAL

Brian Kim Stefans, em suas vastas anotações sobre seu computador de poema intitulado "Stops and Rebels", publicado em seu livro impresso

Fashionable Noise: on digital poetics, discute as implicações do entrelaçamento de cognição humana e de computador para criar linguagem literária.[28] Seguindo as observações de Verônica Forrest-Thomson em seu livro *Poetic Artifice*, ele observa que toda obra de poesia realizada (e eu ampliaria essa generalização a todo trabalho de arte literária realizado) tem elementos que resistem a interpretações totalizadoras – palavras e frases que teimosamente se recusam a ser assimiladas no paradigma interpretativo proposto por um crítico. Stefans sugere que isso tem implicações para o próprio projeto da crítica: "Um crítico que tente fazer uma afirmação absoluta sobre um poema será envolvido em um jogo de puxa-e-empurra com esses elementos sem significado, e nenhuma interpretação é adequada se não tiver as marcas dessa luta." (69). A tarefa do crítico, então, não deveria ser a de subjugar os elementos refratários, e sim a de produzir uma obra que, em si mesma, encena uma batalha para atingir o significado que é o *agon* da interpretação. Como elegantemente expresso por Jerome McGann em *Radiant Textuality: literature after the World Wide Web*, o significado não é algo que os textos literários produzem, mas é aquilo pelo qual procuram.[29] É com a busca, mais do que uma interpretação final ou definitiva, que a escrita do crítico deveria se comprometer.

Um algoritmo aleatório como o que Stefans empregou para criar seu poema de computador, fatiando, cortando em cubos e misturando os textos-fonte, torna inevitável o confronto com elementos refratários. Embora as justaposições criadas pelo algoritmo frequentemente resultem em combinações espirituosas alcançadas por acaso, frequentemente também cria combinações para as quais nenhuma quantidade de explicações críticas consegue dar sentido. Porém, esses elementos sem sentido não são insignificantes, pois em sua própria falta de sentido eles comprovam a mistura da agência não humana que cria o texto. Antropomorfizando o programa de computador chamando-o "Demon", Stefans lê seu poema de computador como uma performance representando, de maneira muito visível, o confronto entre agência humana e não humana. Ele escreve que "a segurança ontológica do Eu é constantemente ameaçada por esse prospecto de informação sem limite e recombinação sem limite, transformando qualquer um – até mesmo o não programador – em uma versão do cyborgue... sem tempo nem lugar mas ainda (em sua humanidade residual, sua mortalidade) perseguido pela história" (145).

Stefans vê nesse confronto a possibilidade de que as fronteiras da autoconsciência poderiam ficar abertas por tempo suficiente para permitir que outros tipos de cognição, humana e não humana, se comuniquem e interajam. "O espaço entre esses polos – ruído e convenção – é o que chamo 'atrator', o espaço de dissimulação, onde a ambiguidade do cyborgue é confundida com uma divagação de uma subjetividade imprecisa, mas poética. É um espaço inerentemente social em que o leitor se envolve com um conjunto de forças: o demon (processamento algorítmico), linguagem (erroneamente considerada pessoal, mas agora vista como informação) e o social (erroneamente considerado impessoal, mas que agora cooperam no dia a dia)." (151). Dentro desse nexo, que em nenhum lugar é mais emaranhado e intenso que na literatura eletrônica realizada pela mídia em rede e programável, as ideias se tornam mais do que conceitos descorporizados, as emoções significam mais do que sensações irracionais e efêmeras, algoritmos codificados são conectados com intuições humanas e a cognição da máquina se une promiscuamente com conhecimentos conscientes e corporizados.

Com tais intermediações, a computação evolui para algo mais do que uma prática técnica, embora certamente também o seja. Ela se torna um poderoso modo de nos revelar as implicações de nossa situação contemporânea, criando revelações que agem tanto dentro quanto abaixo do pensamento consciente. Unindo prática técnica e criação artística, a computação é revalorizada em uma performance que nos fala com toda a complexidade que nossas naturezas humanas exigem, incluindo a racionalidade da mente consciente, a resposta corporizada que une cognição e emoção, e o não consciente tecnológico que opera por meio de rotinas sedimentadas de atos, gestos e condutas habituais. Assim compreendida, a computação deixa de ser uma prática técnica que deve ser deixada para engenheiros de software e cientistas da computação e, em vez disso, se tornar uma parceira na dinâmica coevoluindo pela qual artistas e programadores, usuários e jogadores continuam a explorar e experimentar a dinâmica intermediadora que nos permite entender quem fomos até agora, quem somos e quem poderemos nos tornar.

NOTAS

1 Ver "War Is Peace: the Zen master poet", in *Pieces of Intelligence: the existential poetry of Donald H. Rumsfeld,* ed. Hart Seely (New York: Free Press, 2003), 1-20. No poema intitulado "The Unknown", Seely cita Rumsfeld : "As we know,/ There are known knowns./ We also know/ There are known unknowns./ That is to say/ We know there are things/ We do not know./ But there are also unknown unknowns,/ The ones we don't know we don't know". Department of Defense news briefing, February 12, 2002, 2.

2 Pierre Bourdieu, *Outline of a Theory of Practice,* trad. Richard Nice (Cambridge: Cambridge University Press, 1977).

3 Ver esp. Pierre Bourdieu, "Structures and the Habitus", ibid., 72-95.

4 N. Katherine Hayles, *How We Became Posthuman: virtual bodies in cybernetics, literature, and informatics* (Chicago: University of Chicago Press, 1999), 199-200.

5 A distinção entre conhecimento corporizado e articulação consciente tem afinidade com o que Michael Polanyi em *Personal Knowledge: towards a post-critical philosophy* (Chicago: University of Chicago Press, 1974) chamou "conhecimento tácito", uma intuição apoiada na prática que não é articulada explicitamente mas que é essencial para muitos tipos de operações laboratoriais. O conhecimento tácito pode ser visto como um tipo de fronteira entre o conhecimento corporizado e a articulação consciente, pois faz parte do conhecimento de trabalho de um técnico e nesse sentido pode ser parcialmente articulado, mas resiste a uma explicação total, pois contém elementos pré-consciente e inconsciente.

6 Antonio Damasio, *Descartes' Error: emotion, reason, and the human brain* (New York: Penguin, 2005); *The Feeling of What Happens: body and emotion in the making of consciousness* (New York: Harvest Books, 2000).

7 Dominick LaCapra, *Writing History, Writing Trauma,* Parallax: re-visions of culture and society (Baltimore: Johns Hopkins University Press, 2000), 57.

8 Nigel Thrift, "Remembering the Technological Unconscious by Foregrounding Knowledges of Position", *Environment and Planning D: society and space* 22.1 (2004): 175-90; ver também nesse livro *Knowing Capitalism* (London: Sage, 2005).

9 N. Katherine Hayles, *My Mother Was a Computer: digital subjects and literary texts* (Chicago: University of Chicago Press, 2005), 15-38.

10 Stuart Moulthrop, "Traveling in the Breakdown Lane: a principle of resistance for hypertext", *Mosaic* 28/4 (1995): 57-77. Ver também seus comentários relacionados em "Error 404: doubting the web", in *The World Wide Web and Contemporary Cultural Theory: magic, metaphor, power,* ed. Andrew Herman (New York: Routledge, 2000), 259-76; também on-line em http://iat.ubalt.edu/moulthrop/essays/404.html.

11 As implicações do código como um agente infeccioso assim como uma mediação necessária são exploradas mais a fundo em N. Katherine Hayles, "Traumas of Code", *Critical Inquiry* 33.1 (2006), 136-57.

12 Andy Clark, *Natural-Born Cyborgs: minds, technologies, and the future of human intelligence* (New York: Oxford University Press, 2004), 3, 4.

13 Edwin Hutchins, *Cognition in the Wild* (Cambridge: MIT Press, 1996).

14 Matthew Kirschenbaum, em *Mechanisms: new media and forensic textuality* (Cambridge: MIT Press, 2008), percorre distâncias extraordinárias para mostrar que o código pode ser acessível, usando um editor para olhar o código hexadecimal e até mesmo indo a um laboratório de pesquisa para olhar uma imagem mostrada em um microscópio atômico (um instrumento capaz de mostrar os fenômenos menores do que a resolução possível em instrumentos óticos). À parte sua dedicação e análise

brilhante, ainda é verdade que o código não pode ser acessado enquanto está sendo executado; então, mesmo com essas medidas extraordinárias, apenas os registros cujo código já foi ou será executado podem ser examinados. A maior parte dos usuários, logicamente, nunca fará isso, e então resta o caso em que alguns ou muitos níveis de código de computador permanecerão desconhecidos ou inacessíveis. John Cayley também escreve sobre a importância do código para a geração do texto digital em "The Code is not the Text (unless it is the Text)," *Electronic Book Review* (2002), http://www.electronicbookreview.com/thread/electropoetics/literal.

15 William Poundstone, *Project for Tachistoscope*, in *Electronic Literature Collection*, vol. 1, eds. N. Katherine Hayles, Nick Montfort, Scott Rettberg e Stephanie Strickland (College Park, Md.: Electronic Literature Organization, 2006), http://collection.eliterature.org (a partir daqui *ELC* 1).

16 Ruth Benschop, "What Is a Tachistoscope? Historical Explorations of an Instrument", *Science in Context* 11.1 (Spring 1998): 23-50. Ver, ex., Vance Oakley Packard, *The Hidden Persuaders* (New York: Random House, 1957).

17 Ver, ex., Vance Oakley Packard, *The Hidden Persuaders* (New York: Random House, 1957).

18 Millie Niss, *Sundays in the Park*, in Millie Niss e Martha Deed, *Oulipoems, ELC* 1; também on-line em *Iowa Review Web* (September 2004), http://www.uiowa.edu/%7Eiareview/tirweb/feature/sept04/index.html.

19 Garrett Stewart, *Reading Voices: literature and the phonotext* (Berkeley: University of California Press, 1990).

20 Em um e-mail datado de 3/10/2006 Millie Niss comentou que a trilha sonora "foi revestida 2... arquivos de som feitos de eu lendo a tela inteira (cada arquivo usava diferentes versões do texto clicando nas palavras entre as leituras). O arquivo de som resultante... simplesmente repete".

21 John Cayley com Giles Perring, *Translation, ELC* 1. Disponível para download no website de John Cayley, http://www.shadoof.net/in/.

22 John Cayley, "Overboard: an example of ambient timebased poetics in digital art", *dichtung-digital* 32 (2004), http://www.dichtung-digital.com/04/2-Cayley.htm.

23 A versão que Cayley cita em "Between Here and Nowhere" (http://www.shadoof.net/in/translit/transl.html) é de Walter Benjamin, "On Language as Such and on the Language of Man", in *One-Way Street and Other Writings,* trad. Edmund Jephcott e Kinsley Shorter (London: Verso, 1979), 107-23.

24 John Cayley, *Imposition,* programado com auxílio de Giles Perring (som) e Douglas Cape (imagens digitais), apresentado no OpenPort Symposium, Art Institute of Chicago, February 23, 2007.

25 *Lens* e *Torus* são descritos em John Cayley com Dmitri Lemmerman, "Lens: the practice and poetics of writing in immersive VR: a case study with maquette", *Leonardo Electronic Almanac* 14.5-6 (2006), http://leoalmanac.org/journal/Vol_14/lea_v14_n05-06/cayley.asp.

26 Uma maquete QuickTime de *Lens* está disponível para download no website de John Cayley, http://www.shadoof.net/in/?lens.html.

27 Como Rita Raley me lembrou, o efeito é reminiscente do livro da artista Janet Zweig, *Scheherazade: a flip book* (s.n., 1988), em que cada narrativa sucessiva surge do mergulho na imagem anterior e da descoberta de outra imagem e de outra história nessa imagem.

28 Brian Kim Stefans, *Fashionable Noise: on digital poetics* (Berkeley: Atelos, 2003).

29 Jerome McGann, *Radiant Textuality: literature after the World Wide Web* (London: Palgrave, 2001).

CAPÍTULO 5

O Futuro da Literatura

O romance Impresso e a marca do digital

Nada é mais arriscado do que uma previsão; quando o futuro chegar, só poderemos ter certeza de que será diferente do que antecipamos. Mesmo assim, vou arriscar um prognóstico: a literatura digital será um componente importante do cânone do século XXI. Mais acertada do que possa parecer, essa previsão baseia-se no fato já comentado de que quase toda a literatura contemporânea *já é* digital. Exceto por uma meia dúzia de livros produzidos por editoras das belas-letras, a literatura impressa consiste de arquivos digitais ao longo da maior parte de sua existência. A digitalidade é tão essencial para os processos contemporâneos de composição, armazenamento e produção que o meio impresso deveria ser devidamente considerado uma forma de produção de arquivos digitais, e não uma mídia separada da instância digital. O digital deixa sua marca no meio impresso por meio de novas habilidades para uma tipografia inovadora, novas estéticas de modelos de livros e, no futuro próximo, novas formas de marketing. Algumas livrarias e lojas de cópias, por exemplo, estão investindo em copiadoras computadorizadas que produzem livros na hora a partir de arquivos digitais, incluindo estilo de capa, conteúdo e encadernação.[1] Também estão disponíveis dispositivos eletrônicos em formato de livro que podem ser levados a uma livraria onde os arquivos eletrônicos com o texto podem ser comprados, baixados e lidos à vontade no equipamento.

Como esses exemplos sugerem, a textualidade impressa e a eletrônica se interpenetram profundamente. Embora textos impressos e a literatura eletrônica – isto é, a literatura que é "digital de nascença", criada e concebida para ser executada em mídia digital – tenham funcionalidades significativamente diferentes, elas são mais bem consideradas dois componentes de uma complexa e dinâmica ecologia de mídia. Como ecotomos biológicos, elas se envolvem em uma ampla variedade de relações, incluindo competição, cooperação, mimetismo, simbiose e parasitismo. Essas inter-relações dinâmicas podem ser observadas nas superfícies complexas que emergem na literatura digital e na literatura impressa contemporâneas. Como diz John Cayley, "a superfície da escrita é e sempre foi complexa. É uma membrana liminar simbolicamente interpenetrada, uma margem ou fronteira fractal, uma estrutura caótica e complexa com profundidade e história".[2] Embora as superfícies complexas sejam praticamente novas, como Cayley nos lembra, as superfícies criadas no novo milênio têm uma especificidade histórica advinda do seu envolvimento com a digitalidade. Esse envolvimento é expresso em múltiplos sentidos: tecnologicamente, na produção de superfícies textuais, fenomenologicamente, em novos tipos de experiências de leitura possíveis em ambientes digitais, conceitualmente, nas estratégias empregadas pela literatura impressa e pela eletrônica à medida que elas interagem uma com a outra tendo presentes suas potencialidades e tradições, e tematicamente, nos mundos representados que a literatura impressa experimental e a mídia digital realizam.

Ao discutir as superfícies da escrita contemporânea, Noah Wardrip-Fruin comenta que "há [sempre] algo por trás da superfície". Ele continua: "Por trás da poesia, da ficção e da dramaturgia em superfícies de papel há processos de escrita, edição, produção de papel e tinta, modelo de página, impressão e encadernação, distribuição e marketing, compra e empréstimo.".[3] O interesse maior de Wardrip-Fruin está em "obras que poderiam ser consideradas especialmente inseparáveis de alguns dos seus processos", ou seja, a literatura digital (1). Meu enfoque aqui está nos outros parceiros na ecologia complexa da ligadura contemporânea – ou seja, as superfícies complexas do meio impresso. Envolvidas em conversação vigorosa com a textualidade digital, os romances impressos discutidos aqui tanto reconhecem sua posição na tradição impressa quanto reproduzem em suas superfícies as marcas dos processos digitais que as produziram como artefatos materiais. Como sabemos, o romance foi o instrumento para representar uma subjetividade interiorizada baseada na relação entre som e grafia. À medida que as tecnologias literárias mudam, as subjetividades que elas representam e informam também mudam. Como a marca do digital se relaciona com as subjetividades representadas e evocadas pelos romances impressos experimentais de hoje? O envolvimento do meio impresso com a mídia contemporânea tem sido acompanhado pela persistente angústia de parte de autores de livros impressos de que o romance corre o risco de ser suplantado, com leitores sendo afastados dos livros pela televisão, por filmes de grande sucesso nas bilheterias, videogames e pelo vasto espaço de mídia da World Wide Web. Kathleen Fitzpatrick, ao analisar essa tendência em *The Anxiety of Obsolescence: The American Novel in the Age of Television*, demonstra que a *percepção* do risco é mais importante do que a realidade.[4] Ela documenta de modo convincente que a ansiedade sobre a obsolescência está espalhada, principalmente entre escritores homens, brancos e mais jovens. Porém, ao invés de questionar se há evidências de que o romance "literário" possa de fato estar perdendo público para outras formas de entretenimento, Fitzpatrick pergunta quais funções culturais e sociais são beneficiadas por pronunciamentos da morte do romance impresso. A autora argumenta que elas têm a vantagem de colocar os romancistas como uma minoria em risco (uma condição que Bruce Sterling satiriza em seu romance *Distraction*),[5] enquanto ainda permitem que esse grupo mantenha sua posição hegemônica como autores homens e brancos. Em minha opinião, a situação é mais complexa do que Fitzpatrick apresenta. Como vimos, dados empíricos indicam que os jovens estão passando menos tempo lendo livros impressos e mais tempo surfando na Web, jogando videogames e ouvindo arquivos em MP3.[6] Contudo, Fitzpatrick está correta ao referir-se à percepção dos autores de mídia impressa de que eles correm o risco de se tornar obsoletos. Essa ansiedade da obsolescência tem uma relação complexa com a recente explosão de criatividade em romances impressos contemporâneos. Por um lado, os autores de mídia impressa temem que o meio impresso possa ser visto como fora de moda e maçante diante das novas mídias, principalmente textos eletrônicos que podem dançar acompanhando música, mudar de formas sugestivas e executar outros truques impossíveis para os duráveis registros do meio impresso. Por outro lado, o próprio meio impresso é capaz de novos truques justamente porque se tornou uma forma de produção para o texto eletrônico. Se a sedução possibilitada pela tecnologia digital está colocando o meio impresso em risco de extinção, essa mesma tecnologia também pode ser vista como o impresso em construção: nós encontramos o inimigo, e nós somos ele.

A tentativa do romance impresso de demonstrar superioridade sobre a textualidade eletrônica está assim inextricavelmente entrelaçada com o reconhecimento simultâneo de que a textualidade eletrônica torna possíveis muitos de seus desenvolvimentos inovadores. A complexidade dessa dinâmica pode ser vista no surgimento de duas estratégias aparentemente opostas, mas, na verdade, complementares: a *imitação* da textualidade eletrônica por dispositivos comparáveis no meio impresso, muitos dos quais dependem da digitalidade para serem financeiramente compensadores ou até mesmo possíveis; e a *intensificação* das tradições específicas do meio impresso, na realidade declarando submissão ao meio impresso independentemente da disponibilidade de outras mídias. Entrelaçadas recursivamente, as duas estratégias com frequência aparecem juntas no mesmo texto. Além disso, elas tendem a se transformar uma na outra, como uma superfície de Möebius, que vai de dentro para fora e para dentro novamente, logo existe necessariamente certa arbitrariedade ao se rotular uma dada instância como se estivesse imitando a textualidade eletrônica ou intensificando as tradições impressas.

Quanto aos romances discutidos a seguir, as tecnologias digitais interpenetraram completamente o processo de impressão. Além disso, os romances se localizam em uma robusta ecologia de mídia cada vez mais dominada por representações digitais, incluindo efeitos de computação gráfica em filmes, CDs de áudio e DVDs, projetores digitais, a internet e a World Wide Web. Sua especificidade histórica vem não somente do fato de que as tecnologias digitais estão profundamente envolvidas na sua criação, mas também, a exemplo dos modos pelos quais os sistemas de significadores materiais com componentes gráficos, textuais, táteis e sinestésicos, eles ocupam tecnologias digitais em múltiplos níveis insistindo ao mesmo tempo em sua representação como textos impressos, especificamente por estratégias de imitação e intensificação.

A seguir estão listadas as principais características do texto digital em torno das quais ocorre a dança entre imitação e intensificação.[7]

- *O texto mediado por computador é em camadas.* Conforme vimos no capítulo 2, processos de interpretação progressivos produzem o texto que aparece na tela, dos caracteres da linguagem markup do hipertexto que formata textos na World Wide Web, às linguagens de programação compiladas/interpretadas como a C++, até a mnemônica do montador e, finalmente, ao código binário e às voltagens alternadas com as quais ele está associado. Retornando à terminologia dos scriptons (sequências que o usuário vê) e textons (sequências no texto) apresentada no capítulo 1, podemos dizer que na mídia computacional sempre há textos que o usuário (quase) nunca vê, partindo do código-fonte para o código do objeto até as voltagens alternadas que se correlacionam com a linguagem assembly. Assim a natureza sobreposta do código também introduz, inevitavelmente, questões de acesso e especialização.

- *O texto mediado por computador tende a ser multimodal.* Porque texto, imagens, vídeo e som podem todos ser representados como código binário, o computador passa a ser, como Lev Manovich sustenta, a mídia que contém todas as outras mídias em si mesma. A natureza crescentemente visual da World Wide Web ilustra vividamente essa questão, assim como o crescente número de websites contendo filmes no QuickTime e videoclipes.
- *No texto mediado por computador, o armazenamento fica separado do desempenho.* No meio impresso, armazenamento e desempenho unem-se no mesmo objeto. Quando um livro é fechado, ele funciona como um meio de armazenamento, e, quando é aberto, funciona como um meio de desempenho. De forma contrastante, com o texto mediado por computador as duas funções são analíticas e praticamente distintas. Arquivos executados em um computador local podem ser armazenados em um servidor em qualquer lugar do globo; além disso, o código nunca pode ser visto ou acessado pelo usuário *enquanto está sendo executado.* Como Alexander Galloway apontou, o código difere da linguagem exclusivamente humana uma vez que é executável por uma máquina. (Enquanto pode-se argumentar que os seres humanos "executam" a linguagem no sentido de processá-la por meio de redes sensório-cognitivas, eles o fazem de formas tão profundamente diferentes do que as máquinas executam o código que parece sensato guardar o termo "executar" para o código de processamento em computadores.)
- *Os textos mediados por computador manifestam uma temporalidade fragmentada.* Com o texto mediado por computador, o leitor

não tem pleno (e às vezes nenhum) controle da velocidade com que o texto se torna legível; um atraso para carregar a página, por exemplo, pode refrear tanto o usuário a ponto desta mesma nunca chegar a ser lida. Além disso, mesmo quando a tela de texto é visível, conforme Stephanie Strickland, os mouseovers, movimentos com o cursor e outras potencialidades de um monitor eletrônico, e a leitura fragmentam o tempo em escalas mais variadas e diversas do que nos textos impressos.

Para demonstrar como essas características oferecem pontos focais para a dinâmica recursiva entre imitação e intensificação, vou considerar como guias três romances contemporâneos que, apesar de (ou talvez por causa de) seus fortes ímpetos de experimentação exuberante, têm atraído grandes públicos: *Extremely Loud and Incredibly Close,* de Jonathan Safran Foer, *The People of Paper,* de Salvador Plascencia, e *House of Leaves,* de Mark Danielewski.[8] As estratégias empregadas por esses textos mostram romances impressos envolvidos em conversações vigorosas com a textualidade eletrônica. Nesse sentido, resistem corajosamente à tendência que Lev Manovich vê para a "camada cultural" ser convertida na "camada computacional" em uma curva de assimilação acelerada.[9] No mínimo eles complicam o que a assimilação poderia significar ao reinterpretar como a camada computacional apresenta significado. Além disso, eles demonstram a resiliência da cultura impressa ao responder aos ataques predadores da computarização com rompantes de criatividade inquieta.

A DIGITALIDADE E O ROMANCE IMPRESSO

Imitações das representações numéricas de textos eletrônicos aparecem em sua forma mais direta quando códigos numéricos aparecem como parte da superfície linguística de um romance impresso. Em *Extremely Loud and Incredibly Close,* um momento especialmente pungente acontece quando Thomas Schell, agora um avô que perdeu seu único filho no desastre das Torres Gêmeas, tenta se reconciliar com sua esposa, que ele abandonou quando ela lhe disse que estava grávida. Ele ficou sem vê-la ou falar com ela durante quarenta anos. Traumatizado quando criança pelo bombardeio de Dresden, Thomas perdeu a habilidade de conversar e se comunica por bilhetes escritos, gestos e "sim" e "não" tatuados em suas mãos. Após chegar em Nova York, ainda sem conseguir falar, ele telefona para sua esposa em um procedimento conhecido dos usuários de Moviefone que digitam um código numérico usando um teclado no qual um único dígito pode valer por qualquer uma de três letras (269-72). Criptologistas chamam esse tipo de código de "algoritmo one-way": fácil de criar, é difícil (e às vezes impossível) de descriptografar. Sem ter nenhuma indicação sobre onde ocorrem as quebras entre palavras e deparando com cada vez mais incertezas sobre qual das três letras é a escolha correta, o leitor é confrontado com combinações possíveis que aumentam exponencialmente à medida que a mensagem aumenta em extensão. E essa mensagem realmente continua por cerca de três páginas de dígitos isolados separados por vírgulas. É preciso uma grande dose de paciência para lidar com esse código; confesso que descriptografei apenas a primeira página e meia. Todavia, o código fica posicionado em uma junção decisiva quando Thomas parece perceber o erro monumental que cometeu ao abandonar sua esposa e seu filho que estava por nascer. Supõe-se que o leitor precise fazer esforços consideráveis para entender o diálogo.

Por que escrever em código? Muitos críticos reclamam (não sem razão) sobre a natureza artificial desse texto, mas nesse caso o artifício pode ser justificado. Ele indica que a linguagem se rompeu sob o peso do trauma e tornou-se inacessível não apenas para Thomas, mas também para o leitor (mesmo quando Thomas não conseguia falar, a narrativa compartilhava seus pensamentos com os leitores). Além do mais, o que sua esposa ouve são os bips aos quais os códigos numéricos correspondem: "seu telefone não é cem dólares", ela diz. O comentário dá a entender que o texto está fazendo uma inversão satírica da teoria da informação de Claude Shannon. Conforme vimos no capítulo 2, Shannon traçou uma distinção clara entre o *conteúdo* informacional de uma mensagem e o seu *significado*, insistindo que sua teoria não se preocupava com o significado porque o significado não poderia ser quantificado com confiabilidade.[10] Mesmo nesse momento de imitar a representação numérica do computador, o texto opera no sentido de desconstruir o famoso diagrama do circuito de comunicação de Shannon (que se mostrou crucial para a emergente ciência da informática).[11] O diagrama mostra um remetente codificando uma mensagem de modo que ela possa ser enviada como um sinal por um canal, que está sujeito à interferência de uma fonte de ruído, e a um destinatário decodificando o sinal para reconstituir a mensagem. Embora as formulações oferecidas no capítulo 2 sugiram que o significado pode ainda assim ser associado às equações de probabilidade de Shannon, a interpretação tradicional e duradoura desse diagrama de comunicação deixa o significado de fora, e é em relação a essa leitura que a cena de Foer funciona como uma crítica.

Conforme Foer representa a situação, não há nenhum problema com ruído no canal; a máquina transmite a mensagem codificada com fidelidade total. No entanto, é a importação humana da mensagem que está em jogo. Cada componente carrega o significado que reside no texto mas fora do circuito de comunicação da forma que Shannon o construiu. A codificação é feita não para enviar uma mensagem por um canal – sua função presumida para Shannon – mas porque a mensagem está demasiadamente associada ao trauma para ser articulada diretamente. O canal, que normalmente estaria vulnerável a ruídos, envia a mensagem perfeitamente, mas a esposa de Thomas interpreta o sinal codificado como uma estática sem sentido. O leitor tem uma oportunidade melhor de decodificar os sinais numéricos para reconstituir a mensagem, mas o processo de descriptação à mão é tão demorado que provavelmente só seria viável se alguém criasse um algoritmo de computador capaz de relacionar os grupos de letras com um dicionário para determinar as palavras possíveis, e então usar as informações sobre sintaxe e posição das palavras para decidir quais seriam as escolhas mais prováveis para o conteúdo da mensagem. Como escrever um programa desses exigiria esforço e habilidades de programação consideráveis, é provável que a mensagem nunca seja descriptografada, resultado que pode ser lido como o triunfo da representação numérica sobre o significado análogo.

Porém, mesmo sem saber precisamente o que o código numérico representa, podemos entender suficientemente bem o teor da mensagem: Thomas está cheio de culpa, quer se reconciliar com sua esposa e quer "alcançar YES" (em código, 7,3,2,2,4,9,3,7) então ele e ela podem dividir o que a vida ainda tem de possível para eles (269). Assim, o que a princípio parece ser uma imitação da representação numérica da linguagem, o *modus operandi* do computador digital, transforma-se na intensificação de técnicas nativas do romance impresso.

O texto em camadas, mais uma característica da arquitetura hierárquica do computador, aparece no romance de Foer em seu ponto de clímax quando Oskar Schell, menino precoce de nove anos cujo pai morreu nas chamas das Torres Gêmeas, entra em contato com o homem que ele conhece apenas como o "inquilino" de sua avó, que é na verdade seu avô Thomas Schell que voltou a residir com sua esposa. Mesmo com Thomas estando proibido de revelar-se a Oskar, ele e a criança lentamente começam a conhecer um ao outro. Com o tempo, Oskar compartilha seu terrível segredo com ele. No fatídico 11 de setembro, ele saiu da escola cedo e voltou sozinho para seu apartamento e encontrou na secretária eletrônica quatro mensagens de seu pai, desesperado para encontrar sua família. Enquanto Oskar estava no apartamento, o telefone tocou pela quinta vez, mas ele estava tão traumatizado por saber dos acontecimentos daquele dia que não conseguiu atender. A secretária eletrônica gravou seu pai perguntando repetidamente "Você está aí?" como se pudesse intuir que Oskar estava ouvindo.

Quando Oskar repete as mensagens para seu avô, o texto se rompe visualmente na página, como se imitasse a chamada ruidosa gravada imperfeitamente pela máquina. À medida que a narração do avô continua, as linhas são espremidas e ficam cada vez mais juntas (281). Elas rapidamente se tornam ilegíveis mas ainda assim continuam por várias páginas até que as superfícies estejam quase totalmente pretas. O texto, movendo-se da imitação de uma máquina ruidosa para a intensificação de marcas de tinta impressas no papel, utiliza essa característica específica do meio impresso como uma indicação visível do trauma associado à cena, como se as marcas, bem como a linguagem, estivessem se rompendo sob o peso das emoções da personagem. Ao mesmo tempo, as linhas sobrepostas são um efeito difícil de conseguir com letras impressas ou máquina de escrever, mas basta um clique no Photoshop para que a tecnologia digital deixe sua marca nessas páginas também.

A dinâmica recursiva entre o meio impresso e as tecnologias digitais fica aparente nas últimas páginas do texto. Oskar encontrou na internet um vídeo granuloso de um homem caindo das Torres Gêmeas. Embora a resolução seja muito pouco nítida para se identificar os traços do homem, Oskar imagina que poderia ter sido seu pai. Tendo aceitado a morte de seu pai até certo ponto, ele não consegue resistir a uma última fantasia. Ele imagina que seu pai, ao invés de cair, sobe voando e aterrissa em cima de um prédio, desce pelos elevadores e caminha pela rua até abrir a porta e voltar para a segurança do apartamento. O romance remedeia o vídeo em retrocesso em quinze páginas que funcionam como what I'd wanted, but if it was necessary to bring my grandson face to face with me, it was worth it, anything would have been. I wanted to touch him, to tell him that even if everyone left everyone, I would never leave him, he talked and talked, his words fell through him, trying to find the floor of his sadness, "My dad," he said, "My dad," he ran across the street and came back with a phone, "These are his last words."

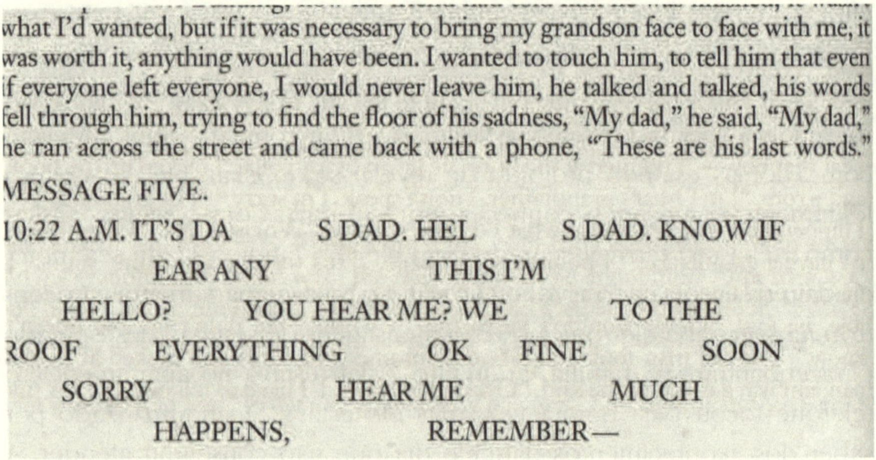

MESSAGE FIVE.
10:22 A.M. IT'S DA   S DAD. HEL   S DAD. KNOW IF
        EAR ANY   THIS I'M
    HELLO?   YOU HEAR ME? WE   TO THE
ROOF   EVERYTHING   OK   FINE   SOON
    SORRY   HEAR ME   MUCH
            HAPPENS,   REMEMBER—

Figura 11. Ruído como espaçamento irregular, *Extremely Loud and Incredibly Close*

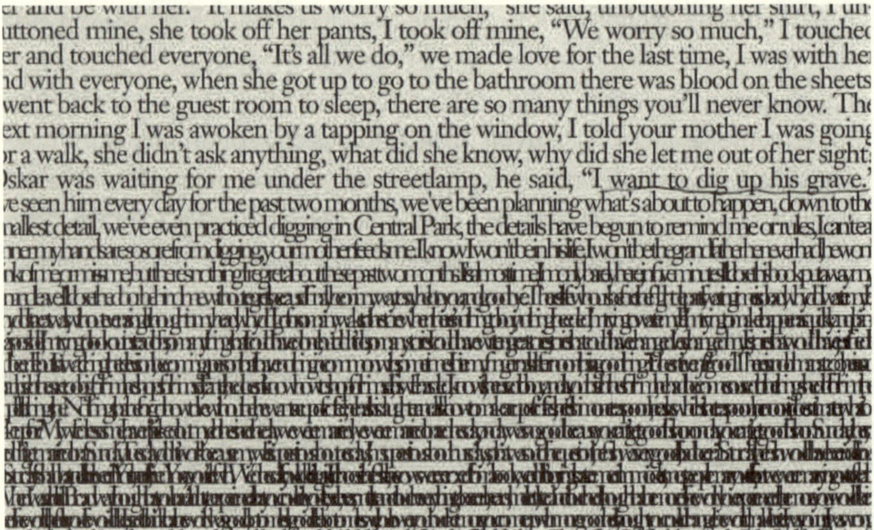

Figura 12. Página traumática, *Extremely Loud and Incredibly Close*

um flipbook, mostrando a progressão fantasiosa que Oskar imaginou (327-41). Por um lado, a resolução ruim deixa claro que o livro está reproduzindo imagens digitais, o que sugere que o livro imita o texto eletrônico. Por outro, a funcionalidade de flipbook recria a distinção entre armazenamento e representação características da mídia digital, mas dessa vez em um formato historicamente específico do livro impresso. Mais uma vez, imitação e intensificação coabitam essas páginas.

Meu próximo conjunto de exemplos vem de *The People of Paper*, começando com a passagem em que os pensamentos da tartaruga mecânica são representados como um cubo de uns e zeros (97). O leitor fica tentado pela possibilidade de decodificar, pois é possível seguir as séries e, utilizando os equivalentes em bytes para ASCII, descobrir se isso se constitui em uma mensagem inteligível. Porém, provavelmente a questão não é essa (quão interessantes podem ser os pensamentos de uma tartaruga mecânica?). Em vez disso, assim como o teclado de telefone, a compensação está justamente em *não* se poder decodificar os números facilmente, no choque de descobrir a substituição sábia e apropriada de código numérico por linguagem exclusivamente humana. A tartaruga mecânica entra na história porque Federico de la Fe, perturbado porque "Saturno" (o pseudônimo pelo qual as personagens conhecem o autor) pode ler seus pensamentos, mobiliza um movimento de resistência que usa as carapaças de chumbo das tartarugas para proteger a consciência das personagens da vigilância intrometida de Saturno. Quando os pensamentos da tartaruga sobrevivente ficam sob a mesma vigilância, descobrimos que em certo sentido eles já estão protegidos porque registram a bifurcação entre a linguagem unicamente humana e o código binário que é a única linguagem que as máquinas inteligentes conseguem entender.

A apresentação do autor-como-personagem estabelece uma hierarquia ontológica dramatizada no texto pela posição de Saturno em um mundo superior cujo fundo forma o céu para as outras personagens. Rompendo com essa hierarquia, os escudos de chumbo reproduzem no mundo da história a distinção entre uma superfície linguística e símbolos subjacentes, escondendo a linguagem e os pensamentos das personagens como uma tela de computador com texto esconde o código que gera o texto. O texto, assim, representa dois modos diferentes de ordenar uma cadeia de significadores: por um lado, uma superfície linguística acessível; por outro, uma hierarquia em camadas que torna a linguagem diferencialmente acessível em um esquema que correlaciona acesso e poder. Esse contraste dá o conflito central da trama, pois Saturno tenta fazer que os pensamentos de Federico de la Fe apareçam como uma superfície linguística, ao passo que Federico de la Fe luta para torná-los subtextuais e, logo, invisíveis na página. Os valores associados com os diferentes esquemas de ordenação são complicados pelo fato de que Federico de la Fe, chefe da gangue EMF (El Monte Flores), interpreta sua "guerra" com Saturno como uma luta por independência, entendida pelo movimento de resistência EMF como a quintessência dos valores humanos.

A repartição de alguns capítulos em colunas paralelas, tipicamente com as histórias de três personagens acontecendo em paralelo em uma página aberta, como imitando a capacidade que o computador tem de executar vários programas simultaneamente, complica ainda mais a ontologia implícita na materialidade do livro. Significativamente, as colunas que mostram os pensamentos de Federico de la Fe são tipicamente intituladas não com seu nome, mas com o de Saturno. Quando Saturno não consegue ver seus pensamentos, a coluna fica em branco. Em contraste, nas colunas iniciadas por nomes de outras personagens, o leitor tem acesso aos pensamentos das personagens mesmo quando Saturno não tem. Mas uma personagem consegue esconder seus pensamentos tanto do autor quanto do leitor mesmo sem a carapaça de chumbo – um garoto babão tão indiferente que a maioria das pessoas pensa que ele é gravemente retardado. Na verdade, ficamos sabendo que ele é a reencarnação do profeta Nostradamus, dotado da habilidade de ver o passado e o futuro, assim como o presente. Sua consciência aparece no texto como uma coluna preta sólida, um escudo de tinta escondendo o texto que presumidamente fica por baixo, assim como um código de computador é escondido pelo texto que gera.

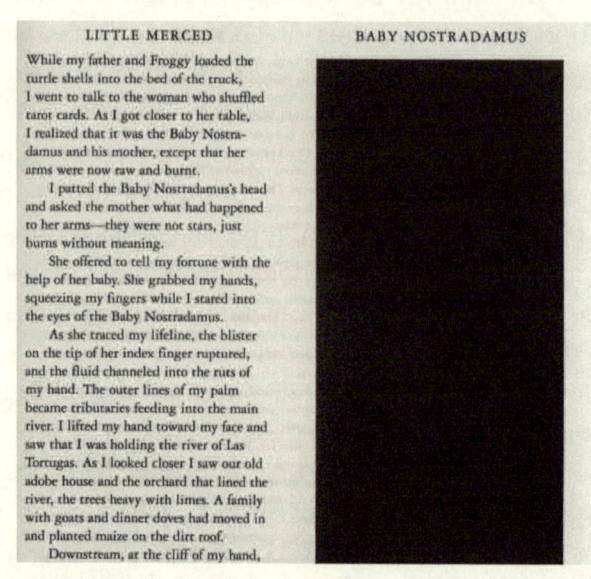

Figura 13. Pensamentos em preto do bebê Nostradamus, *The People of Paper*

No mundo da narrativa, porém, essa aparente imitação da estrutura hierárquica do código de computador é interpretada como a habilidade que o bebê tem de esconder seus pensamentos do leitor, assim como esconde de Saturno, uma interpretação que coloca a manobra na tradição do romance impresso de fazer metaficção jogando com os níveis ontológicos de autor, personagem e leitor. Além disso, quando Little Merced consegue se comunicar com o bebê e aprende com ele a também esconder seus pensamentos (um processo visualizado nas páginas por borrões pretos irregulares que lentamente se tornam mais regulares e extensos à medida que ela se torna mais proficiente), os borrões não são mostrados como camadas no computador, mas como o próprio processo humano de uma criança aprendendo com outra a negociar em um mundo adulto de diferentes relações de poder.

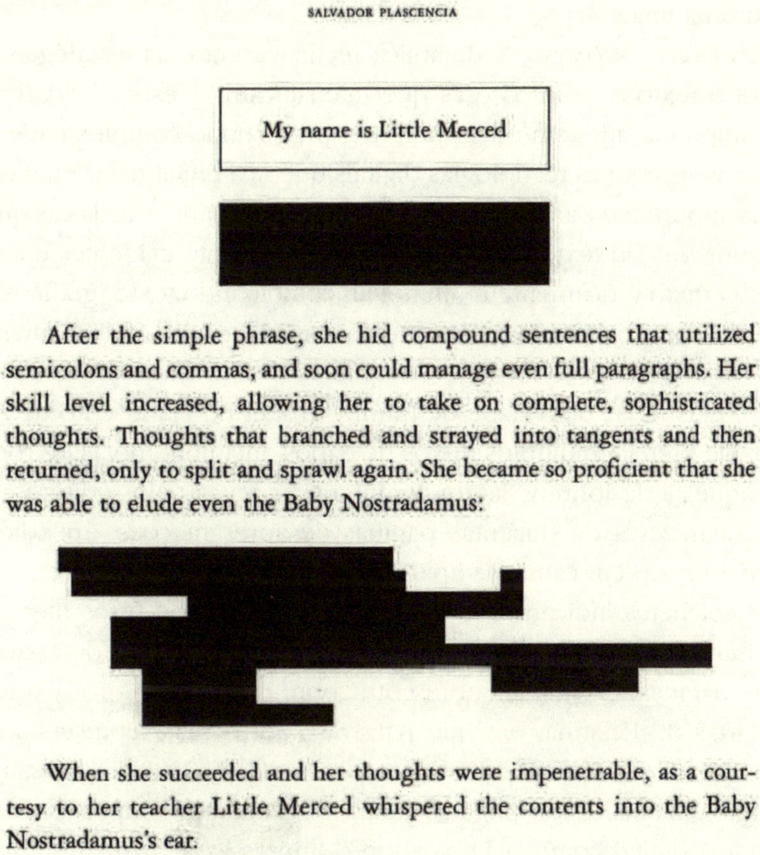

SALVADOR PLASCENCIA

My name is Little Merced

After the simple phrase, she hid compound sentences that utilized semicolons and commas, and soon could manage even full paragraphs. Her skill level increased, allowing her to take on complete, sophisticated thoughts. Thoughts that branched and strayed into tangents and then returned, only to split and sprawl again. She became so proficient that she was able to elude even the Baby Nostradamus:

When she succeeded and her thoughts were impenetrable, as a courtesy to her teacher Little Merced whispered the contents into the Baby Nostradamus's ear.

Figura 14. Little Merced praticando o escurecimento dos pensamentos, *The People of Paper*

Outra característica do texto eletrônico que a narrativa aparentemente imita é a mutabilidade. Em contraste com marcas de tinta duráveis, o texto eletrônico pode ser facilmente apagado e substituído por outras letras ou espaços; com um toque em uma tecla, ele pode aparecer em diferentes fontes, tamanhos e formas. Fica aparente que a página também pode ser mutável (e mutilada) quando Saturno encontra Liz, sua ex-namorada, e a ouve murmurar o nome do homem branco por quem ela trocou Saturno. Porém, nós nunca chegamos a saber o nome do rival, porque os lugares nas páginas onde ela apareceria foram substituídos por formas de estêncil, vingança de Saturno sobre o nome que ele não suporta ouvir. Em um padrão já familiar, uma técnica que a princípio parece estar imitando o texto eletrônico é transformada em uma característica específica do meio impresso, pois certamente seria impossível erradicar uma palavra de um texto eletrônico fazendo um furo na tela.

Em *House of Leaves,* a dinâmica recursiva entre as estratégias que imitam o texto eletrônico e as que intensificam as especificidades do meio impresso atingem uma apoteose, produzindo complexidades tão entrelaçadas com as tecnologias digitais que fica difícil dizer qual mídia é mais importante para produzir os efeitos do romance. Todas as quatro características do texto digital estão excessivamente evidentes em toda parte. O texto é ricamente multimodal, combinando texto, gráficos, cor e efeitos sonoros não linguísticos com muitas outras mídias. Dividido entre o comentário crítico de Zampanò sobre o filme *The Navidson Record* e as notas de rodapé de Johnny Truant no manuscrito de Zampanò, ele oferece múltiplos fluxos de dados, incluindo notas de rodapé para aquelas de Johnny, assim como críticas feitas pelos editores, sem mencionar cerca de duzentas páginas de apresentações, apêndices e índice. O texto em camadas aparece em muitas páginas, por exemplo, como colchetes indicando inscrições indecifráveis ou furos literais no manuscrito que dão pistas para o texto escondido por trás do texto; em outras páginas, o texto é sobrescrito sobre outro texto, por exemplo, nas cartas de Pelafina, em que palavras sobrescritas representam mimeticamente seu estado psicológico perturbado (623-28). Supostamente datilografadas, essas páginas foram obviamente compostas em um programa digital como o Photoshop e impressas a partir de arquivos digitais, desse modo atestando sua existência anterior como texto eletrônico. O código também corre à revelia nas páginas, incluindo códigos sinalizadores utilizados no lugar de números arábicos em algumas notas de rodapé, signos do zodíaco em outras notas, pontos e traços de código Morse e até mesmo uma página de pontos representando braille. Respondendo aos ambientes digitais que estão afetando os modos de cognição, esse livro extremamente complexo requer atenção profunda ao mesmo tempo que incita o apetite mais voraz pelas multitarefas da hiperatenção.

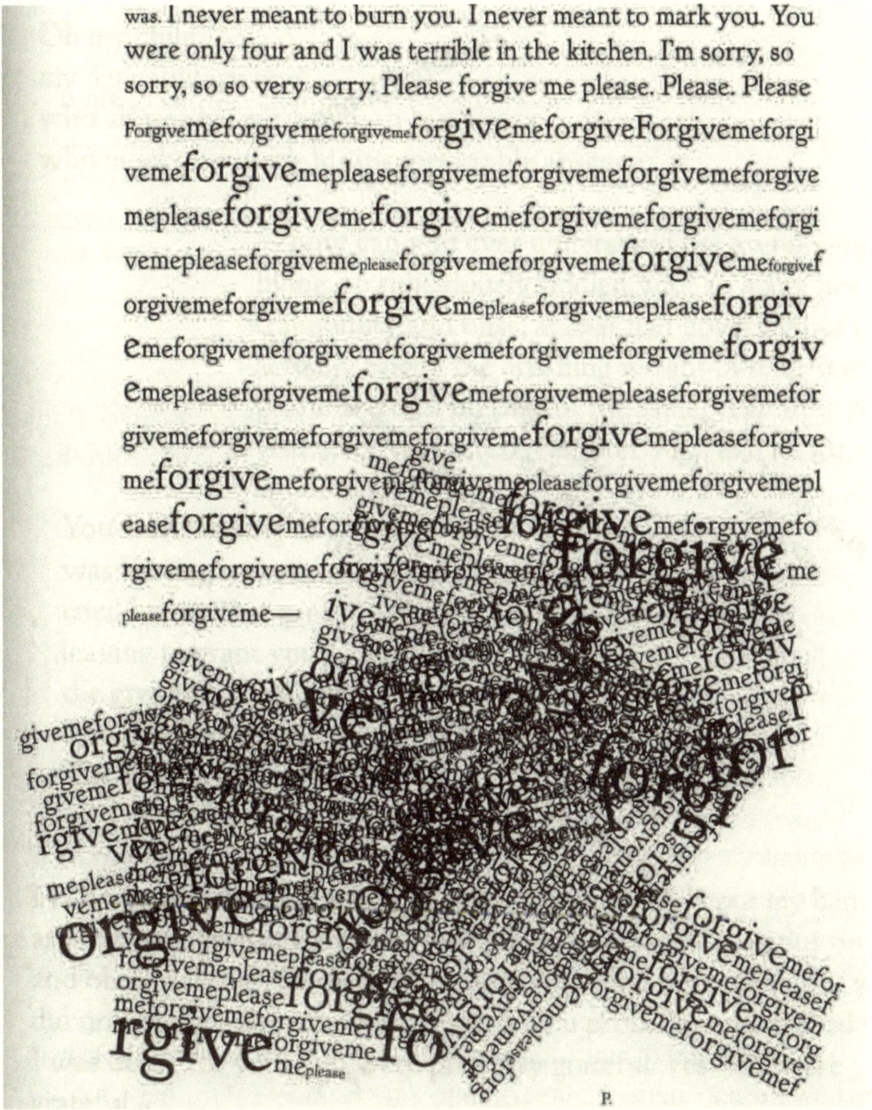

Figura 15. Os pensamentos "datilografados" desordenados de Pelafina, *House of Leaves*

Como que se posicionando em rivalidade à habilidade do computador de representar em si outras mídias, esse romance impresso retifica uma incrível variedade de mídias, incluindo filme, vídeo, fotografia, telegrafia, pintura, colagem e grafismo, entre outras. Essa rivalidade implícita chegou perto da superfície na longa entrevista de Danielewski a Larry McCaffrey e Sinda Gregory.[12] Quando foi questionado sobre a importância do computador para a composição desse texto de formato incomum, Danielewski respondeu:

> Não escrevi *House of Leaves* com um processador de textos. Na verdade, escrevi tudo a lápis! E o que é mais irônico, ainda estou convencido de que é muito mais fácil escrever algo à mão do que no computador. Ouve-se muita gente dizer que o computador facilita tanto a escrita porque ele oferece tantas opções ao escritor, ao passo que na verdade lápis e papel permitem muito mais liberdade.
> Pode-se fazer qualquer coisa a lápis! (117)

Entretanto, quando McCaffrey o pressionou sobre o assunto, Danielewski admitiu a necessidade de tecnologias digitais para a produção do livro:

> Sem dúvida os computadores, novos softwares e outras tecnologias têm papel muito importante na preparação de qualquer livro para a produção nos dias de hoje. Eles também tornam mais fácil para um editor considerar se vai lançar um livro como o meu, que em épocas anteriores teria sido considerado muito complicado e caro demais para ser tipografado à mão. Contudo, apesar de todos os avanços tecnológicos disponíveis no momento, as etapas finais de preparo de *House of Leaves* para a produção envolveram tanto trabalho que a Pantheon começou a pensar se eles conseguiriam publicar do modo que eu queria. Então eu terminei tendo de fazer a tipografia eu mesmo. (118)

A tecnologia digital funciona aqui como o *suplemento* de Derrida, externo e não pertencente ao texto propriamente dito, mas que é de algum modo também necessária.[13] A construção sugere que está em questão a habilidade do texto para postular sua origem sem a tecnologia digital e que, por outro lado, incluir a tecnologia digital alteraria a visão fundamental do texto de sua própria ontologia.

Essas sugestões se tornam mais explícitas na consideração do texto de como outras mídias têm sido ameaçadas, e implicitamente transformadas, pela interpenetração da digitalidade. A discussão que Zampanò faz sobre a fotografia digital é especialmente esclarecedora. Fazendo uma distinção entre documentários e filmes representando histórias ficcionais, Zampanò observa que os documentários "dependem de entrevistas, equipamento inferior e praticamente nenhum efeito para documentar eventos reais. Não é dada à audiência a rede de segurança da descrença e, portanto, essa audiência precisa voltar-se a mecanismos de interpretação mais desafiadores que, como é o caso às vezes, podem levar à negação e à aversão" (139). O filme no centro do livro, *The Navidson Record*, parece ser um documentário, mas o objeto principal de sua representação, a casa em Ashtree Lane para onde Will Navidson se muda com sua companheira Karen Green e seus dois filhos em uma tentativa de recuperar a relação conturbada do casal, acaba sendo um objeto impossível, cujo interior é maior que o lado de fora. No início, o excesso surreal mede apenas um quarto de polegada mas então aumenta chegando a distâncias maiores que o diâmetro da Terra e tornando-se mais velha que o sistema solar. Com suas paredes que se deslocam, superfícies cinzentas e complexidades labirínticas, o interior da casa não é apenas impossível de mapear, mas também impossível de habitar, pois destrói qualquer artefato deixado dentro dela. Combinando uma topografia impossível de ser representada com um espaço impossível de ser habitado, a casa confronta os que penetram em seu interior misterioso com a ameaça de não existência que, longe de ser mera ausência, tem uma agência terrivelmente feroz, representada pelos rugidos de uma besta que Will e os outros pensam ouvir saindo de dentro da casa. Além disso, até mesmo o filme, que presumidamente registra esse objeto impossível, tem um *status* indeterminado, pois, como Johnny Truant nos diz em sua introdução, o filme provavelmente não existe – o que, no entanto, não impede Zampanò de escrever cerca de quinhentas páginas para interpretá-lo.

Em um artigo brilhante, Mark B. N. Hansen equipara o espaço irrepresentável da casa com a tecnologia digital, alegando que a imagem digital, diferentemente da fotografia, não precisa de nenhum objeto original para ancorar sua representação.[14] O digital, na terminologia de Hansen (segundo Bernard Stiegler) é "pós-ortográfico" porque não é compelido a representar eventos reais, mas pode parecer registrar o passado enquanto não o faz realmente. (Nessa terminologia um tanto idiossincrática, a ortografia [ou "escrita direta"] designa "a capacidade que várias tecnologias têm de registrar o passado como passado, inscrever o passado de modo que permita sua repetição exata" ["Digital Topography", 603].) Dito de modo simples, o artigo de Hansen estabelece uma espécie de silogismo: a casa é irrepresentável; a tecnologia digital não precisa de um objeto preexistente para criar suas representações; assim, a "casa é ainda senão uma figura para o digital: sua presença paradoxal como a ausência impossível no cerne do romance é uma provocação que... em seus efeitos é análoga à provocação do digital" ("Digital Topography", 609). A virada final é argumentar que, em face do abismo criado por um objeto irrepresentável, o significado pode ser recuperado apenas pelos efeitos da casa sobre observadores corporizados, efeitos que são registrados primeiro no corpo como experiência pré-consciente e então trazidos de volta à articulação como as experiências das personagens.

Na discussão de Hansen, ocorre um deslize ao equacionar a casa como um objeto irrepresentável com habilidade de tecnologia digital para criar simulacros; na sua formulação, a casa "revela que o digital é uma força resistente à ortótese, para ser a própria força da ficção em si" ("Digital Topography", 611). Embora seja verdade que as tecnologias digitais possam criar objetos dos quais não há um original (considere Shrek, por exemplo), a tecnologia em si é perfeitamente representável, desde as voltagens alternadas que compõem a base para os dígitos binários até as linguagens de alto nível, como a C++. Os modos pelos quais a tecnologia atua de fato não têm espaço na análise de Hansen. Para ele, a questão é que a casa oferece experiências singulares e sem repetição, demolindo desse modo a promessa, feita pelo registro ortográfico, de repetir o passado com exatidão. Porque na analogia de Hansen a casa se iguala ao digital, essa mesma propriedade é então transferida para as tecnologias digitais.

Seria possível objetar que, pelo contrário, as tecnologias digitais oferecem repetição com maior exatidão do que já foi possível antes, permitindo que se façam cópias infinitas com precisão. Se simulacros digitais rompem o laço entre o objeto e sua representação, assim quebrando metade da promessa ortográfica de capturar e repetir o passado, eles reforçam a outra metade, isto é, a repetição exata. Então, nem todas as setas da relação da digitalidade com a ortótese apontam na mesma direção. O que é mais importante, em minha opinião, é um aspecto da tecnologia digital ignorado pela omissão de sua materialidade, por parte de Hansen: sua habilidade de exercer agência. Em sua descrição, o significado pode ser recuperado somente nos efeitos holísticos da experiência corporizada porque tudo que o digital pode fazer é romper o vínculo entre representação e referente. Na verdade, contudo, as arquiteturas em camadas das tecnologias computacionais permitem intervenções ativas que executam ações além do que seus programadores humanos vislumbraram. No campo da vida artificial, por exemplo, constroem-se programas que produzem espécies capazes de passar por mutações e evoluir de modo imprevisível. Algoritmos genéticos vão além, desenvolvendo não apenas o resultado dos programas, mas os próprios programas. Matrizes *gate array* programáveis vão ainda mais longe quando desenvolvem o hardware, mudando os padrões das portas de lógica para chegar à maneira mais eficiente de resolver certos problemas.[15]

Em *House of Leaves*, a agência da casa ocupa um *status* indeterminado representado pelo ser bestial cuja presença (e ausência) parece assombrar o interior da casa. Jamais vista de fato, pode-se inferir a existência da besta pelas profundas marcas de garras que Johnny Truant encontra ao lado do corpo de Zampanò; os aparentes rugidos gravados no *The Navidson Record*; e os "dedos de escuridão [que] recortam a parede iluminada e consomem Holloway" (338). A todo momento em que a besta é mencionada, o texto oscila entre representá-la como uma criatura que realmente existe ou como uma alucinação consensual criada pelas personagens. Em uma passagem típica, Johnny reproduz no manuscrito editado os furos de queimado sem explicação salpicados pelas anotações de Zampanò, criando um jogo entre as letras realmente gravadas na página e as ausências representadas por colchetes. "Parece errôneo afirmar", Zampanò argumenta, "que essa criat[ ]a tivesse realmente dentes e garras de b[ ]e (cujo mito por alguma razão [ ] requer). [ ]la tinha garras me[]mo, elas eram feitas de sombras e se ela tivesse mesmo de[]tes, eles seriam feitos de escuridão. Ainda assim a [ ] ainda seguia Holl[ ]way por tudo até que finalmente o atacou, devorando-o, até rugindo, a última coisa que foi ouvida, o som [ ]e Holloway sendo arrancado de sua existência" (338). Mesmo se reconstruirmos a mensagem ruidosa por nossa conta, completando com as letras que faltam, os colchetes perfurando o texto criam a não existência que a besta paradoxalmente representa com sua própria presença.

Esse jogo entre a ausência da presença e a presença da ausência está intimamente ligado à agência ambígua da casa. Talvez ela aja por conta própria, ou talvez, como o crítico ficcional Ruby Dahl citado por Zampanò argumenta, a casa simplesmente reflita as personalidades daqueles que se aventuram dentro dela (165). De forma significativa, imediatamente após a besta consumir o corpo de Holloway, a casa enlouquece e devora Tom, como se estivesse infectada pela psicose que levou Holloway a caçar seus camaradas, matar um e ferir outro, e então cometer suicídio.

Seguindo a reflexão-chave de Hansen de que há uma profunda conexão entre a casa e as tecnologias digitais, chego a uma explicação um tanto diferente para a sua operação. O aumento da atenção humana ocupa apenas a pontinha de uma imensa pirâmide de comunicação máquina-máquina, incluindo telefones celulares, computadores em rede, caixas automáticos e RFID (identificação por radiofrequência) que dão toda indicação de estarem se espalhando mais depressa que lama em Nova Orleans. Com muita frequência, essas máquinas digitais, das mais óbvias até aquelas em nanoescala, são unidas a sensores e atuadores que executam comandos, desde algo tão comum quanto levantar o portão de uma garagem até o lançamento de um míssil nuclear que abale o mundo. Talvez preferíssemos pensar que as ações precisam de seres humanos para serem iniciadas, mas a agência humana está cada vez mais dependente das máquinas inteligentes para colocar em prática intenções e, o que é mais alarmante, para produzir os dados com base nos quais as decisões humanas são tomadas. *House of Leaves* reflete essas ambiguidades ao atribuir as ações da casa tanto às pessoas que nela entram quanto à besta que pode aparentemente agir por conta própria, uma criatura não humana cuja agência está completamente envolvida com as das personagens, do autor e do leitor.

Para as tecnologias digitais, o início da ação em última análise se traduz em código binário. A partir da simplicidade bruta de uns e zeros, as sucessivas camadas de código erguem construções de uma complexidade enorme, desde algoritmos genéticos que produzem designs de circuito avançado até programas tipográficos digitais[16] que produziram *House of Leaves* como um artefato material. Embora o homem tenha originalmente criado o código de computador, a complexidade de muitos programas atuais é tamanha que nenhuma pessoa sozinha os compreende em sua plenitude. Nesse sentido, nossa compreensão sobre como os computadores podem ir de simples código binário a atos de cognição sofisticados está se aproximando de um grande hiato entre a nossa compreensão dos mecanismos da consciência humana – estruturas neurais, transmissores químicos, células interligadas em rede e interações moleculares das quais a consciência deve emergir – e a aparente autonomia e liberdade do pensamento humano. O paralelo com os computadores é impressionante. Brian Cantwell Smith observa que a emergência da complexidade dentro dos computadores pode fornecer pistas cruciais sobre "como um aglomerado estruturado de argila pode sentar e pensar".[17]

Ainda assim, a cognição humana difere da cognição da máquina por ser mediada por emoções e pelas complexidades do processamento corpóreo. Apesar das semelhanças nos processos progressivos de interpretação que acontecem em redes neurais e linguagens codificadas, respectivamente, enormes diferenças continuam existindo entre o pensamento humano e o processamento das máquinas. Os computadores processam, armazenam e transmitem dados sem nenhuma compreensão de seus significados em termos humanos, não importa o quão complexos os processos progressivos sejam. Embora a criação de computadores que possam alcançar significados humanos continue sendo um objetivo da pesquisa em campos como vida artificial, computação emocional e inteligência artificial, ainda não se sabe se um dia será possível construir uma máquina inteligente capaz de sentir. A não existência com a qual a casa – e a besta – são consistentemente associadas em *House of Leaves* funciona não apenas para desconstruir a inscrição ortográfica, mas também para oferecer uma ilustração para as diferenças entre significado humano corporizado e execução de código feita por uma máquina – diferenças que trazem à tona a estabilidade da autonomia e da individualidade humanas e especialmente o *status* único da consciência humana. Assim, Daniel Dennett, ao reconhecer que a consciência deve ter emergido de processos subcognitivos e não cognitivos no curso da evolução, reconhece que outros acham essa visão "tão chocante" que procuram desesperadamente por argumentos para assegurar o privilégio do pensamento e da autonomia humanos.[18] Em *House of Leaves*, essa possibilidade provoca estratégias textuais que apontam para a ausência de significado e, paradoxalmente, outras que empregam excessos desenfreados de criação de significado.

Como um teste de tornassol separando a cognição humana e a da máquina, o significado em *House of Leaves* pode ser recuperado por múltiplas camadas de remediação que esse romance impresso cria (como discutido anteriormente),[19] e ligado à leitura humana corporizada (conforme Hansen). Ainda outra implicação esconde-se nas complexidades dispostas em camadas desse romance impresso. Como um agente ambíguo, a besta tanto ameaça quanto imita a agência das personagens humanas. Acima de tudo, as personagens do texto, assim como as pessoas que leem o texto, são animais que buscam significado. Não obstante, elas (e nós) não podem determinar o significado das ações da besta, ou até mesmo se ela existe. Sua presença elusiva, que, como uma figura equívoca, precisa apenas de uma pequena mudança de perspectiva para se transformar em ausência, representa as tecnologias digitais que, ignorantes dos significados humanos, ainda assim produzem seus próprios sentidos de significado por meio de processos que interpretam informações e iniciam ações que frequentemente têm consequências para seres humanos por todo o globo.

Como a insignificância que infecta os significadores do texto, uma insignificância semelhante confrontar-nos se pudéssemos iniciar uma jornada impossível para o interior de um computador enquanto ele executa código. Descobriríamos que lá não existe nenhum lá, apenas voltagens alternadas que, todavia, produzem significado mediante uma arquitetura em camadas correlacionando uns e zeros com a linguagem humana. Da insignificância de voltagens alternadas emergem as complexidades da cultura digital, assim como emergem, da não existência no centro da casa, as imensas complexidades desse texto marcado digitalmente. Como uma faca de dois gumes, o confronto com a insignificância corta em duas direções de uma só vez: por um lado, coloca em questão a singularidade de significados "transcendentes" para a consciência humana pela analogia que compara uns e zeros aos processos subcognitivos e não cognitivos que produzem a consciência, fazendo-nos pensar se um vazio semelhante infecta a cognição e o pensamento "superiores"; por outro, isso também aponta para o fato de que, em serem humanos, a consciência realmente emerge de tais processos, ao passo que não o faz em máquinas inteligentes.

A instabilidade do significado aqui, ao mesmo tempo reforçando e subvertendo a singularidade dos seres humanos em relação às máquinas inteligentes, é simbolizada nas ambiguidades da agência da besta, que pode ser apenas um reflexo da intencionalidade humana (como argumentam alguns filósofos em relação à intencionalidade das máquinas inteligentes) ou pode ser uma agência terrivelmente feroz por si só. Nesse sentido, *House of Leaves* põe em ação nesse mundo ficcional os profundos problemas filosóficos associados à dinâmica de intermediação, especialmente à ideia de que o significado da informação é dado pelos processos que a interpretam. Com esse texto fechamos o círculo do paradigma apresentado no capítulo 2, agora significativamente reinscrito em um romance impresso que carrega a marca do digital.

A subjetividade desempenhada e apresentada por este texto difere dos romances impressos tradicionais ao subverter, de várias maneiras, a voz autoral associada a uma interioridade que nasce da relação entre som e grafia, voz e presença. Assoberbada pela cacofonia de vozes que competem e cooperam, a autoridade da voz é desconstruída e a interioridade que ela autorizou é subvertida em ecos que testemunham as ausências no centro. A linguagem natural é colocada em intercâmbio dinâmico com uma grande variedade de códigos mecânicos, e superfícies textuais são poluídas com as marcas de máquinas digitais. Como este texto demonstrou, com outros discutidos anteriormente, as tecnologias digitais fazem mais do que marcar as superfícies dos romances impressos contemporâneos. Elas também colocam em jogo dinâmicas que interrogam e reconfiguram as relações entre autores e leitores, seres humanos e máquinas inteligentes, código e linguagem. Os livros não vão desaparecer, mas também não vão escapar dos efeitos das tecnologias digitais que os interpenetram. Mais que um modo de produção material (embora o seja), a digitalidade tornou-se a condição textual da literatura do século XXI.

NOTAS

1 Exemplos de tais máquinas são Xerox Docutech e Kodak Lionheart. Para um resumo do que há de melhor, ver "Seybold Report on Publishing Systems", 24.4, http://www.seyboldreports.com/SRPS/free/0ps24/P2404003.htm.
2 John Cayley, "Writing on Complex Surfaces", *dichtung-digital* 35 (February 2005), http://www.dichtung-digital.com/2005/2-Cayley.htm.
3 Noah Wardrip-Fruin, "Surface, Data, and Process", ms. 1 (Ph.D. diss., Brown University, 2006).
4 Kathleen Fitzpatrick, *The Anxiety of Obsolescence: the american novel in the age of television* (Nashville: Vanderbilt University Press, 2006).
5 Bruce Sterling, *Distraction* (New York: Spectra, 1999).
6 Em "Generation M: media in the lives of 8-18 year-olds", um Relatório da Fundação Família Kaiser, "uma amostra de representação nacional de mais de dois mil alunos entre o terceiro e o décimo primeiro ano que completaram questionários [foram pesquisados], incluindo quase 600 participantes autosselecionados que também mantiveram diários de mídia por sete dias". O estudo concluiu que, em média, os jovem passam 3h51min por dia assistindo TV e vídeos, 1h44min escutando música, 1h02min usando computadores, 49min jogando videogames e 43min lendo. Um resumo e o relatório completo estão disponíveis em http://www.kff.org/entmedia/entmedia030905nr.cfm.
7 Esta lista pode ser vista como uma adaptação com diferenças significativas dos bem conhecidos "cinco princípios da Nova Mídia" de modularidade de representação numérica, automação, variabilidade e transcodificação (isto é, computarização da cultura), de Lev Manovich. Minha discussão sobre o texto mediado por computador inclui representação numérica e automação; a variabilidade torna-se uma dinâmica recursiva entre a imitação e a intensificação; e a transcodificação é vista aqui como uma interação dinâmica entre o texto eletrônico e o impresso, em vez de um movimento de uma via da "camada cultural" em direção à "camada computacional". Ver Lev Manovich, *The Language of New Media* (Cambridge: MIT Press, 2002), 27-47.
8 Jonathan Safran Foer, *Extremely Loud and Incredibly Close* (New York: Houghton Mifflin, 2005); Salvador Plascencia, *The People of Paper* (San Francisco: McSweeney's, 2005); Mark Danielewski, *House of Leaves* (New York: Pantheon, 2000).
9 Manovich, *The Language of New Media,* 45 e passim.
10 Para uma discussão da teoria da informação de Shannon, ver N. Katherine Hayles, *How We Became Posthuman: virtual bodies in cybernetics, literature, and informatics* (Chicago: University of Chicago Press, 1999), chap. 3, 50-83.
11 Ver Claude Shannon e Warren Weaver, *The Mathematical Theory of Information* (Urbana: University of Illinois Press, 1949), 3.
12 Larry McCaffrey e Sinda Gregory, "Haunted House: an interview with Mark Z. Danielewski", *Critique: studies in contemporary fiction* 44.2 (Winter 2003), 99-135.
13 Mark Danielewski participou como assistente no filme *Derrida* e está listado nos créditos, então é virtualmente certo que ele não apenas conhece as obras de Derrida mas tem mais do que uma familiaridade casual com elas, uma conjectura apoiada nas referências a Derrida em *House of Leaves*.
14 Mark B. N. Hansen, "The Digital Topography of Mark Z. Danielewski's *House of Leaves*", *Contemporary Literature* 45.4 (2004): 597-636, também incluído como o capítulo final no livro de Hansen, *Bodies in Code: interfaces with digital media* (New York: Routledge, 221-52. O intervalo entre fotografia analógica e as tecnologias digitais que Hansen constrói, a partir de uma citação de Roland Barthes de que a fotografia requer um corpo em frente à câmera para suas representações, é mais complexo do que seu

argumento nos permite pensar. Muito antes das tecnologias digiatis mudarem a natureza da fotografia, os fotógrafos estavam manipulando o material para criar imagens de fenômenos não existentes, notoriamente, por exemplo, nas fotografias de "fadas" e sujeitos ocultos semelhantes, populares no início do século XX.

15 Para uma descrição dessas áreas, ver Hayles, *How We Became* Posthuman, 222-46.
16 O processo de criação de programas genéticos que podem projetar circuitos é descrito em John R. Koza, Matthew J. Streeter, William Mydlowec, Jessen Yu e Guido Lanza, *Genetic Programming IV: routine human-computer machine intelligence* (New York: Spring, 2005).
17 Brian Cantwell Smith, *On the Origin of Objects* (Cambridge: Bradford Books, 1996), 76.
18 Daniel C. Dennett, *Darwin's Dangerous Idea: evolution and the meanings of life* (New York: Simon and Schuster, 1995), 426.
19 N. Katherine Hayles, "Saving the Subject: remediation in *House of Leaves*", *American Literature* 74 (2002), 77-806.

ÍNDICE

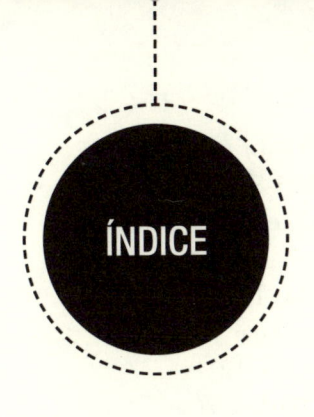

Aarseth, Espen J.
    crítica da interatividade, 44
    Cybertext: Perspectives on Ergodic Literature, 39, 45
    e hiperlink, 44
    scriptons e textons, 39, 167

Abbott, Edward, *Flatland*, 26

abismo, em *Project for Tachistoscope*, 146-8

adaptação
    e efeito Baldwin, 123-8
    e tecnologia, 123-8
    evolutiva, 100n46
    filogenética, 124
    ontogênica, 124-7

agência
    da besta, em *House of Leaves*, 181-5
    de máquina, 155
    distribuída, 143-4
    divina, 153
    do computador, 74
    do livro, 74
    em Nippon, 135
    humana e não humana, 159, 182-5

A.L.A.M.O. (Atelier de Littérature Assistee par le Mathematique et les Ordinateurs), 33-4

aleatórios, dispositivos algorítmicos, 39-40

alfabeto, e analogias, 67

algoritmo
    aleatório, 32-6, 39-40, 74, 159
    em *The Error Engine*, 93-4
    em *Translation*, 151-2, 155
    genético, 181-3

ambiente, evolutivo, em computadores, 66-7

Ambrose, Stanley H., coevolução da linguagem e ferramentas de composição, 122-5

Analogia
    como base para o pensamento, 66
    entre analogias, 82-4, 87
    meta-, 73

analógico
    computação, 64
    processos, 63-4, 75

Andrews, Jim
    On Lionel Kearns, 34
    Stir Fry Texts, 34-5

ansiedade, da obsolência, 165-6

apego
    às telas, 110-1, 113, 127-8
    telas como objeto de, 37-9, 110-1

Arte generativa, teoria de, 33

Artes e Ciências Humanas, Divisão de, Richard Stockton College of New Jersey, 16

atenção
: em *House of Leaves*, 176-7
: hiper, 125-8
: humana, em ambientes computacionais, 182
: profunda, 125-8
autômato, celular, 62
Baldwin efeito, 123-4
Baldwin, Charles, 26
Baldwin, James Mark, 123-4
: seleção orgânica, 124
Balpe, Jean-Pierre, 34-5
Benjamin, Walter, "On Language as Such and on the Language of Man", 152-4
Bernstein, Mark
: *Card Shark*, 47-8
: Eastgate Hypertext Reading Room, 24
: Eastgate Systems, 23
: Thespis, 47-8
Blast Theory, Uncle Roy All Around You, 28
Bogost, Ian, 38
: *Unit Operations: An Approach to Videogame Criticism*, 41
Bolter, Jay David
: e hiperlink, 43
: e Storyspace, 23
: e subvocalização, 138n23
: *Remediation: Understanding New Media*, 45
: Writing Space, 44-5
: *Writing Space: Computers, Hypertext, and the Remediation of Print*, 44-5
Bootz, Philippe, 56nn47, 48
: *La série des U*, 34
: teoria de textos generativos, 33-4

Bourdieu, Pierre, 140, 143
: habitus, 140
Brown, Bill, e Readie, 132-3
Brubaker, Bill, *The Glide Project*, 36
Bruegger, Urs, e finanças globais, 106-13
Bukatman, Scott, 131
Burch, Jacob, 15
Burgaud, Patrick-Henri, *Jean-Pierre Balpe ou les Lettres Dérangées*, 35
Burroughs, William S., 57n52
: "recortes" e "dobraduras", 34-5
Bush, Vannevar, "As We May Think", 78
caligrama, em *Things Come and Go...*, 85-6. Ver também Mencia, Maria
Campàs, Joan, "The Frontier between Digital Literature and Net.art", 55-6n31
Cape, Douglas, *Imposition*, 155-6
Cardiff, Janet
: *Her Long Black Hair*, 28
: *The Missing Voice (Case Study B)*, 28
Carroll, Josh, Screen, 28-30
CAVE
: obras em, 28-9
: programação para, 30
: Torus, 155-6
Cayley, John, 14-7, 26, 38, 47
: e superfície de escrita, 164-5
: *Imposition*, 155-6
: *Lens*, 157
: obras CAVE, 28-9
: QuickTime documentação, 30

riverIsland, 36
Torus, 28, 155-6
"transliteral morphing", 36, 150-2
Centro de Programas de Escrita Contemporânea, University of Pennsylvania, 16
Ciccoricco, David, 54n8
    ficção em rede, definição de, 25
ciclo, retroalimentação, em Lexia to Perplexia, 135. Ver também recursividade
Clark, Andy, *Natural Born Cyborgs: Minds, Technologies, and the Future of Human Intelligence*, 144
codework, 42-3
codículos, 66-7
Código
    camadas de, 166-8
    computacional, 14
    e creolização, 130
    e não existência, 184
    em *Extremely Noisy and Incredibly Close*, 168-71
    em *House of Leaves*, 176-7
    em intercâmbio com a linguagem, 95, 139-40
    estrutura hierárquica e *The People of Paper*, 175
    executável, 47, 130, 139-40
    JavaScript, em *Lexia to Perplexia*, 131
    mediando entre seres humanos e máquinas inteligentes, 143-4
    Morse, em *House of Leaves*, 177
    quebrado, 130

coevolução
    adaptativa, em *The Error Engine*, 93-4
    de tecnologia e corporização, 113-28
    entre humanos e máquinas inteligentes, 95
cognição
    como reconhecimento, 66-7
    como sistema cognitivo, 68
    distribuída, 143-4
    do computador, 73, 157-60
    humana e da máquina, 150, 160, 183
    humana, 73, 149
    mecânica, 70, 148
    modelos de, 158
    não humana, 160
Coleção Literatura Eletrônica, vol. 1, 13-7
    e ELO, 51
    hibridismo em, 21-2
Collection Management, 16
complexidade
    emergente, 63
    em *Twelve Blue*, 84
    temporal, em *The Jew's Daughter*, 91
Concreta
    e arte literal, 157
    poesia, 41, 157
conhecimento
    consciente e corporizado, 141
    corporal, 140-2, 145
    tácito, 139, 152-3, 161n5
Consciência. Ver também Dennett, Daniel
    e evolução, 158-60
    emergente, em humanos, 183

rascunhos múltiplos de, 92
representação de, em *The Jew's Daughter*, 91-3
convergência, digital, 101
Coover, Robert, 15
   e voz em literatura eletrônica, 127
   obras CAVE, 28-9
   Screen, 28-30
   "The Babysitter", 76
   "The Elevator", 76
corpo
   conhecendo, 140-5
   e coevolução com tecnologia, 118-25
   e investidores, 111
   e máquina, 101-36, 139-60
corporização. Ver também Hansen, Mark B. N.
   como premissa da teoria de mídia, 113-22
   e adaptação ontogênica, 124-5
   em Lexia to Perplexia, 127-8
corretores
   e hipermasculinização, 111-3
   estereótipos de gênero em, 111-2
   ética do, 113
   moeda, 106-13
Coverley, M. D. (Margie Luesebrink). Ver também Luesebrink, Margie
   Califia, 24, 32, 37
   Egypt: The Book of Going Forth by Day, 24, 37
   "Errand upon Which We Came", 41
   M Is for Nottingham, 31
Cramer, Florian, 35, 38

Words Made Flesh: Code, Culture, Imagination, 40
Criativa Comum, licença para *Literatura eletrônica Collection*, vol. 1, 15
crioulo
   como code work, 42-3
   e creolização, 130
criptografia, 121
crítica, anglo-americana, 104
cultura, digital, 20
Damasio, Antonio, emoção como cognição, 141
Danielewski, Mark Z., 15
   entrevista com Larry McCaffrey e Sinda Gregory, 178-9
   House of Leaves, 15, 61, 176-85
      dinâmica de intermediação, 185
      casa como não representável, 179
      Johnny Truant, 176-81
      Karen Green, 179
      nulidade em, 184-5
      os editores, 176
      Pelafina, 176-7
      remediação em, 184
      The Navidson Record, 176, 179, 181
      Will Navidson, 179
      Zampanò, 176, 179-82
Dao, David, Word Museum, 28
Deacon, Terrence, *The Symbolic Species: The Co-Evolution of Language and the Brain*, 124
Deed, Martha, 15
   Oulipoems, 35, 149
demon, em *Fashionable Noise:*

On Digital Poetics, 159-60. Ver também Stefans, Brian Kim
Dennett, Daniel
    consciência como modelo de rascunhos múltiplos, 92
    Consciousness Explained, 92
    Darwin's Dangerous Idea: Evolution and the Meaning of Life, 70-1
    e consciência, 100n44
    Kinds of Minds, 69
DeVinney, helen, 15
digital
    computação, 64
    processos, 63-4, 75, 164
digitalidade, 14
    na literatura contemporânea, 163-85
    na obra de Maria Mencia, 85
dinheiro, virtual, 107
Discurso
    fluxo análogo de, 74-5
    nas obras de Maria Mencia, 84-7
Dixon, Steven, *Unheimlich*, 31
Douglas, Jane *Yellowlees*, interpretação de *afternoon: a story*, 76
drama interativo
    Façade, 31-2
    M Is for Nottingham, 31
    Unheimlich, 31
Drucker, Johanna
    Laboratório de Computação Teórica, 47
    The Ivanhoe Game, 47
Durand, David, 34
    "Born-Again Bits", 51-2
    Cardplay, 47
    e instrumentos textuais, 48

Eastgate Systems. Ver Bernstein, Mark
Eco, em *Lexia to Perplexia*, 128-9
ecologia, mídia
    e representações digitais, 166
    literatura impressa e eletrônica como, 163-6
eixo Z, poesia e, 26-7
ELINOR (Literatura Eletrônica nos Países Nórdicos), 16
Emerson, Lori, 99n38
Departmento de Língua Inglesa, University of California, Los Angeles, 16-7
erro 404, 143
escrita
    lugar da, 19-20
    monopólio da, 101-3
Eskelinen, Markku, 25
    "Six Problems in Search of a Solution: The Challenge of Cybertext Theory and Ludology to Literary Theory", 45-6
Eu
    consciência do, 158
    segurança ontológica do, 159
Eu-terminal, em Lexia to *Perplexia*, 129-30
evolução dos hominídeos, 122
Faculdade de Letras e Ciências, University of California, Los Angeles, 16
fenomenologia, 118
    de leitura, 156-7
    registro de corporização, 120
ficção, interativa, 25
    exemplos de, 25
    mundo simulado, 25
    personagem-jogador em, 25-6
finança, global, 106-13

câmbio de moeda em, 106-13. Ver também corretores, moeda
Fisher, Caitlin, *These Waves of Girls*, 24
Fitzpatrick, Kathleen, The *Anxiety of Obsolescence: The American Novel in the Age of Television*, 165
Flash, 132
    em Nippon, 132-5
    poema em, 41-3
    remediação do taquitoscópio, 146-8
flipbook, 171-2
fluidez
    em formação de analogias, 73
    em *The Jew's Daughter*, 90
fluxo, em literatura eletrônica, 74
    em *Twelve Blue*, 81
fluxo, recombinatório, 39
    em literatura eletrônica, 74
Flynn, James R., efeito Flynn, 125
Foer, Jonathan Safran, *Extremely Loud and Incredibly Close*, 15, 61, 168-72
    Oskar Schell, 168-72
    Thomas Schell, 168-72
Forrest-Thomson, Veronica, *Poetic Artifice*, 159
Fredkin, Edward, 97n9
    significado de informação, 68-71
Frémiot, Marcel, 34
Froehlich, Elaine, 34
Fucs, Mathias, *Unheimlich*, 31
Fuller, Matthew, 35, 38, 47
Fundação Família Kaiser, 123, 125, 186n6

Galison, Peter, zona de comércio, 21
Galloway, Alexandre
    The Exploit, 49
    Protocol, 47
Gass, William H., *On Being Blue: A Philosophical Inquiry*, 78
gênero
    e atitude hipermasculinizada, 111-3
    e práticas culturais em câmbio de moeda, 111-3
    estereótipos em câmbio de moeda, 111-2
    política de, em Nippon, 134-5
Geniwate (Jenny Weight), *When You Reach Kyoto*, 35
Gessler, Nicholas, 17
    intermediação e, 62-3
Gill, John, 16
Gillespie, William
    obras CAVE, 28-9
    The Unknown, 24
    Word Museum, 28
Glazier, *Loss Pequeño*, 38, 46-7
    Centro de Poesia Eletrônica, 32
    Digital Poetics: Hypertext, Visual-Kinetic Text, and Writing in Programmable Media, 33
    interrupção narrativa, 74
    materialidade da prática, 46-7
    White-Faced Bromeliads on 20 Hectares, 33
Goldsmith, Kenneth, Ubuweb, 32-3
Greenlee, Shawn, *Screen*, 28-30
Gregory, Sinda, entrevista com Mark Z. Danielewski, 178-9
Grusin, Richard, *Remediation:*

Understanding New Media, 45
guerra
    como metáfora no câmbio de moeda, 112
    e teoria de mídia Kittleriana, 105, 112
Guthrie, Tim, 10:01, 37
Hamel, Lutz, *The Error Engine*, 93-4
Hansen, Mark B. N., 14, 38, 127, 186n14
    Bodies in Code, 118-20
    discussão sobre informação, 70-1
    e observador corporizado, 48
    e Varela, 137n10
    New Philosophy for New Media, 116-20
    "The Digital Topography of Mark Z. Danielewski's House of Leaves", 179-82
Harpham, Geoffrey, 17
Hayles, N. Katherine
    How We Became Posthuman: Virtual Bodies in Cybernetics, Literature, and Informatics, 114, 141
    My Mother Was a Computer: Digital Subjects and Literary Texts, 14, 75
Hebert, Jean Pierre, 37
heterarquia dinâmica
    definição, 62-3
    em computadores, 64-9
hiperlink em literatura eletrônica, 43-4
hipertexto
    contexto europeu e, 33-4
    ficção, 23-5, 32
    link como característica distintiva, 24
Hofstadter, Douglas, *Fluid Concepts and Creative Analogies: Computer Models of the Fundamental Mechanisms of Thought*, 66-9
Holeton, Richard, *Frequently Asked Questions about Hypertext*, 24-5
Hutchins, Edwin, *Cognition in the Wild*, 144
IATH (Institute of Advanced Technology in the Humanities), 47
identidade, como Eu-terminal, 130-1. Ver também Bukatman, Scott
inconsciente. Ver também Thrift, Nigel
    Freudiano, 142
    tecnológico, 142
Ingold, Jon, *All Roads*, 26
Iniciativa X-Literatura, 52
Instituto para o Futuro do Livro, 96
instrumentos, textuais, 34
intencionalidade, como tematicidade, 69-70
interatividade, em literatura eletrônica, 75-6
interioridade, do autor, 158
intermediação, 14, 100n47. Ver também ciclo, retroalimentação
    dinâmica de, 64-5, 68, 160
    e ciclo recursivo, 142-3
    e computação, 93-4
    e computador *versus* livro, 73-4
    e literatura eletrônica, 61-2, 67-8

e significação, 140
e significado em *House of Leaves*, 185
  em *The Error Engine*, 93-4
  em *Twelve Blue*, 83-4
  entre código e linguagem, 142-3
  entre corpo e máquina, 139
  entre sujeito corporizado e máquina computacional, 101-3
  na obra de Maria Mencia, 85-7
Jackson, Shelley, *Patchwork Girl*, 23-4
  alusões a, 89-90
Jaramillo, Cynthia Lawson, 16. Ver também Lawson, Cynthia
Jogo
  de computador
    e literatura eletrônica, 25
    Lexia to Perplexia como, 131
  estratégia, 145
  jogador, 145
  resultado nulo em câmbio de moeda, 113
  videogame, 126, 145, 165, 186n6
Johnson, Steve, *Everything Bad Is Good for You: How Popular Culture Is Actually Making Us Smarter*, 125
Jornalismo e Comunicação de Massa, Escola de, Universidade de Minnesota, 16
Joyce, James, *Ulisses*, 90-1
Joyce, Michael, 14-5
  afternoon: a story, 14, 23, 43-4, 75-79
  Twelve Blue, 14, 98n29

fluxo em, 78-84
linhas em, 79
pronomes em, 79
Karpinska, Aya, 26
Kearns, Lionel, 34
Kendall, Robert, "Faith", 42
Kermode, Frank, "a sensação de um final", 69
Kerouac, Jack, *Pé na estrada*, 24
Kirschenbaum, Matthew, 15
  Mechanisms: New Media and Forensic Textuality, 38-40, 66, 161n14
Kittler, Friedrich A., 14
  Discourse Networks 1800/1900, 102-4
  e poesia Romântica, 158
  e teoria de mídia, 102-6, 121-2
  efeitos da mídia no corpo, 127-8
  Gramophone, Film, Typewriter, 48
Knoebel, David, 26-7
  "Click Poetry", 27
  Heart Pole, 27
Knorr-Cetina, Karin, e finança global, 106-113
L.A.I.R.E. (Lecture, Art, Innovation, Recherche, Écriture), 34
LaCapra, Dominick, e trauma, 141
Landow, George
  hiperlink como característica distintiva, 43-4
  Hypertext 2.0: *The Convergence of Contemporary Critical Theory and Technology*, 45

Hypertext 3.0: *Critical Theory and New Media in an Era of Globalization*, 45
Larsen, Deena, *Disappearing Rain*, 32
Lawson, Cynthia, V:Vniverse, 37. Ver também Jaramillo, Cynthia Lawson
Leishman, Donna, *Deviant: The Possession of Christian Shaw*, 26
leitura. Ver também Pesquisa em Documentos Experimentais
   experiências em ambientes digitais, 164
   fenomenologia da, 156-7
Lemmerman, Dmitri, *Torus*, 28
Lenoir, Timothy, 116
letramento, história do, 86
lexia
   definição de, 23-4
   em *afternoon: a story*, 77
linguagem
   divina, 153
   literária, 149-50
literária(o)
   comunidade, 20-1
   definição de, 22
   e desafio à literatura, 66-7
literatura, eletrônica, 20-2
   clássica, 24
   como arte conceitual, 30
   como narrativas locativas, 27-8
   como prática experimental, 32-3
   natureza computacional da, 61-2
      definição de, 19-20
      e agência distributiva, 143-4
      e arte generativa, 33-4
      e ciclo recursivo, 158
      e conhecimento corporizado sensório-motor, 142
      e drama interativo, 31-2
      e fluxo, 74
      e hibridismo, 21-2
      e intermediação, 61-2, 67-8
      e malhas de retroalimentação reflexivas, 102
      e mídia computacional, 145
      e o "legal", 49
      e o literário, 21-2
      em ecologia de mídia, 163-6
      espaço para negociação, 49
      gêneros de, 22-3
      inovação em, 31-3
      obras CAVE, 28-9
      preservação e arquivação de, 50-3
      primeira geração de, 24
      replicação e transformação de, 74
      segunda geração de, 24
      voz em, 149-50
Liu, Alan, 15
   "Born-Again Bits", 51-2
   The Laws of Cool: Knowledge Work and the Culture of Information, 49
livro
   adaptativo, 100n46
   como cognoscente passivo, 73-5
   como um meio, 35
   e produção literária, 96
   ontologia como um meio, 174
   tecnologia do, 19-20
Luesebrink, Margie, 15-6. Ver também Coverley, M. D.

MacKay, Donald
    e teoria da informação, 71-2
    Information, Mechanism, Meaning, 71-2
Mackenzie, Adrian, Cutting Código: *Software as Sociality*, 50
malha
    recursiva, entre corpo e máquina,139-60. Ver também recursividade
        em Lexia to Perplexia, 128
    reflexiva, 129-30
máquina
    cognições, 141-2
    como falta de consciência, 183-4
    computacional, 105-6, 114-5
    e agência humana, 170-1
    e corpo, 101-36
    ruidosa, imitação de, 171
    visão, 115-7
Massumi, Brian, 117
Mateas, Michael, *Façade*, 31-2
    limites Aristotélicos e, 31-2
materialidade. Ver também Kirschenbaum, Matthew
    forense, 38
    formal, 38
McCaffrey, Larry, entrevista com Mark Z. Danielewski, 178-9
McCaffrey, Steve, 22
McClain, Andrew, *Screen*, 28-30
McGann, Jerome
    Arquivo Rossetti, 47
    Laboratório de Computação Teórica, 47
    Radiant Textuality: Literature after the World Wide Web, 47, 159

The Ivanhoe Game, 47
McLaughlin, Steve, 16
McLuhan, Marshall, *Understanding Media: The Extensions of Man*, 104
meio impresso
    autores, 165-6
    imitando a textualidade eletrônica, 166-85
    intensificando a textualidade eletrônica, 166-85
Memmott, Talan
    "E_cephalopedia//novellex", 28
    e codework, 35
    Lexia to Perplexia, 14, 24, 36, 128-32
    obras CAVE, 28-9
Mencia, Maria, 14, 84-96
    Audible Writing Experiments, 85
    Birds Singing Other Birds' Songs, 86
    "Methodology", 84
    Worthy Mouths, 85
mercado
    como forma de vida, 109-10
    como não idêntico a si mesmo, 109-10
    como um ser maior, 109-10
MEZ (Mary Ann Breeze), 35
microssocialidade, global, 107
    em *Nippon*,131-3
mídia
    arquitetura textual e, 32
    digital, 20-1
    ecologia. Ver ecologia, mídia
    em rede e programável, 23, 35-43
    jogável, 29

narrativa em, 31-3
Mirapaul, Matthew, entrevista com Judd Morrissey, 87, 90. Ver também Morrissey, Judd
MITH (Maryland Institute for Technology in the Humanities), 16
Montfort, Nick, 15-6
    "Acid-Free Bits", 51-2
    "Born-Again Bits", 51-2
    Coleção Literatura Eletrônica, vol. 1, 51
    Twisty Little Passages: An Approach to Interactive Fiction, 25
Morowitz, Harold, *The Emergence of Everything: How the World Became Complex*, 63
Morris, Adalaide, 38, 48
Morrissey, Judd, 14
    The Error Engine, 93-4
    The Jew's Daughter, 14, 24, 87-96, 158
Moss, Brion, 34
Mott, Christopher, 15
Moulthrop, Stuart
    erros 404, 143
    Reagan Library, 24-5
    Victory Garden, 23, 44
multimodalidade, de obras de arte digitais, 36-7
Murray, Janet, *Hamlet on the Holodeck*, 32
nanotecnologia, 120
    nanodispositivos, 64, 141-2
não consciente, tecnológico, 142, 160
Narciso, em Lexia to Perplexia, 128-30
National Humanities Center, 17

Nelson, Jason, Dreamaphage, 37
New Literary History, 16
Niss, Millie, 14-7
    Oulipoems, 35, 149
    "Sundays in the Park", 149-50
Noland, Carrie, 36
O'Neil, Daniel J., The Glide Project, 36
obsolência, ansiedade da, 165-6
Olsen, Lance, 10:01, 37
Organização Literatura Eletrônica, 13-7
    iniciativa PAD e, 51-2
    Simpósio de Literatura Eletrônica 2002, 24
palimpsesto, 42
Performance Research, 16
Perl, poemas, 35
Perring, Giles
    Imposition, 155-6
    Translation, 150-5
Pesquisa sobre Documentos Experimentais, 132-3
    "XFR: Experiments in the Future of Reading", 133
Pickering, Andrew, 119
Plascencia, Salvador, *The People of Paper*, 15, 61, 168, 173-6
    Bebê Nostradamus, 174-5
    Federico de la Fe, 173-4
    gangue EMF, 173-4
    Little Merced, 175
    Liz, 176
    Saturno, 173-6
    tartaruga mecânica, 173
Poundstone, William, 15-7
    Project for Tachistoscope, 14, 146-9
Pressman, Jessica

análise de Readie, 132-3
modernismo digital, 42, 133
Proffitt, Merrilee, "Born-Again Bits", 51-2
programação, centrada no objeto, 41
Proust, Marcel, *Remembrance of Time Past*, 156
Pullinger, Kate, M Is for Nottingham, 31
QuickTime
   como documentação, 30
   e Reagan Library, 24
Quin, Liam R. E., "Born-Again Bits", 51-2
Raley, Rita, 15
   e codework, 35, 38
   edição especial, Iowa Review, 26
   Screen, 29
   Tactical Media, 49-50
realidade
   mista, 118-20
   virtual, 115-8
realidade virtual
   e CAVE na Brown University, 28-9
   óculos de, 28-9
recursividade
   em House of Leaves, 176-85
   entre corpo e máquina, 139
   entre intensificar e imitar, 166-85
   entre tecnologias impressas e digitais, 171-2
remediação. Ver também Bolter, Jay David; Grusin, Richard
   como uma teoria de mídia, 45
   em *House of Leaves*, 184

Rettberg, Scott, 15-6
   Coleção Literatura Eletrônica, vol. 1, 51
   The Unknown, 24
Rety, Jean-Hughes, "Born-Again Bits", 51-2
Rodriguez, Jason, *Word Museum*, 28
romance
   contemporâneo experimental, 14
   meio impresso, 163-85
Rosenberg, Jim, poemas Diagram, 40
Rumsfeld, Donald, 140
Ruyer, Raymond, 115-8. Ver também Hansen, Mark B. N.
Ryan, Marie-Laure
   abordagem transmidial, 32-3
   Avatars of Story, 32
   e Twelve Blue, 98n29
Ryman, Geoff, 253, 37
scriptons. Ver Aarseth, Espen J., scriptons e textons
Scriptorium, 19-20
Seaman, William, 31
Sermon, Paul, Unheimlich, 31
Sha, Xin Wei, TGarden, 36
Shannon, Claude, 116
   diagrama de comunicação, 169-70
   equações de probabilidade, 170
   n-gram, 34
   teoria da informação e, 70-2
Shapiro, Bruce, 37
Shelley, Mary, *Frankenstein*, 90
Short, Emily
   Galatea, 74
   Savoir-Faire, 25

significado
    análogo, 170
    através de processos progressivos, 71-3
    ausência de, em *House of Leaves*, 184-5
    falta de, em teoria da informação, 71-3, 169-70
    humano versus execução do código, 183
sinaptogênese, 123-5
sistema
    cognitivo distribuído, 141-2
    de escrita, 101-2
    de significador material, 166
Slattery, Diane Reed, 57n59
    The Glide Project, 36
Smith, Brian Cantwell, 183
Sondheim, Alan, 35, 38
Stefans, Brian Kim, 38
    Fashionable Noise: On Digital Poetics, 40, 158-60
    "Stops and Rebels", 21, 158-9
    "The Dreamlife of Letters", 41-2
    When You Reach Kyoto, 35
Stephenson, Neal, *The Diamond Age: Or, a Young Lady's Illustrated Primer*, 100n46
Sterling, Bruce, *Distraction*, 165
Stern, Andrew, 31
Stewart, Garrett, *Reading Voices: Literature and the Phonotext*, 149
Stiegler, Bernard, 179
Storyspace. Ver também Joyce, Michael
    Escola, 23
    limitações de, 23
    programa de autoria, 23
Stratton, Dirk
    Coleção Literatura Eletrônica, vol. 1, 51
    "Errand upon Which We Came", 41
    temporalidade fragmentada, 167-8
    "The Ballad of Sand and Harry Soot", 36-7
    The Unknown, 24
    V: WaveSon.nets/Losing l'Una, 37
    V:Vniverse, 37
    "Writing the Virtual: Eleven Dimensions of E-Poetry", 39
Strickland, Stephanie, 15
subjetividade
    em *Lexia to Perplexia*, 128-31
    no romance impresso contemporâneo, 185
sujeito
    corporizado, 101, 113-23
    humanista liberal, 48
    na teoria de mídia Kittleriana, 103-4
superfície
    complexa, 164-8
    de romances e marcas digitais, 185
    escrita, 158-60
    linguística, 173
Swiss, Thomas, 15
    e colaboradores, 36
Talley, Lori. Ver também Morrissey, Judd
    The Error Engine, 93-4
    The Jew's Daughter, 24
taquitoscópio, 146-8
tecnogênese, humana, 119-20
tecnologia, 120-2
    de radio frequência (RFID), 141-2

tematicidade, 65, 69-70
tempo
    como espacializado, 108-9
    comunidades de, 108-9
    relativo, 108-9
    universal, 108-9
temporalidade
    como espaço, 108-9
    disruptiva, em Nippon, 132
    e espacialidade, 108-9, 134-5
    em *The Jew's Daughter*, 87-93
    fragmentada, 167-8
    horizonte de, 108
texto
    como tecido, 78
    digital, principais características do, 165-8
    eletrônico, e mutabilidade, 176
    em *House of Leaves*, em camadas, 175-6
    multimodal, 176
    visão de ontologia, 178-9
textons. Ver Aarseth, Espen J., scriptons e textons
textualidade
    eletrônica, 74-5
    impressa e eletrônica interpenetrando, 163-85
Thacker, Eugene, *The Exploit*, 49
Thrift, Nigel, e o inconsciente tecnológico, 142
tradição
    impressa, 61-2, 163-85
    literária, 13
transcodificação, 46
trauma
    e Dominick LaCapra, 141
    em *Extremely Loud and*
Incredibly Close, 168-73
Ulmer, Gregory L.
    e *Twelve Blue*, 84
    eletramento, 37-8
University of California, Los Angeles, 17
Varela, Francisco, 116, 137n10
Vectors, 95
vida, artificial, 62-3, 181-3
Virilio, Paul, visão da máquina, 115
voz
    autoridade da, desconstruída, 185
    como presença, no romance contemporâneo, 185
    e variantes homofônicas, 149-50
    na literatura eletrônica, 126-7
    na teoria de mídia Kittleriana, 103-4
    nas obras de Maria Mencia, 85-7
    subvocalização e, 126-7, 145, 149
Waber, Dan, 26
Wald, Carol, 16
Wardrip-Fruin, Noah, 21, 28-9, 34, 47-8
    "Acid-Free Bits", 51-2
    "Born-Again Bits", 51-2
    Cardplay, 47
    e instrumentos textuais, 34
    e superfície de escrita, 164-5
    mídia jogável, 29
    News Reader, 34
    obras CAVE, 28-9
    Regime Change, 34
Warnell, Ted, 26-7
    "Artist's Statement", 27

TLT vs. LL, 27
Weafer, Ryan, 16
Wegenstein, Bernadette, 72
Weizenbaum, Joseph, 67
Wellbery, David E.
    prefácio para Discourse Networks 1800/1900, 104, 136
    pressuposição de exterioridade, 104
Winthrop-Young, Geoffrey, e teoria de mídia Kittleriana, 105-6
Wolfram, Stephen, 62
Wortham, Thomas, 17
Young-Hae Chang Heavy Industries (YHCHI)
    Dakota, 42
    Nippon, 14, 42-3, 133-6
Zapp, Andrea, *Unheimlich*, 31
Zargham, Roxane, 16

EPARMA
Impressão e acabamento
Editora Parma LTDA
Tel.:(011) 2462-4000
Av.Antonio Bardella, n°280,Guarulhos,São Paulo-Brasil